U1074600

中华人民共和国
新法规汇编

2021
第11辑

司法部编

中国法制出版社

编辑说明

一、《中华人民共和国新法规汇编》是国家出版的法律、行政法规汇编正式版本，是刊登报国务院备案并予以登记的部门规章的指定出版物。

二、本汇编收集的内容包括：上一个月内由全国人民代表大会及其常务委员会通过的法律和有关法律问题的决定，国务院公布的行政法规和国务院文件，报国务院备案并予以登记的部门规章，最高人民法院和最高人民检察院公布的司法解释。另外，还收入了上一个月内报国务院备案并予以登记的地方性法规和地方政府规章目录。

三、本汇编所收的内容，按下列分类顺序编排：法律，行政法规，国务院文件，国务院部门规章，司法解释。每类中按公布的时间顺序排列。报国务院备案并予以登记的地方性法规和地方政府规章目录按 1987 年国务院批准的行政区划顺序排列；同一行政区域报备两件以上者，按公布时间顺序排列。

四、本汇编每年出版 12 辑，每月出版 1 辑。本辑为 2021 年度第 11 辑，收入 2021 年 10 月份内公布的法律 3 件、有关法律问题的决定 3 件、行政法规 1 件、国务院文件 7 件、报国务院备案并经审查予以登记编号的部门规章 10 件、司法解释 1 件，补收 9 月份内公布的司法解释 1 件，共计 26 件。

五、本汇编在编辑出版过程中，得到了国务院有关部门和有关方面以及广大读者的大力支持和协助，在此谨致谢意。

司法部

2021 年 11 月

目　　录

编辑说明 …………………………………………………………………………（*1*）

法　　律

中华人民共和国家庭教育促进法 ……………………………………………（1）
中华人民共和国陆地国界法 …………………………………………………（8）
全国人民代表大会常务委员会关于修改《中华人民共和国审计法》
　的决定 ……………………………………………………………………（16）

有关法律问题的决定

全国人民代表大会常务委员会关于授权国务院在营商环境创新试点
　城市暂时调整适用《中华人民共和国计量法》有关规定的决定 ……（22）
全国人民代表大会常务委员会关于授权国务院在部分地区开展房地
　产税改革试点工作的决定 ………………………………………………（23）
全国人民代表大会常务委员会关于深化国防动员体制改革期间暂时
　调整适用相关法律规定的决定 …………………………………………（24）

行政法规

地下水管理条例 ……………………………………………………………（25）

国务院文件

国务院关于印发“十四五”国家知识产权保护和运用规划的通知 ……（37）
国务院关于 2020 年度国家科学技术奖励的决定 …………………………（56）
国务院办公厅关于部分债务沉重地区违规兴建楼堂馆所问题的通报……（57）
国务院关于印发 2030 年前碳达峰行动方案的通知 ………………………（61）
国务院办公厅关于鼓励和支持社会资本参与生态保护修复的意见 ……（74）
国务院办公厅关于健全重特大疾病医疗保险和救助制度的意见 ………（80）

国务院办公厅关于印发“十四五”文物保护和科技创新规划的通知 …（84）

国务院部门规章

中华人民共和国海关办理行政处罚案件程序规定 ……………………（108）
家用汽车产品修理更换退货责任规定 …………………………………（129）
对外援助管理办法 ………………………………………………………（135）
交通运输部关于修改《民用航空行政处罚实施办法》的决定 ………（142）
民用航空行政处罚实施办法 …………………………………………（145）
中华人民共和国海关注册登记和备案企业信用管理办法 …………（157）
社会消防技术服务管理规定 ……………………………………………（163）
社会组织登记管理机关行政处罚程序规定 …………………………（170）
中华人民共和国海关进出口货物商品归类管理规定 ………………（177）
征信业务管理办法 ………………………………………………………（180）
系统重要性银行附加监管规定（试行） ………………………………（187）

司法解释

最高人民法院关于加强新时代知识产权审判工作为知识产权强国建设提供有力司法服务和保障的意见 ………………………………（194）
最高人民法院印发《关于加强和完善法官考核工作的指导意见》的通知 ……………………………………………………………………（199）

附：

2021 年 10 月份报国务院备案并予以登记的地方性法规、自治条例、单行条例和地方政府规章目录 ………………………………（208）

法　　律

中华人民共和国家庭教育促进法

（2021年10月23日第十三届全国人民代表大会常务委员会第三十一次会议通过　2021年10月23日中华人民共和国主席令第九十八号公布　自2022年1月1日起施行）

目　　录

第一章　总　　则
第二章　家庭责任
第三章　国家支持
第四章　社会协同
第五章　法律责任
第六章　附　　则

第一章　总　　则

第一条　为了发扬中华民族重视家庭教育的优良传统，引导全社会注重家庭、家教、家风，增进家庭幸福与社会和谐，培养德智体美劳全面发展的社会主义建设者和接班人，制定本法。

第二条　本法所称家庭教育，是指父母或者其他监护人为促进未成年人全面健康成长，对其实施的道德品质、身体素质、生活技能、文化修养、行为习惯等方面的培育、引导和影响。

第三条　家庭教育以立德树人为根本任务，培育和践行社会主义核心价值观，弘扬中华民族优秀传统文化、革命文化、社会主义先进文化，促进未成年人健康成长。

第四条　未成年人的父母或者其他监护人负责实施家庭教育。

国家和社会为家庭教育提供指导、支持和服务。

国家工作人员应当带头树立良好家风，履行家庭教育责任。

第五条 家庭教育应当符合以下要求：

（一）尊重未成年人身心发展规律和个体差异；

（二）尊重未成年人人格尊严，保护未成年人隐私权和个人信息，保障未成年人合法权益；

（三）遵循家庭教育特点，贯彻科学的家庭教育理念和方法；

（四）家庭教育、学校教育、社会教育紧密结合、协调一致；

（五）结合实际情况采取灵活多样的措施。

第六条 各级人民政府指导家庭教育工作，建立健全家庭学校社会协同育人机制。县级以上人民政府负责妇女儿童工作的机构，组织、协调、指导、督促有关部门做好家庭教育工作。

教育行政部门、妇女联合会统筹协调社会资源，协同推进覆盖城乡的家庭教育指导服务体系建设，并按照职责分工承担家庭教育工作的日常事务。

县级以上精神文明建设部门和县级以上人民政府公安、民政、司法行政、人力资源和社会保障、文化和旅游、卫生健康、市场监督管理、广播电视、体育、新闻出版、网信等有关部门在各自的职责范围内做好家庭教育工作。

第七条 县级以上人民政府应当制定家庭教育工作专项规划，将家庭教育指导服务纳入城乡公共服务体系和政府购买服务目录，将相关经费列入财政预算，鼓励和支持以政府购买服务的方式提供家庭教育指导。

第八条 人民法院、人民检察院发挥职能作用，配合同级人民政府及其有关部门建立家庭教育工作联动机制，共同做好家庭教育工作。

第九条 工会、共产主义青年团、残疾人联合会、科学技术协会、关心下一代工作委员会以及居民委员会、村民委员会等应当结合自身工作，积极开展家庭教育工作，为家庭教育提供社会支持。

第十条 国家鼓励和支持企业事业单位、社会组织及个人依法开展公益性家庭教育服务活动。

第十一条 国家鼓励开展家庭教育研究，鼓励高等学校开设家庭教育专业课程，支持师范院校和有条件的高等学校加强家庭教育学科建设，培养家庭教育服务专业人才，开展家庭教育服务人员培训。

第十二条 国家鼓励和支持自然人、法人和非法人组织为家庭教育事业进行捐赠或者提供志愿服务，对符合条件的，依法给予税收优惠。

国家对在家庭教育工作中做出突出贡献的组织和个人，按照有关规定给予表彰、奖励。

第十三条 每年 5 月 15 日国际家庭日所在周为全国家庭教育宣传周。

第二章　家庭责任

第十四条　父母或者其他监护人应当树立家庭是第一个课堂、家长是第一任老师的责任意识，承担对未成年人实施家庭教育的主体责任，用正确思想、方法和行为教育未成年人养成良好思想、品行和习惯。

共同生活的具有完全民事行为能力的其他家庭成员应当协助和配合未成年人的父母或者其他监护人实施家庭教育。

第十五条　未成年人的父母或者其他监护人及其他家庭成员应当注重家庭建设，培育积极健康的家庭文化，树立和传承优良家风，弘扬中华民族家庭美德，共同构建文明、和睦的家庭关系，为未成年人健康成长营造良好的家庭环境。

第十六条　未成年人的父母或者其他监护人应当针对不同年龄段未成年人的身心发展特点，以下列内容为指引，开展家庭教育：

（一）教育未成年人爱党、爱国、爱人民、爱集体、爱社会主义，树立维护国家统一的观念，铸牢中华民族共同体意识，培养家国情怀；

（二）教育未成年人崇德向善、尊老爱幼、热爱家庭、勤俭节约、团结互助、诚信友爱、遵纪守法，培养其良好社会公德、家庭美德、个人品德意识和法治意识；

（三）帮助未成年人树立正确的成才观，引导其培养广泛兴趣爱好、健康审美追求和良好学习习惯，增强科学探索精神、创新意识和能力；

（四）保证未成年人营养均衡、科学运动、睡眠充足、身心愉悦，引导其养成良好生活习惯和行为习惯，促进其身心健康发展；

（五）关注未成年人心理健康，教导其珍爱生命，对其进行交通出行、健康上网和防欺凌、防溺水、防诈骗、防拐卖、防性侵等方面的安全知识教育，帮助其掌握安全知识和技能，增强其自我保护的意识和能力；

（六）帮助未成年人树立正确的劳动观念，参加力所能及的劳动，提高生活自理能力和独立生活能力，养成吃苦耐劳的优秀品格和热爱劳动的良好习惯。

第十七条　未成年人的父母或者其他监护人实施家庭教育，应当关注未成年人的生理、心理、智力发展状况，尊重其参与相关家庭事务和发表意见的权利，合理运用以下方式方法：

（一）亲自养育，加强亲子陪伴；

（二）共同参与，发挥父母双方的作用；

（三）相机而教，寓教于日常生活之中；
（四）潜移默化，言传与身教相结合；
（五）严慈相济，关心爱护与严格要求并重；
（六）尊重差异，根据年龄和个性特点进行科学引导；
（七）平等交流，予以尊重、理解和鼓励；
（八）相互促进，父母与子女共同成长；
（九）其他有益于未成年人全面发展、健康成长的方式方法。

第十八条　未成年人的父母或者其他监护人应当树立正确的家庭教育理念，自觉学习家庭教育知识，在孕期和未成年人进入婴幼儿照护服务机构、幼儿园、中小学校等重要时段进行有针对性的学习，掌握科学的家庭教育方法，提高家庭教育的能力。

第十九条　未成年人的父母或者其他监护人应当与中小学校、幼儿园、婴幼儿照护服务机构、社区密切配合，积极参加其提供的公益性家庭教育指导和实践活动，共同促进未成年人健康成长。

第二十条　未成年人的父母分居或者离异的，应当相互配合履行家庭教育责任，任何一方不得拒绝或者怠于履行；除法律另有规定外，不得阻碍另一方实施家庭教育。

第二十一条　未成年人的父母或者其他监护人依法委托他人代为照护未成年人的，应当与被委托人、未成年人保持联系，定期了解未成年人学习、生活情况和心理状况，与被委托人共同履行家庭教育责任。

第二十二条　未成年人的父母或者其他监护人应当合理安排未成年人学习、休息、娱乐和体育锻炼的时间，避免加重未成年人学习负担，预防未成年人沉迷网络。

第二十三条　未成年人的父母或者其他监护人不得因性别、身体状况、智力等歧视未成年人，不得实施家庭暴力，不得胁迫、引诱、教唆、纵容、利用未成年人从事违反法律法规和社会公德的活动。

第三章　国家支持

第二十四条　国务院应当组织有关部门制定、修订并及时颁布全国家庭教育指导大纲。

省级人民政府或者有条件的设区的市级人民政府应当组织有关部门编写或者采用适合当地实际的家庭教育指导读本，制定相应的家庭教育指导服务工作规范和评估规范。

第二十五条 省级以上人民政府应当组织有关部门统筹建设家庭教育信息化共享服务平台，开设公益性网上家长学校和网络课程，开通服务热线，提供线上家庭教育指导服务。

第二十六条 县级以上地方人民政府应当加强监督管理，减轻义务教育阶段学生作业负担和校外培训负担，畅通学校家庭沟通渠道，推进学校教育和家庭教育相互配合。

第二十七条 县级以上地方人民政府及有关部门组织建立家庭教育指导服务专业队伍，加强对专业人员的培养，鼓励社会工作者、志愿者参与家庭教育指导服务工作。

第二十八条 县级以上地方人民政府可以结合当地实际情况和需要，通过多种途径和方式确定家庭教育指导机构。

家庭教育指导机构对辖区内社区家长学校、学校家长学校及其他家庭教育指导服务站点进行指导，同时开展家庭教育研究、服务人员队伍建设和培训、公共服务产品研发。

第二十九条 家庭教育指导机构应当及时向有需求的家庭提供服务。

对于父母或者其他监护人履行家庭教育责任存在一定困难的家庭，家庭教育指导机构应当根据具体情况，与相关部门协作配合，提供有针对性的服务。

第三十条 设区的市、县、乡级人民政府应当结合当地实际采取措施，对留守未成年人和困境未成年人家庭建档立卡，提供生活帮扶、创业就业支持等关爱服务，为留守未成年人和困境未成年人的父母或者其他监护人实施家庭教育创造条件。

教育行政部门、妇女联合会应当采取有针对性的措施，为留守未成年人和困境未成年人的父母或者其他监护人实施家庭教育提供服务，引导其积极关注未成年人身心健康状况、加强亲情关爱。

第三十一条 家庭教育指导机构开展家庭教育指导服务活动，不得组织或者变相组织营利性教育培训。

第三十二条 婚姻登记机构和收养登记机构应当通过现场咨询辅导、播放宣传教育片等形式，向办理婚姻登记、收养登记的当事人宣传家庭教育知识，提供家庭教育指导。

第三十三条 儿童福利机构、未成年人救助保护机构应当对本机构安排的寄养家庭、接受救助保护的未成年人的父母或者其他监护人提供家庭教育指导。

第三十四条 人民法院在审理离婚案件时，应当对有未成年子女的夫妻双方提供家庭教育指导。

第三十五条 妇女联合会发挥妇女在弘扬中华民族家庭美德、树立良好家风等方面的独特作用，宣传普及家庭教育知识，通过家庭教育指导机构、社区家长学校、文明家庭建设等多种渠道组织开展家庭教育实践活动，提供家庭教育指导服务。

第三十六条 自然人、法人和非法人组织可以依法设立非营利性家庭教育服务机构。

县级以上地方人民政府及有关部门可以采取政府补贴、奖励激励、购买服务等扶持措施，培育家庭教育服务机构。

教育、民政、卫生健康、市场监督管理等有关部门应当在各自职责范围内，依法对家庭教育服务机构及从业人员进行指导和监督。

第三十七条 国家机关、企业事业单位、群团组织、社会组织应当将家风建设纳入单位文化建设，支持职工参加相关的家庭教育服务活动。

文明城市、文明村镇、文明单位、文明社区、文明校园和文明家庭等创建活动，应当将家庭教育情况作为重要内容。

第四章 社会协同

第三十八条 居民委员会、村民委员会可以依托城乡社区公共服务设施，设立社区家长学校等家庭教育指导服务站点，配合家庭教育指导机构组织面向居民、村民的家庭教育知识宣传，为未成年人的父母或者其他监护人提供家庭教育指导服务。

第三十九条 中小学校、幼儿园应当将家庭教育指导服务纳入工作计划，作为教师业务培训的内容。

第四十条 中小学校、幼儿园可以采取建立家长学校等方式，针对不同年龄段未成年人的特点，定期组织公益性家庭教育指导服务和实践活动，并及时联系、督促未成年人的父母或者其他监护人参加。

第四十一条 中小学校、幼儿园应当根据家长的需求，邀请有关人员传授家庭教育理念、知识和方法，组织开展家庭教育指导服务和实践活动，促进家庭与学校共同教育。

第四十二条 具备条件的中小学校、幼儿园应当在教育行政部门的指导下，为家庭教育指导服务站点开展公益性家庭教育指导服务活动提供支持。

第四十三条 中小学校发现未成年学生严重违反校规校纪的，应当及时制止、管教，告知其父母或者其他监护人，并为其父母或者其他监护人提供有针对性的家庭教育指导服务;发现未成年学生有不良行为或者严重不良行为的,按照有关法律规定处理。

第四十四条 婴幼儿照护服务机构、早期教育服务机构应当为未成年人的父母或者其他监护人提供科学养育指导等家庭教育指导服务。

第四十五条 医疗保健机构在开展婚前保健、孕产期保健、儿童保健、预防接种等服务时,应当对有关成年人、未成年人的父母或者其他监护人开展科学养育知识和婴幼儿早期发展的宣传和指导。

第四十六条 图书馆、博物馆、文化馆、纪念馆、美术馆、科技馆、体育场馆、青少年宫、儿童活动中心等公共文化服务机构和爱国主义教育基地每年应当定期开展公益性家庭教育宣传、家庭教育指导服务和实践活动,开发家庭教育类公共文化服务产品。

广播、电视、报刊、互联网等新闻媒体应当宣传正确的家庭教育知识,传播科学的家庭教育理念和方法,营造重视家庭教育的良好社会氛围。

第四十七条 家庭教育服务机构应当加强自律管理,制定家庭教育服务规范,组织从业人员培训,提高从业人员的业务素质和能力。

第五章 法律责任

第四十八条 未成年人住所地的居民委员会、村民委员会、妇女联合会,未成年人的父母或者其他监护人所在单位,以及中小学校、幼儿园等有关密切接触未成年人的单位,发现父母或者其他监护人拒绝、怠于履行家庭教育责任,或者非法阻碍其他监护人实施家庭教育的,应当予以批评教育、劝诫制止,必要时督促其接受家庭教育指导。

未成年人的父母或者其他监护人依法委托他人代为照护未成年人,有关单位发现被委托人不依法履行家庭教育责任的,适用前款规定。

第四十九条 公安机关、人民检察院、人民法院在办理案件过程中,发现未成年人存在严重不良行为或者实施犯罪行为,或者未成年人的父母或者其他监护人不正确实施家庭教育侵害未成年人合法权益的,根据情况对父母或者其他监护人予以训诫,并可以责令其接受家庭教育指导。

第五十条 负有家庭教育工作职责的政府部门、机构有下列情形之一的,由其上级机关或者主管单位责令限期改正;情节严重的,对直接负责的主管人员和其他直接责任人员依法予以处分:

(一)不履行家庭教育工作职责;

(二)截留、挤占、挪用或者虚报、冒领家庭教育工作经费;

（三）其他滥用职权、玩忽职守或者徇私舞弊的情形。

第五十一条 家庭教育指导机构、中小学校、幼儿园、婴幼儿照护服务机构、早期教育服务机构违反本法规定，不履行或者不正确履行家庭教育指导服务职责的，由主管部门责令限期改正；情节严重的，对直接负责的主管人员和其他直接责任人员依法予以处分。

第五十二条 家庭教育服务机构有下列情形之一的，由主管部门责令限期改正；拒不改正或者情节严重的，由主管部门责令停业整顿、吊销营业执照或者撤销登记：

（一）未依法办理设立手续；

（二）从事超出许可业务范围的行为或作虚假、引人误解宣传，产生不良后果；

（三）侵犯未成年人及其父母或者其他监护人合法权益。

第五十三条 未成年人的父母或者其他监护人在家庭教育过程中对未成年人实施家庭暴力的，依照《中华人民共和国未成年人保护法》、《中华人民共和国反家庭暴力法》等法律的规定追究法律责任。

第五十四条 违反本法规定，构成违反治安管理行为的，由公安机关依法予以治安管理处罚；构成犯罪的，依法追究刑事责任。

第六章 附 则

第五十五条 本法自 2022 年 1 月 1 日起施行。

中华人民共和国陆地国界法

（2021 年 10 月 23 日第十三届全国人民代表大会常务委员会第三十一次会议通过 2021 年 10 月 23 日中华人民共和国主席令第九十九号公布 自 2022 年 1 月 1 日起施行）

目 录

第一章 总 则
第二章 陆地国界的划定和勘定
第三章 陆地国界及边境的防卫

第四章　陆地国界及边境的管理
　第一节　一般规定
　第二节　陆地国界管理
　第三节　边境管理
第五章　陆地国界事务的国际合作
第六章　法律责任
第七章　附　　则

第一章　总　　则

第一条　为了规范和加强陆地国界工作，保障陆地国界及边境的安全稳定，促进我国与陆地邻国睦邻友好和交流合作，维护国家主权、安全和领土完整，根据宪法，制定本法。

第二条　中华人民共和国陆地国界的划定和勘定，陆地国界及边境的防卫、管理和建设，陆地国界事务的国际合作等，适用本法。

第三条　陆地国界是指划分中华人民共和国与陆地邻国接壤的领陆和内水的界限。陆地国界垂直划分中华人民共和国与陆地邻国的领空和底土。

中华人民共和国陆地国界内侧一定范围内的区域为边境。

第四条　中华人民共和国的主权和领土完整神圣不可侵犯。

国家采取有效措施，坚决维护领土主权和陆地国界安全，防范和打击任何损害领土主权和破坏陆地国界的行为。

第五条　国家对陆地国界工作实行统一的领导。

第六条　外交部负责陆地国界涉外事务，参与陆地国界管理相关工作，牵头开展对外谈判、缔约、履约及国际合作，处理需要通过外交途径解决的问题，组织开展国界线和界标维护管理。

国务院公安部门负责边境地区公安工作，指导、监督边境公安机关加强社会治安管理，防范和打击边境违法犯罪活动。

海关总署负责边境口岸等的进出境相关监督管理工作，依法组织实施进出境交通运输工具、货物、物品和人员的海关监管、检疫。

国家移民管理部门负责边境地区移民管理工作，依法组织实施出入境边防检查、边民往来管理和边境地区边防管理。

国务院其他有关部门按照各自职责分工，依法行使职权，开展相关工作。

第七条　在中央军事委员会领导下，有关军事机关组织、指导、协调陆地国界及边境的防卫管控、维护社会稳定、处置突发事件、边防合作及相关工作。

中国人民解放军、中国人民武装警察部队按照各自任务分工，警戒守卫陆地国界，抵御武装侵略，处置陆地国界及边境重大突发事件和恐怖活动，会同或者协助地方有关部门防范、制止和打击非法越界，保卫陆地国界及边境的安全稳定。

第八条 边境省、自治区的各级人民代表大会及其常务委员会在本行政区域内，保证有关陆地国界及边境的法律法规的遵守和执行。

边境省、自治区的各级人民政府依照法律法规规定管理本行政区域内的陆地国界及边境相关工作。

第九条 军地有关部门、单位依托有关统筹协调机构，合力推进强边固防，组织开展边防防卫管控、边防基础设施建设与维护管理等工作，共同维护陆地国界及边境的安全稳定与正常秩序。

第十条 国家采取有效措施，加强边防建设，支持边境经济社会发展和对外开放，推进固边兴边富民行动，提高边境公共服务和基础设施建设水平，改善边境生产生活条件，鼓励和支持边民在边境生产生活，促进边防建设与边境经济社会协调发展。

第十一条 国家加强陆地国界宣传教育，铸牢中华民族共同体意识，弘扬中华民族捍卫祖国统一和领土完整的精神，增强公民的国家观念和国土安全意识，构筑中华民族共有精神家园。

各级人民政府和有关教育科研机构应当加强对陆地国界及边境相关史料的收集、保护和研究。

公民和组织发现陆地国界及边境相关史料、史迹和实物，应当依法及时上报或者上交国家有关部门。

第十二条 国家保障陆地国界工作经费。

国务院和边境省、自治区的县级以上各级人民政府，应当将陆地国界及边境相关工作纳入国民经济和社会发展规划。

第十三条 公民和组织应当维护陆地国界及边境安全稳定，保护界标和边防基础设施，配合、协助开展陆地国界相关工作。

国家对配合、协助开展陆地国界相关工作的公民和组织给予鼓励和支持，对作出突出贡献的公民和组织按照有关规定给予表彰、奖励。

第十四条 中华人民共和国遵守同外国缔结或者共同参加的有关陆地国界事务的条约。

第十五条 国家坚持平等互信、友好协商的原则，通过谈判与陆地邻国处理陆地国界及相关事务，妥善解决争端和历史遗留的边界问题。

第二章　陆地国界的划定和勘定

第十六条　国家与陆地邻国通过谈判缔结划定陆地国界的条约，规定陆地国界的走向和位置。

划定陆地国界的条约应当依照法律规定由国务院提请全国人民代表大会常务委员会决定批准，由中华人民共和国主席根据全国人民代表大会常务委员会的决定予以批准。

第十七条　国家与陆地邻国根据划界条约，实地勘定陆地国界并缔结勘界条约。

勘界条约应当依照法律规定由国务院核准。

第十八条　为保持国界线清晰稳定，国家与有关陆地邻国开展陆地国界联合检查，缔结联合检查条约。

第十九条　勘定陆地国界依据的自然地理环境发生无法恢复原状的重大变化时，国家可与陆地邻国协商，重新勘定陆地国界。

第二十条　国家设置界标在实地标示陆地国界。

界标的位置、种类、规格、材质及设置方式等，由外交部与陆地邻国相关部门协商确定。

第二十一条　陆地国界的划定、勘定、联合检查和设置界标等具体工作，由外交部会同国务院有关部门、有关军事机关和有关边境省、自治区依法组织实施。

第三章　陆地国界及边境的防卫

第二十二条　中国人民解放军、中国人民武装警察部队应当在边境开展边防执勤、管控，组织演训和勘察等活动，坚决防范、制止和打击入侵、蚕食、渗透、挑衅等行为，守卫陆地国界，维护边境安全稳定。

第二十三条　边境省、自治区的各级人民政府统筹资源配置，加强维护国界安全的群防队伍建设，支持和配合边防执勤、管控工作。

边境省、自治区的各级人民政府建设基础设施，应当统筹兼顾陆地国界及边境防卫需求。

公民和组织应当支持边防执勤、管控活动，为其提供便利条件或者其他协助。

第二十四条　国家根据边防管控需要，可以在靠近陆地国界的特定区域划定边境禁区并设置警示标志，禁止无关人员进入。

划定边境禁区应当兼顾经济社会发展、自然资源和生态环境保护、居民生产生活，由有关军事机关会同边境省、自治区人民政府提出方案，经征求国务院有关部门意见后，报国务院和中央军事委员会批准。

边境禁区的变更或者撤销，依照前款规定程序办理。

第二十五条 国家根据陆地国界及边境防卫需要，可以在陆地国界内侧建设拦阻、交通、通信、监控、警戒、防卫及辅助设施等边防基础设施，也可以与陆地邻国协商后在陆地国界线上建设拦阻设施。

边防基础设施的建设和维护在保证国家主权、安全和领土完整的前提下，兼顾经济社会发展、自然资源和生态环境保护、野生动物迁徙、居民生产生活的需要，并且不得损害陆地国界与边防基础设施之间领土的有效管控。

边防基础设施的建设规划由国务院和中央军事委员会批准。

第四章 陆地国界及边境的管理

第一节 一般规定

第二十六条 国家对陆地国界及边境的管理和相关建设实行统筹协调、分工负责、依法管理。

第二十七条 陆地国界及边境管理应当保障陆地国界清晰和安全稳定。

第二十八条 依照本法规定在边境地区设立经济、贸易、旅游等跨境合作区域或者开展跨境合作活动，应当符合边防管控要求，不得危害边防安全。

第二十九条 在陆地国界及边境管理中遇有重要情况和重大问题，有关地方人民政府、军事机关应当立即按照规定向上级机关报告。

第三十条 边境省、自治区可以根据本行政区域的具体情况和实际需要制定地方性法规、地方政府规章，对陆地国界及边境管理执行中的问题作出规定。

第三十一条 国家可以与有关陆地邻国缔结条约，就陆地国界及边境管理制度作出规定。条约对陆地国界及边境管理制度另有规定的，按照条约的规定执行。

第二节 陆地国界管理

第三十二条 界标和边防基础设施受法律保护。

任何组织或者个人不得擅自移动、损毁界标和边防基础设施。

界标被移动、损毁、遗失的，由外交部与陆地邻国相关部门协商后组织恢复、修缮或者重建。

第三十三条 为保持陆地国界清晰可视，国家可以在陆地国界内侧开辟和清理通视道。

第三十四条 国务院有关部门和边境省、自治区的各级人民政府应当采取措施维护界河（江、湖）走向稳定，并依照有关条约保护和合理利用边界水。

船舶和人员需要进入界河（江、湖）活动的，应当由有关主管部门批准或者备案，向公安机关报告，并接受查验。

第三十五条 国家经与陆地邻国协商，可以在靠近陆地国界的适当地点设立边境口岸。

边境口岸的设立、关闭、管理等，应当依照法律法规和有关条约确定，并通过外交途径通知陆地邻国。

第三十六条 国务院有关部门经与陆地邻国相关部门协商或者根据照顾边民往来、维护边境安全稳定的需要，可以设立边民通道并予以规范管理。

第三十七条 人员、交通运输工具、货物、物品等应当依照相关法律法规通过陆地国界出境入境，并接受有关主管部门的检查、检疫和监管。

特殊情况下，通过缔结条约或者经外交途径、主管部门协商后，有关人员、交通运输工具、货物、物品等应当从国务院、中央军事委员会或者其授权的部门批准的地点出境入境。

第三十八条 禁止任何个人非法越界。

非法越界人员被控制后，由公安机关等主管部门处理；非法越界人员为武装部队人员的，由有关军事机关处理。

非法越界人员行凶、拒捕或者实施其他暴力行为，危及他人人身和财产安全的，执法执勤人员可以依法使用警械和武器。

第三十九条 航空器飞越陆地国界，应当经有关主管机关批准并且遵守我国法律法规规定。未经批准飞越陆地国界的，有关主管机关应当采取必要措施进行处置。

任何组织或者个人未经有关主管机关批准不得在陆地国界附近操控无人驾驶航空器飞行。模型航空器、三角翼、无人驾驶自由气球等的飞行活动，参照无人驾驶航空器管理。

第四十条 任何组织或者个人未经有关主管部门批准不得在陆地国界附近修建永久性建筑物。

第四十一条 任何组织或者个人不得在陆地国界附近通过声音、光照、展示标示物、投掷或者传递物品、放置漂流物或者空飘物等方式从事危害国家安全或者影响我国与邻国友好关系的活动。

个人在陆地国界及其附近打捞或者捡拾的漂流物、空飘物等可疑物品，应当及时交当地人民政府或者有关军事机关，不得擅自处理。

第三节　边境管理

第四十二条　国家根据边防管理需要可以划定边境管理区。边境管理区人员通行、居住依照国家有关规定实行专门管理措施。

边境管理区的划定、变更、撤销由边境省、自治区人民政府提出方案，经征求国务院有关部门和有关军事机关意见后，报国务院批准并公告。

第四十三条　国家支持沿边城镇建设，健全沿边城镇体系，完善边境城镇功能，强化支撑能力建设。

第四十四条　国务院有关部门和边境省、自治区人民政府依照有关规定，可以建设或者批准设立边民互市贸易区（点）、边境经济合作区等区域。

第四十五条　国务院有关部门和边境省、自治区的各级人民政府应当采取措施保护边境生态环境，防止生态破坏，防治大气、水、土壤和其他污染。

第四十六条　国务院有关部门和边境省、自治区的各级人民政府应当采取措施预防传染病、动植物疫情、外来物种入侵以及洪涝、火灾等从陆地国界传入或者在边境传播、蔓延。

第四十七条　有下列情形之一的，国家可以封控边境、关闭口岸，并依照有关法律法规采取其他紧急措施：

（一）周边发生战争或者武装冲突可能影响国家边防安全稳定；

（二）发生使国家安全或者边境居民的人身财产安全受到严重威胁的重大事件；

（三）边境受到自然灾害、事故灾难、公共卫生事件或者核生化污染的严重威胁；

（四）其他严重影响陆地国界及边境安全稳定的情形。

前款规定的措施由国务院有关部门、有关军事机关和地方人民政府依照相关法律和规定组织实施。

第五章　陆地国界事务的国际合作

第四十八条　国家按照平等互利原则与陆地邻国开展国际合作，处理陆地国界事务，推进安全合作，深化互利共赢。

第四十九条　国家可以与有关陆地邻国协商建立边界联合委员会机制，

指导和协调有关国际合作，执行有关条约，协商并处理与陆地国界管理有关的重要事项。

第五十条 有关军事机关可以与陆地邻国相关部门建立边防合作机制，沟通协商边防交往合作中的重大事项与问题，通过与陆地邻国相关边防机构建立边防会谈会晤机制，交涉处理边防有关事务，巩固和发展睦邻友好关系，共同维护陆地国界的安全稳定。

第五十一条 国家可以与有关陆地邻国在相应国界地段协商建立边界（边防）代表机制，由代表、副代表和相关工作人员组成，通过会谈、会晤和联合调查等方式处理边界事件、日常纠纷等问题。

边界（边防）代表的具体工作在国务院有关部门、中央军事委员会机关有关部门指导下，由中国人民解放军会同外事、公安、移民等相关部门组织实施。

第五十二条 公安、海关、移民等部门可以与陆地邻国相关部门建立合作机制，交流信息，开展执法合作，共同防范和打击跨界违法犯罪活动。

第五十三条 国家有关主管机关和有关军事机关可以与陆地邻国相关部门开展合作，共同打击恐怖主义、分裂主义和极端主义活动。

第五十四条 国家提升沿边对外开放便利化水平，优化边境地区营商环境；经与陆地邻国协商，可以在双方接壤区域设立跨境经济合作区、跨境旅游合作区、生态保护区等区域。

国家与陆地邻国共同建设并维护跨界设施，可以在陆地国界内侧设立临时的封闭建设区。

第五十五条 边境省、自治区的县级以上各级人民政府依照国家有关规定，可以与陆地邻国相应行政区域地方政府开展经济、旅游、文化、体育、抢险救灾和生态环境等领域合作。

第五十六条 国务院有关部门可以与陆地邻国相关部门在口岸建设和管理、自然资源利用、生态环境保护、疫情防控、应急管理等领域开展合作，建立相互通报、信息共享、技术与人才交流等合作机制。

边境省、自治区的县级以上各级人民政府可以在国家有关主管部门指导下，参与相关合作机制，承担具体合作工作。

第六章 法律责任

第五十七条 有违反本法第三十二条第二款行为的，由公安机关依照《中华人民共和国治安管理处罚法》、《中华人民共和国军事设施保护法》有关规定处罚。损毁界标、边防基础设施的，应当责令行为人赔偿损失。

有违反本法第三十四条第二款或者第四十一条规定行为之一的，由公安机关处警告或者两千元以下罚款；情节严重的，处五日以下拘留或者两千元以上一万元以下罚款。

第五十八条 有违反本法第三十七条、第三十八条第一款或者第三十九条规定行为的，由有关部门依照相关法律法规，按照职责分工处罚。

有违反本法第四十条规定行为的，由有关主管部门责令停止违法行为、恢复原状，处五千元以上两万元以下罚款；情节严重的，处两万元以上五万元以下罚款。单位有违反该条规定行为的，处五万元以上二十万元以下罚款。

有违反本法第三十四条第二款、第三十九条第二款或者第四十一条规定行为之一的，还可以收缴用于实施违反陆地国界及边境管理行为的工具。

第五十九条 国家机关及其工作人员在陆地国界工作中不履行法定职责，泄露国家秘密或者滥用职权、玩忽职守、徇私舞弊的，对直接负责的主管人员和其他直接责任人员，依法给予处分。

第六十条 违反本法规定，构成犯罪的，依法追究刑事责任。

第七章　附　　则

第六十一条 界标是指竖立在陆地国界上或者陆地国界两侧，在实地标示陆地国界走向，且其地理坐标已测定并记载于勘界条约或者联合检查条约中的标志，包括基本界标、辅助界标、导标和浮标等。

通视道是指为使陆地国界保持通视，在陆地国界两侧一定宽度范围内开辟的通道。

第六十二条 本法自 2022 年 1 月 1 日起施行。

全国人民代表大会常务委员会关于修改《中华人民共和国审计法》的决定

（2021 年 10 月 23 日第十三届全国人民代表大会常务委员会第三十一次会议通过　2021 年 10 月 23 日中华人民共和国主席令第一〇〇号公布　自 2022 年 1 月 1 日起施行）

第十三届全国人民代表大会常务委员会第三十一次会议决定对《中华人民共和国审计法》作如下修改：

一、将第二条第一款分为两款，作为第一款、第二款，修改为："国家实行审计监督制度。坚持中国共产党对审计工作的领导，构建集中统一、全面覆盖、权威高效的审计监督体系。

"国务院和县级以上地方人民政府设立审计机关。"

二、将第四条修改为："国务院和县级以上地方人民政府应当每年向本级人民代表大会常务委员会提出审计工作报告。审计工作报告应当报告审计机关对预算执行、决算草案以及其他财政收支的审计情况，重点报告对预算执行及其绩效的审计情况，按照有关法律、行政法规的规定报告对国有资源、国有资产的审计情况。必要时，人民代表大会常务委员会可以对审计工作报告作出决议。

"国务院和县级以上地方人民政府应当将审计工作报告中指出的问题的整改情况和处理结果向本级人民代表大会常务委员会报告。"

三、将第十一条修改为："审计机关履行职责所必需的经费，应当列入预算予以保证。"

四、增加一条，作为第十二条："审计机关应当建设信念坚定、为民服务、业务精通、作风务实、敢于担当、清正廉洁的高素质专业化审计队伍。

"审计机关应当加强对审计人员遵守法律和执行职务情况的监督，督促审计人员依法履职尽责。

"审计机关和审计人员应当依法接受监督。"

五、将第十二条改为第十三条，增加一款，作为第二款："审计机关根据工作需要，可以聘请具有与审计事项相关专业知识的人员参加审计工作。"

六、增加一条，作为第十四条："审计机关和审计人员不得参加可能影响其依法独立履行审计监督职责的活动，不得干预、插手被审计单位及其相关单位的正常生产经营和管理活动。"

七、将第十四条改为第十六条，修改为："审计机关和审计人员对在执行职务中知悉的国家秘密、工作秘密、商业秘密、个人隐私和个人信息，应当予以保密，不得泄露或者向他人非法提供。"

八、将第十八条第二款、第二十条、第二十一条合并，作为第二十二条，修改为："审计机关对国有企业、国有金融机构和国有资本占控股地位或者主导地位的企业、金融机构的资产、负债、损益以及其他财务收支情况，进行审计监督。

"遇有涉及国家财政金融重大利益情形，为维护国家经济安全，经国务院批准，审计署可以对前款规定以外的金融机构进行专项审计调查或者审计。"

九、将第二十二条改为第二十三条，修改为："审计机关对政府投资和以政府投资为主的建设项目的预算执行情况和决算，对其他关系国家利益和公共利益的重大公共工程项目的资金管理使用和建设运营情况，进行审计监督。”

十、将第二十三条改为第二十四条，修改为：“审计机关对国有资源、国有资产，进行审计监督。

“审计机关对政府部门管理的和其他单位受政府委托管理的社会保险基金、全国社会保障基金、社会捐赠资金以及其他公共资金的财务收支，进行审计监督。”

十一、增加一条，作为第二十六条：“根据经批准的审计项目计划安排，审计机关可以对被审计单位贯彻落实国家重大经济社会政策措施情况进行审计监督。”

十二、增加一条，作为第二十八条：“审计机关可以对被审计单位依法应当接受审计的事项进行全面审计，也可以对其中的特定事项进行专项审计。”

十三、增加一条，作为第三十条：“审计机关履行审计监督职责，发现经济社会运行中存在风险隐患的，应当及时向本级人民政府报告或者向有关主管机关、单位通报。”

十四、将第二十八条改为第三十一条，将第一款修改为：“审计机关根据被审计单位的财政、财务隶属关系或者国有资源、国有资产监督管理关系，确定审计管辖范围。”

将第三款修改为：“上级审计机关对其审计管辖范围内的审计事项，可以授权下级审计机关进行审计，但本法第十八条至第二十条规定的审计事项不得进行授权；上级审计机关对下级审计机关审计管辖范围内的重大审计事项，可以直接进行审计，但是应当防止不必要的重复审计。”

十五、将第二十九条改为第三十二条，修改为：“被审计单位应当加强对内部审计工作的领导，按照国家有关规定建立健全内部审计制度。

“审计机关应当对被审计单位的内部审计工作进行业务指导和监督。”

十六、将第三十一条改为第三十四条，修改为：“审计机关有权要求被审计单位按照审计机关的规定提供财务、会计资料以及与财政收支、财务收支有关的业务、管理等资料，包括电子数据和有关文档。被审计单位不得拒绝、拖延、谎报。

“被审计单位负责人应当对本单位提供资料的及时性、真实性和完整性负责。

“审计机关对取得的电子数据等资料进行综合分析，需要向被审计单位核实有关情况的，被审计单位应当予以配合。”

十七、增加一条，作为第三十五条："国家政务信息系统和数据共享平台应当按照规定向审计机关开放。

"审计机关通过政务信息系统和数据共享平台取得的电子数据等资料能够满足需要的，不得要求被审计单位重复提供。"

十八、将第三十二条改为第三十六条，修改为："审计机关进行审计时，有权检查被审计单位的财务、会计资料以及与财政收支、财务收支有关的业务、管理等资料和资产，有权检查被审计单位信息系统的安全性、可靠性、经济性，被审计单位不得拒绝。"

十九、将第三十三条改为第三十七条，将第三款修改为："审计机关有证据证明被审计单位违反国家规定将公款转入其他单位、个人在金融机构账户的，经县级以上人民政府审计机关主要负责人批准，有权查询有关单位、个人在金融机构与审计事项相关的存款。"

二十、将第三十四条改为第三十八条，将第一款修改为："审计机关进行审计时，被审计单位不得转移、隐匿、篡改、毁弃财务、会计资料以及与财政收支、财务收支有关的业务、管理等资料，不得转移、隐匿、故意毁损所持有的违反国家规定取得的资产。"

二十一、将第三十六条改为第四十条，将第二款修改为："审计机关通报或者公布审计结果，应当保守国家秘密、工作秘密、商业秘密、个人隐私和个人信息，遵守法律、行政法规和国务院的有关规定。"

二十二、将第三十七条改为第四十一条，修改为："审计机关履行审计监督职责，可以提请公安、财政、自然资源、生态环境、海关、税务、市场监督管理等机关予以协助。有关机关应当依法予以配合。"

二十三、将第三十八条改为第四十二条，将第一款修改为："审计机关根据经批准的审计项目计划确定的审计事项组成审计组，并应当在实施审计三日前，向被审计单位送达审计通知书；遇有特殊情况，经县级以上人民政府审计机关负责人批准，可以直接持审计通知书实施审计。"

二十四、将第三十九条改为第四十三条，修改为："审计人员通过审查财务、会计资料，查阅与审计事项有关的文件、资料，检查现金、实物、有价证券和信息系统，向有关单位和个人调查等方式进行审计，并取得证明材料。

"向有关单位和个人进行调查时，审计人员应当不少于二人，并出示其工作证件和审计通知书副本。"

二十五、将第四十一条改为第四十五条，修改为："审计机关按照审计署规定的程序对审计组的审计报告进行审议，并对被审计单位对审计组的审计报告提出的意见一并研究后，出具审计机关的审计报告。对违反国家规定的财政收支、财务收支行为，依法应当给予处理、处罚的，审计机关在法定职权范围内作出审计决定；需要移送有关主管机关、单位处理、处罚的，审计机关应当依法移送。

“审计机关应当将审计机关的审计报告和审计决定送达被审计单位和有关主管机关、单位，并报上一级审计机关。审计决定自送达之日起生效。”

二十六、将第四十三条改为第四十七条，修改为：“被审计单位违反本法规定，拒绝、拖延提供与审计事项有关的资料的，或者提供的资料不真实、不完整的，或者拒绝、阻碍检查、调查、核实有关情况的，由审计机关责令改正，可以通报批评，给予警告；拒不改正的，依法追究法律责任。”

二十七、将第四十四条改为第四十八条，修改为：“被审计单位违反本法规定，转移、隐匿、篡改、毁弃财务、会计资料以及与财政收支、财务收支有关的业务、管理等资料，或者转移、隐匿、故意毁损所持有的违反国家规定取得的资产，审计机关认为对直接负责的主管人员和其他直接责任人员依法应当给予处分的，应当向被审计单位提出处理建议，或者移送监察机关和有关主管机关、单位处理，有关机关、单位应当将处理结果书面告知审计机关；构成犯罪的，依法追究刑事责任。”

二十八、增加一条，作为第五十二条：“被审计单位应当按照规定时间整改审计查出的问题，将整改情况报告审计机关，同时向本级人民政府或者有关主管机关、单位报告，并按照规定向社会公布。

“各级人民政府和有关主管机关、单位应当督促被审计单位整改审计查出的问题。审计机关应当对被审计单位整改情况进行跟踪检查。

“审计结果以及整改情况应当作为考核、任免、奖惩领导干部和制定政策、完善制度的重要参考；拒不整改或者整改时弄虚作假的，依法追究法律责任。”

二十九、将第四十九条改为第五十四条，修改为：“被审计单位的财政收支、财务收支违反国家规定，审计机关认为对直接负责的主管人员和其他直接责任人员依法应当给予处分的，应当向被审计单位提出处理建议，或者移送监察机关和有关主管机关、单位处理，有关机关、单位应当将处理结果书面告知审计机关。”

三十、将第二十五条改为第五十八条，修改为：“领导干部经济责任审计和自然资源资产离任审计，依照本法和国家有关规定执行。”

三十一、将第五十三条改为第五十九条，修改为：“中国人民解放军和中国人民武装警察部队审计工作的规定，由中央军事委员会根据本法制定。

“审计机关和军队审计机构应当建立健全协作配合机制，按照国家有关规定对涉及军地经济事项实施联合审计。”

三十二、将第十七条中的“预算执行情况和其他财政收支情况”修改为“预算执行情况、决算草案以及其他财政收支情况”；将第三十条中的“审计机关审计监督对象”、第四十条中的“被审计对象”修改为“被审计单位”；将第三十四条第三款、第三十五条、第四十五条、第四十六条、第四十七条第二款中的“主管部门”修改为“主管机关、单位”；将第三十五条中的“有权处理的机关”修改为“有权处理的机关、单位”；将第四十五条第四项中的“会计制度”修改为“财务、会计制度”；将第四十七条第二款中的“被审计单位上缴”修改为“被审计单位缴纳”，“将结果书面通知审计机关”修改为“将处理结果书面告知审计机关”；将第五十二条中的“泄露”修改为“泄露、向他人非法提供”，“国家秘密、商业秘密”修改为“国家秘密、工作秘密、商业秘密、个人隐私和个人信息”。

本决定自 2022 年 1 月 1 日起施行。

《中华人民共和国审计法》根据本决定作相应修改并对条文顺序作相应调整，重新公布。

有关法律问题的决定

全国人民代表大会常务委员会关于授权国务院在营商环境创新试点城市暂时调整适用《中华人民共和国计量法》有关规定的决定

（2021年10月23日第十三届全国人民代表大会常务委员会第三十一次会议通过）

为进一步转变政府职能，优化营商环境，激发市场活力，第十三届全国人民代表大会常务委员会第三十一次会议决定：授权国务院暂时调整适用《中华人民共和国计量法》的有关规定（目录附后），在北京、上海、重庆、杭州、广州、深圳等6个营商环境创新试点城市试行。暂时调整适用的期限为三年，自本决定施行之日起算。国务院应当加强对试点工作的指导、协调和监督，及时总结试点工作经验，并就暂时调整适用有关法律规定的情况向全国人民代表大会常务委员会作出报告。对实践证明可行的，修改完善有关法律；对实践证明不宜调整的，恢复施行有关法律规定。

本决定自公布之日起施行。

授权国务院在营商环境创新试点城市暂时调整适用《中华人民共和国计量法》有关规定目录

<table>
<tr><th>序号</th><th>法律规定</th><th>调整适用内容</th></tr>
<tr><td>1</td><td>《中华人民共和国计量法》
第八条　企业、事业单位根据需要，可以建立本单位使用的计量标准器具，其各项最高计量标准器具经有关人民政府计量行政部门主持考核合格后使用。</td><td rowspan="2">暂时调整适用《中华人民共和国计量法》第八条、第九条第一款的有关规定，对在北京、上海、重庆、杭州、广州、深圳等6个营商环境创新试点城市内的企业内部使用的最高计量标准器具，由企业自主管理，不需计量行政部门考核发证，不再实行强制检定。
调整后，营商环境创新试点城市加强对企业自主管理最高计量标准器具的指导和事中事后监管，确保满足计量溯源性要求和计量标准准确。</td></tr>
<tr><td>2</td><td>**第九条第一款**　县级以上人民政府计量行政部门对社会公用计量标准器具，部门和企业、事业单位使用的最高计量标准器具，以及用于贸易结算、安全防护、医疗卫生、环境监测方面的列入强制检定目录的工作计量器具，实行强制检定。未按照规定申请检定或者检定不合格的，不得使用。实行强制检定的工作计量器具的目录和管理办法，由国务院制定。</td></tr>
</table>

全国人民代表大会常务委员会关于授权国务院在部分地区开展房地产税改革试点工作的决定

（2021年10月23日第十三届全国人民代表大会常务委员会第三十一次会议通过）

为积极稳妥推进房地产税立法与改革，引导住房合理消费和土地资源节约集约利用，促进房地产市场平稳健康发展，第十三届全国人民代表大会常务委员会第三十一次会议决定：授权国务院在部分地区开展房地产税改革试点工作。

一、试点地区的房地产税征税对象为居住用和非居住用等各类房地产，不包括依法拥有的农村宅基地及其上住宅。土地使用权人、房屋所有权人为房地产税的纳税人。非居住用房地产继续按照《中华人民共和国房产税暂行条例》、《中华人民共和国城镇土地使用税暂行条例》执行。

二、国务院制定房地产税试点具体办法，试点地区人民政府制定具体实施细则。国务院及其有关部门、试点地区人民政府应当构建科学可行的征收管理模式和程序。

三、国务院按照积极稳妥的原则，统筹考虑深化试点与统一立法、促进房地产市场平稳健康发展等情况确定试点地区，报全国人民代表大会常务委员会备案。

本决定授权的试点期限为五年，自国务院试点办法印发之日起算。试点过程中，国务院应当及时总结试点经验，在授权期限届满的六个月以前，向全国人民代表大会常务委员会报告试点情况，需要继续授权的，可以提出相关意见，由全国人民代表大会常务委员会决定。条件成熟时，及时制定法律。

本决定自公布之日起施行，试点实施启动时间由国务院确定。

全国人民代表大会常务委员会关于深化国防动员体制改革期间暂时调整适用相关法律规定的决定

（2021年10月23日第十三届全国人民代表大会常务委员会第三十一次会议通过）

为了深入贯彻党中央关于深化国防动员体制改革的决策部署，依据宪法和《中华人民共和国国防法》，第十三届全国人民代表大会常务委员会第三十一次会议决定：深化国防动员体制改革期间，暂时调整适用《中华人民共和国国防动员法》、《中华人民共和国人民防空法》、《中华人民共和国国防交通法》、《中华人民共和国国防教育法》中有关国防动员以及人民武装动员、经济动员、人民防空、交通战备、国防教育的领导管理体制、军地职能配置、工作机构设置和国防动员资源指挥运用的规定。具体办法按照党中央的有关决定、国务院和中央军事委员会的有关规定执行。改革措施成熟后，及时修改完善有关法律。

本决定自2021年10月24日起施行。

行政法规

地下水管理条例

（2021年9月15日国务院第149次常务会议通过　2021年10月21日中华人民共和国国务院令第748号公布　自2021年12月1日起施行）

第一章　总　　则

第一条　为了加强地下水管理，防治地下水超采和污染，保障地下水质量和可持续利用，推进生态文明建设，根据《中华人民共和国水法》和《中华人民共和国水污染防治法》等法律，制定本条例。

第二条　地下水调查与规划、节约与保护、超采治理、污染防治、监督管理等活动，适用本条例。

本条例所称地下水，是指赋存于地表以下的水。

第三条　地下水管理坚持统筹规划、节水优先、高效利用、系统治理的原则。

第四条　国务院水行政主管部门负责全国地下水统一监督管理工作。国务院生态环境主管部门负责全国地下水污染防治监督管理工作。国务院自然资源等主管部门按照职责分工做好地下水调查、监测等相关工作。

第五条　县级以上地方人民政府对本行政区域内的地下水管理负责，应当将地下水管理纳入本级国民经济和社会发展规划，并采取控制开采量、防治污染等措施，维持地下水合理水位，保护地下水水质。

县级以上地方人民政府水行政主管部门按照管理权限，负责本行政区域内地下水统一监督管理工作。地方人民政府生态环境主管部门负责本行政区域内地下水污染防治监督管理工作。县级以上地方人民政府自然资源等主管部门按照职责分工做好本行政区域内地下水调查、监测等相关工作。

第六条　利用地下水的单位和个人应当加强地下水取水工程管理，节约、保护地下水，防止地下水污染。

第七条　国务院对省、自治区、直辖市地下水管理和保护情况实行目标责任制和考核评价制度。国务院有关部门按照职责分工负责考核评价工作的具体组织实施。

第八条 任何单位和个人都有权对损害地下水的行为进行监督、检举。

对在节约、保护和管理地下水工作中作出突出贡献的单位和个人，按照国家有关规定给予表彰和奖励。

第九条 国家加强对地下水节约和保护的宣传教育，鼓励、支持地下水先进科学技术的研究、推广和应用。

第二章 调查与规划

第十条 国家定期组织开展地下水状况调查评价工作。地下水状况调查评价包括地下水资源调查评价、地下水污染调查评价和水文地质勘查评价等内容。

第十一条 县级以上人民政府应当组织水行政、自然资源、生态环境等主管部门开展地下水状况调查评价工作。调查评价成果是编制地下水保护利用和污染防治等规划以及管理地下水的重要依据。调查评价成果应当依法向社会公布。

第十二条 县级以上人民政府水行政、自然资源、生态环境等主管部门根据地下水状况调查评价成果，统筹考虑经济社会发展需要、地下水资源状况、污染防治等因素，编制本级地下水保护利用和污染防治等规划，依法履行征求意见、论证评估等程序后向社会公布。

地下水保护利用和污染防治等规划是节约、保护、利用、修复治理地下水的基本依据。地下水保护利用和污染防治等规划应当服从水资源综合规划和环境保护规划。

第十三条 国民经济和社会发展规划以及国土空间规划等相关规划的编制、重大建设项目的布局，应当与地下水资源条件和地下水保护要求相适应，并进行科学论证。

第十四条 编制工业、农业、市政、能源、矿产资源开发等专项规划，涉及地下水的内容，应当与地下水保护利用和污染防治等规划相衔接。

第十五条 国家建立地下水储备制度。国务院水行政主管部门应当会同国务院自然资源、发展改革等主管部门，对地下水储备工作进行指导、协调和监督检查。

县级以上地方人民政府水行政主管部门应当会同本级人民政府自然资源、发展改革等主管部门，根据本行政区域内地下水条件、气候状况和水资源储备需要，制定动用地下水储备预案并报本级人民政府批准。

除特殊干旱年份以及发生重大突发事件外，不得动用地下水储备。

第三章　节约与保护

第十六条　国家实行地下水取水总量控制制度。国务院水行政主管部门会同国务院自然资源主管部门，根据各省、自治区、直辖市地下水可开采量和地表水水资源状况，制定并下达各省、自治区、直辖市地下水取水总量控制指标。

第十七条　省、自治区、直辖市人民政府水行政主管部门应当会同本级人民政府有关部门，根据国家下达的地下水取水总量控制指标，制定本行政区域内县级以上行政区域的地下水取水总量控制指标和地下水水位控制指标，经省、自治区、直辖市人民政府批准后下达实施，并报国务院水行政主管部门或者其授权的流域管理机构备案。

第十八条　省、自治区、直辖市人民政府水行政主管部门制定本行政区域内地下水取水总量控制指标和地下水水位控制指标时，涉及省际边界区域且属于同一水文地质单元的，应当与相邻省、自治区、直辖市人民政府水行政主管部门协商确定。协商不成的，由国务院水行政主管部门会同国务院有关部门确定。

第十九条　县级以上地方人民政府应当根据地下水取水总量控制指标、地下水水位控制指标和国家相关技术标准，合理确定本行政区域内地下水取水工程布局。

第二十条　县级以上地方人民政府水行政主管部门应当根据本行政区域内地下水取水总量控制指标、地下水水位控制指标以及科学分析测算的地下水需求量和用水结构，制定地下水年度取水计划，对本行政区域内的年度取用地下水实行总量控制，并报上一级人民政府水行政主管部门备案。

第二十一条　取用地下水的单位和个人应当遵守取水总量控制和定额管理要求，使用先进节约用水技术、工艺和设备，采取循环用水、综合利用及废水处理回用等措施，实施技术改造，降低用水消耗。

对下列工艺、设备和产品，应当在规定的期限内停止生产、销售、进口或者使用：

（一）列入淘汰落后的、耗水量高的工艺、设备和产品名录的；

（二）列入限期禁止采用的严重污染水环境的工艺名录和限期禁止生产、销售、进口、使用的严重污染水环境的设备名录的。

第二十二条　新建、改建、扩建地下水取水工程，应当同时安装计量设施。已有地下水取水工程未安装计量设施的，应当按照县级以上地方人民政府水行政主管部门规定的期限安装。

单位和个人取用地下水量达到取水规模以上的，应当安装地下水取水在线计量设施，并将计量数据实时传输到有管理权限的水行政主管部门。取水规模由省、自治区、直辖市人民政府水行政主管部门制定、公布，并报国务院水行政主管部门备案。

第二十三条　以地下水为灌溉水源的地区，县级以上地方人民政府应当采取保障建设投入、加大对企业信贷支持力度、建立健全基层水利服务体系等措施，鼓励发展节水农业，推广应用喷灌、微灌、管道输水灌溉、渠道防渗输水灌溉等节水灌溉技术，以及先进的农机、农艺和生物技术等，提高农业用水效率，节约农业用水。

第二十四条　国务院根据国民经济和社会发展需要，对取用地下水的单位和个人试点征收水资源税。地下水水资源税根据当地地下水资源状况、取用水类型和经济发展等情况实行差别税率，合理提高征收标准。征收水资源税的，停止征收水资源费。

尚未试点征收水资源税的省、自治区、直辖市，对同一类型取用水，地下水的水资源费征收标准应当高于地表水的标准，地下水超采区的水资源费征收标准应当高于非超采区的标准，地下水严重超采区的水资源费征收标准应当大幅高于非超采区的标准。

第二十五条　有下列情形之一的，对取用地下水的取水许可申请不予批准：

（一）不符合地下水取水总量控制、地下水水位控制要求；

（二）不符合限制开采区取用水规定；

（三）不符合行业用水定额和节水规定；

（四）不符合强制性国家标准；

（五）水资源紧缺或者生态脆弱地区新建、改建、扩建高耗水项目；

（六）违反法律、法规的规定开垦种植而取用地下水。

第二十六条　建设单位和个人应当采取措施防止地下工程建设对地下水补给、径流、排泄等造成重大不利影响。对开挖达到一定深度或者达到一定排水规模的地下工程，建设单位和个人应当于工程开工前，将工程建设方案和防止对地下水产生不利影响的措施方案报有管理权限的水行政主管部门备案。开挖深度和排水规模由省、自治区、直辖市人民政府制定、公布。

第二十七条　除下列情形外，禁止开采难以更新的地下水：

（一）应急供水取水；

（二）无替代水源地区的居民生活用水；

（三）为开展地下水监测、勘探、试验少量取水。

已经开采的，除前款规定的情形外，有关县级以上地方人民政府应当采取禁止开采、限制开采措施，逐步实现全面禁止开采；前款规定的情形消除后，应当立即停止取用地下水。

第二十八条 县级以上地方人民政府应当加强地下水水源补给保护，充分利用自然条件补充地下水，有效涵养地下水水源。

城乡建设应当统筹地下水水源涵养和回补需要，按照海绵城市建设的要求，推广海绵型建筑、道路、广场、公园、绿地等，逐步完善滞渗蓄排等相结合的雨洪水收集利用系统。河流、湖泊整治应当兼顾地下水水源涵养，加强水体自然形态保护和修复。

城市人民政府应当因地制宜采取有效措施，推广节水型生活用水器具，鼓励使用再生水，提高用水效率。

第二十九条 县级以上地方人民政府应当根据地下水水源条件和需要，建设应急备用饮用水水源，制定应急预案，确保需要时正常使用。

应急备用地下水水源结束应急使用后，应当立即停止取水。

第三十条 有关县级以上地方人民政府水行政主管部门会同本级人民政府有关部门编制重要泉域保护方案，明确保护范围、保护措施，报本级人民政府批准后实施。

对已经干涸但具有重要历史文化和生态价值的泉域，具备条件的，应当采取措施予以恢复。

第四章 超采治理

第三十一条 国务院水行政主管部门应当会同国务院自然资源主管部门根据地下水状况调查评价成果，组织划定全国地下水超采区，并依法向社会公布。

第三十二条 省、自治区、直辖市人民政府水行政主管部门应当会同本级人民政府自然资源等主管部门，统筹考虑地下水超采区划定、地下水利用情况以及地质环境条件等因素，组织划定本行政区域内地下水禁止开采区、限制开采区，经省、自治区、直辖市人民政府批准后公布，并报国务院水行政主管部门备案。

地下水禁止开采区、限制开采区划定后，确需调整的，应当按照原划定程序进行调整。

第三十三条 有下列情形之一的,应当划为地下水禁止开采区:

(一)已发生严重的地面沉降、地裂缝、海(咸)水入侵、植被退化等地质灾害或者生态损害的区域;

(二)地下水超采区内公共供水管网覆盖或者通过替代水源已经解决供水需求的区域;

(三)法律、法规规定禁止开采地下水的其他区域。

第三十四条 有下列情形之一的,应当划为地下水限制开采区:

(一)地下水开采量接近可开采量的区域;

(二)开采地下水可能引发地质灾害或者生态损害的区域;

(三)法律、法规规定限制开采地下水的其他区域。

第三十五条 除下列情形外,在地下水禁止开采区内禁止取用地下水:

(一)为保障地下工程施工安全和生产安全必须进行临时应急取(排)水;

(二)为消除对公共安全或者公共利益的危害临时应急取水;

(三)为开展地下水监测、勘探、试验少量取水。

除前款规定的情形外,在地下水限制开采区内禁止新增取用地下水,并逐步削减地下水取水量;前款规定的情形消除后,应当立即停止取用地下水。

第三十六条 省、自治区、直辖市人民政府水行政主管部门应当会同本级人民政府有关部门,编制本行政区域地下水超采综合治理方案,经省、自治区、直辖市人民政府批准后,报国务院水行政主管部门备案。

地下水超采综合治理方案应当明确治理目标、治理措施、保障措施等内容。

第三十七条 地下水超采区的县级以上地方人民政府应当加强节水型社会建设,通过加大海绵城市建设力度、调整种植结构、推广节水农业、加强工业节水、实施河湖地下水回补等措施,逐步实现地下水采补平衡。

国家在替代水源供给、公共供水管网建设、产业结构调整等方面,加大对地下水超采区地方人民政府的支持力度。

第三十八条 有关县级以上地方人民政府水行政主管部门应当会同本级人民政府自然资源主管部门加强对海(咸)水入侵的监测和预防。已经出现海(咸)水入侵的地区,应当采取综合治理措施。

第五章 污染防治

第三十九条 国务院生态环境主管部门应当会同国务院水行政、自然资源等主管部门，指导全国地下水污染防治重点区划定工作。省、自治区、直辖市人民政府生态环境主管部门应当会同本级人民政府水行政、自然资源等主管部门，根据本行政区域内地下水污染防治需要，划定地下水污染防治重点区。

第四十条 禁止下列污染或者可能污染地下水的行为：

（一）利用渗井、渗坑、裂隙、溶洞以及私设暗管等逃避监管的方式排放水污染物；

（二）利用岩层孔隙、裂隙、溶洞、废弃矿坑等贮存石化原料及产品、农药、危险废物、城镇污水处理设施产生的污泥和处理后的污泥或者其他有毒有害物质；

（三）利用无防渗漏措施的沟渠、坑塘等输送或者贮存含有毒污染物的废水、含病原体的污水和其他废弃物；

（四）法律、法规禁止的其他污染或者可能污染地下水的行为。

第四十一条 企业事业单位和其他生产经营者应当采取下列措施，防止地下水污染：

（一）兴建地下工程设施或者进行地下勘探、采矿等活动，依法编制的环境影响评价文件中，应当包括地下水污染防治的内容，并采取防护性措施；

（二）化学品生产企业以及工业集聚区、矿山开采区、尾矿库、危险废物处置场、垃圾填埋场等的运营、管理单位，应当采取防渗漏等措施，并建设地下水水质监测井进行监测；

（三）加油站等的地下油罐应当使用双层罐或者采取建造防渗池等其他有效措施，并进行防渗漏监测；

（四）存放可溶性剧毒废渣的场所，应当采取防水、防渗漏、防流失的措施；

（五）法律、法规规定应当采取的其他防止地下水污染的措施。

根据前款第二项规定的企业事业单位和其他生产经营者排放有毒有害物质情况，地方人民政府生态环境主管部门应当按照国务院生态环境主管部门的规定，商有关部门确定并公布地下水污染防治重点排污单位名录。地下水污染防治重点排污单位应当依法安装水污染物排放自动监测设备，与生态环境主管部门的监控设备联网，并保证监测设备正常运行。

第四十二条 在泉域保护范围以及岩溶强发育、存在较多落水洞和岩溶漏斗的区域内，不得新建、改建、扩建可能造成地下水污染的建设项目。

第四十三条 多层含水层开采、回灌地下水应当防止串层污染。

多层地下水的含水层水质差异大的，应当分层开采；对已受污染的潜水和承压水，不得混合开采。

已经造成地下水串层污染的，应当按照封填井技术要求限期回填串层开采井，并对造成的地下水污染进行治理和修复。

人工回灌补给地下水，应当符合相关的水质标准，不得使地下水水质恶化。

第四十四条 农业生产经营者等有关单位和个人应当科学、合理使用农药、肥料等农业投入品，农田灌溉用水应当符合相关水质标准，防止地下水污染。

县级以上地方人民政府及其有关部门应当加强农药、肥料等农业投入品使用指导和技术服务，鼓励和引导农业生产经营者等有关单位和个人合理使用农药、肥料等农业投入品，防止地下水污染。

第四十五条 依照《中华人民共和国土壤污染防治法》的有关规定，安全利用类和严格管控类农用地地块的土壤污染影响或者可能影响地下水安全的，制定防治污染的方案时，应当包括地下水污染防治的内容。

污染物含量超过土壤污染风险管控标准的建设用地地块，编制土壤污染风险评估报告时，应当包括地下水是否受到污染的内容；列入风险管控和修复名录的建设用地地块，采取的风险管控措施中应当包括地下水污染防治的内容。

对需要实施修复的农用地地块，以及列入风险管控和修复名录的建设用地地块，修复方案中应当包括地下水污染防治的内容。

第六章 监督管理

第四十六条 县级以上人民政府水行政、自然资源、生态环境等主管部门应当依照职责加强监督管理，完善协作配合机制。

国务院水行政、自然资源、生态环境等主管部门建立统一的国家地下水监测站网和地下水监测信息共享机制，对地下水进行动态监测。

县级以上地方人民政府水行政、自然资源、生态环境等主管部门根据需要完善地下水监测工作体系，加强地下水监测。

第四十七条 任何单位和个人不得侵占、毁坏或者擅自移动地下水监测设施设备及其标志。

新建、改建、扩建建设工程应当避开地下水监测设施设备；确实无法避开、需要拆除地下水监测设施设备的，应当由县级以上人民政府水行政、自然资源、生态环境等主管部门按照有关技术要求组织迁建，迁建费用由建设单位承担。

任何单位和个人不得篡改、伪造地下水监测数据。

第四十八条 建设地下水取水工程的单位和个人，应当在申请取水许可时附具地下水取水工程建设方案，并按照取水许可批准文件的要求，自行或者委托具有相应专业技术能力的单位进行施工。施工单位不得承揽应当取得但未取得取水许可的地下水取水工程。

以监测、勘探为目的的地下水取水工程，不需要申请取水许可，建设单位应当于施工前报有管辖权的水行政主管部门备案。

地下水取水工程的所有权人负责工程的安全管理。

第四十九条 县级以上地方人民政府水行政主管部门应当对本行政区域内的地下水取水工程登记造册，建立监督管理制度。

报废的矿井、钻井、地下水取水工程，或者未建成、已完成勘探任务、依法应当停止取水的地下水取水工程，应当由工程所有权人或者管理单位实施封井或者回填；所有权人或者管理单位应当将其封井或者回填情况告知县级以上地方人民政府水行政主管部门；无法确定所有权人或者管理单位的，由县级以上地方人民政府或者其授权的部门负责组织实施封井或者回填。

实施封井或者回填，应当符合国家有关技术标准。

第五十条 县级以上地方人民政府应当组织水行政、自然资源、生态环境等主管部门，划定集中式地下水饮用水水源地并公布名录，定期组织开展地下水饮用水水源地安全评估。

第五十一条 县级以上地方人民政府水行政主管部门应当会同本级人民政府自然资源等主管部门，根据水文地质条件和地下水保护要求，划定需要取水的地热能开发利用项目的禁止和限制取水范围。

禁止在集中式地下水饮用水水源地建设需要取水的地热能开发利用项目。禁止抽取难以更新的地下水用于需要取水的地热能开发利用项目。

建设需要取水的地热能开发利用项目，应当对取水和回灌进行计量，实行同一含水层等量取水和回灌，不得对地下水造成污染。达到取水规模以上的，应当安装取水和回灌在线计量设施，并将计量数据实时传输到有管理权限的水行政主管部门。取水规模由省、自治区、直辖市人民政府水行政主管部门制定、公布。

对不符合本条第一款、第二款、第三款规定的已建需要取水的地热能开发利用项目，取水单位和个人应当按照水行政主管部门的规定限期整改，整改不合格的，予以关闭。

第五十二条 矿产资源开采、地下工程建设疏干排水量达到规模的，应当依法申请取水许可，安装排水计量设施，定期向取水许可审批机关报送疏干排水量和地下水水位状况。疏干排水量规模由省、自治区、直辖市人民政府制定、公布。

为保障矿井等地下工程施工安全和生产安全必须进行临时应急取(排)水的,不需要申请取水许可。取(排)水单位和个人应当于临时应急取(排)水结束后5个工作日内,向有管理权限的县级以上地方人民政府水行政主管部门备案。

矿产资源开采、地下工程建设疏干排水应当优先利用,无法利用的应当达标排放。

第五十三条 县级以上人民政府水行政、生态环境等主管部门应当建立从事地下水节约、保护、利用活动的单位和个人的诚信档案,记录日常监督检查结果、违法行为查处等情况,并依法向社会公示。

第七章 法律责任

第五十四条 县级以上地方人民政府,县级以上人民政府水行政、生态环境、自然资源主管部门和其他负有地下水监督管理职责的部门有下列行为之一的,由上级机关责令改正,对负有责任的主管人员和其他直接责任人员依法给予处分:

(一)未采取有效措施导致本行政区域内地下水超采范围扩大,或者地下水污染状况未得到改善甚至恶化;

(二)未完成本行政区域内地下水取水总量控制指标和地下水水位控制指标;

(三)对地下水水位低于控制水位未采取相关措施;

(四)发现违法行为或者接到对违法行为的检举后未予查处;

(五)有其他滥用职权、玩忽职守、徇私舞弊等违法行为。

第五十五条 违反本条例规定,未经批准擅自取用地下水,或者利用渗井、渗坑、裂隙、溶洞以及私设暗管等逃避监管的方式排放水污染物等违法行为,依照《中华人民共和国水法》、《中华人民共和国水污染防治法》、《中华人民共和国土壤污染防治法》、《取水许可和水资源费征收管理条例》等法律、行政法规的规定处罚。

第五十六条 地下水取水工程未安装计量设施的,由县级以上地方人民政府水行政主管部门责令限期安装,并按照日最大取水能力计算的取水量计征相关费用,处10万元以上50万元以下罚款;情节严重的,吊销取水许可证。

计量设施不合格或者运行不正常的,由县级以上地方人民政府水行政主管部门责令限期更换或者修复；逾期不更换或者不修复的，按照日最大取水能力计算的取水量计征相关费用，处 10 万元以上 50 万元以下罚款；情节严重的，吊销取水许可证。

第五十七条 地下工程建设对地下水补给、径流、排泄等造成重大不利影响的，由县级以上地方人民政府水行政主管部门责令限期采取措施消除不利影响，处 10 万元以上 50 万元以下罚款；逾期不采取措施消除不利影响的，由县级以上地方人民政府水行政主管部门组织采取措施消除不利影响，所需费用由违法行为人承担。

地下工程建设应当于开工前将工程建设方案和防止对地下水产生不利影响的措施方案备案而未备案的，或者矿产资源开采、地下工程建设疏干排水应当定期报送疏干排水量和地下水水位状况而未报送的，由县级以上地方人民政府水行政主管部门责令限期补报；逾期不补报的，处 2 万元以上 10 万元以下罚款。

第五十八条 报废的矿井、钻井、地下水取水工程，或者未建成、已完成勘探任务、依法应当停止取水的地下水取水工程，未按照规定封井或者回填的，由县级以上地方人民政府或者其授权的部门责令封井或者回填，处 10 万元以上 50 万元以下罚款；不具备封井或者回填能力的，由县级以上地方人民政府或者其授权的部门组织封井或者回填，所需费用由违法行为人承担。

第五十九条 利用岩层孔隙、裂隙、溶洞、废弃矿坑等贮存石化原料及产品、农药、危险废物或者其他有毒有害物质的，由地方人民政府生态环境主管部门责令限期改正，处 10 万元以上 100 万元以下罚款。

利用岩层孔隙、裂隙、溶洞、废弃矿坑等贮存城镇污水处理设施产生的污泥和处理后的污泥的，由县级以上地方人民政府城镇排水主管部门责令限期改正，处 20 万元以上 200 万元以下罚款，对直接负责的主管人员和其他直接责任人员处 2 万元以上 10 万元以下罚款；造成严重后果的，处 200 万元以上 500 万元以下罚款，对直接负责的主管人员和其他直接责任人员处 5 万元以上 50 万元以下罚款。

在泉域保护范围以及岩溶强发育、存在较多落水洞和岩溶漏斗的区域内，新建、改建、扩建造成地下水污染的建设项目的，由地方人民政府生态环境主管部门处 10 万元以上 50 万元以下罚款，并报经有批准权的人民政府批准，责令拆除或者关闭。

第六十条 侵占、毁坏或者擅自移动地下水监测设施设备及其标志的，由县级以上地方人民政府水行政、自然资源、生态环境主管部门责令停止违法行为，限期采取补救措施，处 2 万元以上 10 万元以下罚款；逾期不采取补救措施的，由县级以上地方人民政府水行政、自然资源、生态环境主管部门组织补救，所需费用由违法行为人承担。

第六十一条 以监测、勘探为目的的地下水取水工程在施工前应当备案而未备案的，由县级以上地方人民政府水行政主管部门责令限期补办备案手续；逾期不补办备案手续的，责令限期封井或者回填，处2万元以上10万元以下罚款；逾期不封井或者回填的，由县级以上地方人民政府水行政主管部门组织封井或者回填，所需费用由违法行为人承担。

第六十二条 违反本条例规定，构成违反治安管理行为的，由公安机关依法给予治安管理处罚；构成犯罪的，依法追究刑事责任。

第八章　附　　则

第六十三条 本条例下列用语含义是：

地下水取水工程，是指地下水取水井及其配套设施，包括水井、集水廊道、集水池、渗渠、注水井以及需要取水的地热能开发利用项目的取水井和回灌井等。

地下水超采区，是指地下水实际开采量超过可开采量，引起地下水水位持续下降、引发生态损害和地质灾害的区域。

难以更新的地下水，是指与大气降水和地表水体没有密切水力联系，无法补给或者补给非常缓慢的地下水。

第六十四条 本条例自2021年12月1日起施行。

国务院文件

国务院关于印发“十四五”国家知识产权保护和运用规划的通知

（2021 年 10 月 9 日　国发〔2021〕20 号）

现将《“十四五”国家知识产权保护和运用规划》印发给你们，请认真贯彻执行。

“十四五”国家知识产权保护和运用规划

为贯彻落实党中央、国务院关于知识产权工作的决策部署，全面加强知识产权保护，高效促进知识产权运用，激发全社会创新活力，推动构建新发展格局，依据《中华人民共和国国民经济和社会发展第十四个五年规划和 2035 年远景目标纲要》和《知识产权强国建设纲要（2021—2035 年）》，制定本规划。

一、规划背景

“十三五”时期，党中央、国务院把知识产权保护工作摆在更加突出的位置，加强顶层设计，部署推动一系列改革，出台一系列重大政策，建立健全国务院知识产权战略实施工作部际联席会议制度，重新组建国家知识产权局，完善知识产权法律法规体系，推进知识产权领域司法改革，有效提升了知识产权领域治理能力和治理水平。五年来，各地区、各有关部门深入实施《“十三五”国家知识产权保护和运用规划》，持续推进知识产权战略实施，知识产权创造能力稳步提高，国内每万人口发明专利拥有量从“十二五”末的 6.3 件增加到 15.8 件，专利、商标、版权、植物新品种等知识产权数量位居世界前列，质量稳步提升。知识产权运用效益持续提高，交易运营更加活跃，转移转化水平不断提升，专利密集型产业增加值占国内生产总值（GDP）比重超过 11.6%，版权产业增加值占 GDP 比重超过 7.39%。知识产权保护力度明显加大，保护体系不断完善，保护能力持续提升，知识产权保护社会满意度提高到 80.05 分。知识产权公共服务体系进一步健全，知识产权服务业加快发展。知识产权人才队伍不断壮大，全社会尊重和保护知识产权意识明显提升。知识产权国际合作不断深化，与世界知识产权组织、共建“一带一路”国家和地区、金砖国家、亚太经合组织等的知识产权合作扎实推进，形成“四边联动、协调推进”的知识产权国际合作新局面。总的看，“十三五”规划主要目标任务如期完成，知识产权事业实现了大发展、大跨越、大提升，知识产权保护工作取得了历史性成就，有效支撑了创新型国家建设和全面建成小康社会目标实现。

当今世界正经历百年未有之大变局，新一轮科技革命和产业变革深入发展，国际力量对比深刻调整，国际环境日趋复杂，不稳定性不确定性明显增加，新冠肺炎疫情影响广泛深远。我国正处于实现中华民族伟大复兴的关键时期，经济已由高速增长阶段转向高质量发展阶段，创新驱动发展战略深入实施，现代产业体系建设加快推进，高水平对外开放不断深化。创新是引领发展的第一动力，保护知识产权就是保护创新。知识产权保护工作关系国家治理体系和治理能力现代化，关系高质量发展，关系人民生活幸福，关系国家对外开放大局，关系国家安全。当前，知识产权对激励创新、打造品牌、规范市场秩序、扩大对外开放正发挥越来越重要的作用，但我国知识产权工作还面临不少问题和短板，主要表现为：关键核心技术领域高质量知识产权创造不足，行政执法和司法衔接机制不够完善，知识产权侵权易发多发和侵权易、维权难的现象仍然存在，知识产权转移转化成效有待提高，知识产权服务供给不够充分，海外知识产权纠纷应对能力不足，知识产权制度促进经济社会高质量发展的作用需要进一步发挥等。“十四五”时期，做好知识产权工作要统筹国内国际两个大局，增强机遇意识和风险意识，在危机中育先机、于变局中开新局，充分发挥知识产权制度在推动构建新发展格局中的重要作用，为全面建设社会主义现代化国家提供有力支撑。

二、总体要求

（一）指导思想。

坚持以习近平新时代中国特色社会主义思想为指导，全面贯彻党的十九大和十九届二中、三中、四中、五中全会精神，统筹推进“五位一体”总体布局，协调推进“四个全面”战略布局，坚持稳中求进工作总基调，立足新发展阶段，完整、准确、全面贯彻新发展理念，构建新发展格局，坚持以推动高质量发展为主题，以全面加强知识产权保护为主线，以建设知识产权强国为目标，以改革创新为根本动力，深化知识产权保护工作体制机制改革，全面提升知识产权创造、运用、保护、管理和服务水平，深入推进知识产权国际合作，促进建设现代化经济体系，激发全社会创新活力，有力支撑经济社会高质量发展。

（二）基本原则。

坚持质量优先。坚持高质量发展方向不动摇，加快推动知识产权工作由追求数量向提高质量转变，促进知识产权高质量创造、高效益运用、高标准保护、高水平服务，更好服务现代化经济体系建设。

坚持强化保护。加强知识产权全链条保护，统筹推进知识产权审查授权、行政执法、司法保护、仲裁调解、行业自律、公民诚信等工作，构建严保护、大保护、快保护、同保护的工作格局，全面提升保护能力，着力营造公平竞争的市场环境。

坚持开放合作。推动知识产权更大范围、更宽领域、更深层次对外开放，统筹推进知识产权国际合作，积极参与全球知识产权治理体系建设，加强知识产权领域多边合作，持续提升知识产权国际影响力和竞争力，服务开放型经济发展。

坚持系统协同。树立系统观念，健全知识产权工作协同推进机制，强化部门协同、上下联动、区域协作、社会共治，综合运用法律、行政、经济、技术、社会治理等手段，提高知识产权领域系统治理效能。

（三）主要目标。

到 2025 年，知识产权强国建设阶段性目标任务如期完成，知识产权领域治理能力和治理水平显著提高，知识产权事业实现高质量发展，有效支撑创新驱动发展和高标准市场体系建设，有力促进经济社会高质量发展。

——知识产权保护迈上新台阶。知识产权保护法治化水平不断提高，知识产权保护衔接机制更加完善，知识产权侵权惩罚性赔偿制度有效实施，侵权易发多发现象得到有效遏制，知识产权保护社会满意度达到并保持较高水平，关键核心技术领域高质量知识产权更多涌现，有效提升产业链供应链现代化水平，知识产权制度激励创新的基本保障作用充分发挥。

——知识产权运用取得新成效。知识产权转移转化体制机制更加完善，知识产权归属制度更加健全，知识产权流转更加顺畅，知识产权转化效益显著提高，知识产权市场价值进一步凸显，专利密集型产业增加值和版权产业增加值占 GDP 比重稳步提升，推动产业转型升级和新兴产业创新发展。

——知识产权服务达到新水平。知识产权信息化、智能化基础设施建设取得显著成效，知识产权保护实现线上线下融合发展，知识产权公共服务体系进一步完善，知识产权服务业有序发展，服务机构专业化水平明显提升，进一步促进创新成果更好惠及人民。

——知识产权国际合作取得新突破。我国在全球知识产权治理体系中的作用更加凸显，知识产权国际协调更加有力，“一带一路”知识产权合作实现新进展，海外知识产权获权维权能力进一步提高，有力推进高水平对外开放。

“十四五”时期知识产权发展主要指标

指　标	2020 年	2025 年	累计增加值	属性
1. 每万人口高价值发明专利拥有量①（件）	6.3	12	5.7	预期性
2. 海外发明专利授权量（万件）	4	9	5	预期性
3. 知识产权质押融资登记金额②（亿元）	2180	3200	1020	预期性
4. 知识产权使用费年进出口总额（亿元）	3194.4	3500	305.6	预期性
5. 专利密集型产业增加值占 GDP 比重（%）	11.6③	13.0	1.4	预期性
6. 版权产业增加值占 GDP 比重（%）	7.39④	7.5	0.11	预期性
7. 知识产权保护社会满意度（分）	80.05	82	1.95	预期性
8. 知识产权民事一审案件服判息诉案（%）	—	85	—	预期性

注：①“每万人口高价值发明专利拥有量”是指每万人口本国居民拥有的经国家知识产权局授权的符合下列任一条件的有效发明专利数量：1. 战略性新兴产业的发明专利；2. 在海外有同族专利权的发明专利；3. 维持年限超过 10 年的发明专利；4. 实现较高质押融资金额的发明专利；5. 获得国家科学技术奖、中国专利奖的发明专利。

②“知识产权质押融资登记金额”是指经国家知识产权局登记的知识产权质押融资金额。

③④为 2019 年值。

三、全面加强知识产权保护，激发全社会创新活力

（四）完善知识产权法律政策体系。

健全知识产权法律法规。开展知识产权基础性法律研究。统筹推进专利法、商标法、著作权法、反垄断法、科学技术进步法、电子商务法等相关法律法规的修改完善。加强地理标志、商业秘密等领域立法，出台商业秘密保护规定。完善集成电路布图设计法规。推进修订植物新品种保护条例。制定中医药传统知识保护条例。完善与国防建设相衔接的知识产权法律制度。全面建立并实施知识产权侵权惩罚性赔偿制度，加大损害赔偿力度。研究建立健全符合知识产权审判规律的特别程序法律制度。适应科技进步和经济社会发展

需要，依法及时推动知识产权法律法规立改废释。（中央宣传部、最高人民法院、最高人民检察院、科技部、工业和信息化部、司法部、农业农村部、商务部、国家卫生健康委、市场监管总局、国家国防科工局、国家林草局、国家中医药局、国家知识产权局、中央军委装备发展部等按职责分工负责）

专栏1 商业秘密保护工程

健全商业秘密保护政策。完善行政执法程序，细化处罚标准，完善刑事司法程序，加强商业秘密行政执法与民事、刑事司法审判的联动配合，合理划定举证责任。加强商业秘密司法鉴定能力建设，提升司法鉴定水平。

提升市场主体商业秘密保护能力。推动行业组织加强商业秘密保护自律，指导市场主体制定并严格执行全面的商业秘密管理制度，推动有条件的地方建设国家级商业秘密保护基地。建立健全跨境商业秘密保护援助体系。开展商业秘密保护及法律风险培训，强化市场主体特别是中小企业商业秘密保护意识。（市场监管总局牵头，最高人民法院、最高人民检察院、公安部等按职责分工负责）

完善知识产权保护政策。健全大数据、人工智能、基因技术等新领域新业态知识产权保护制度。研究构建数据知识产权保护规则。完善开源知识产权和法律体系。完善电子商务领域知识产权保护机制。健全遗传资源获取和惠益分享制度，建立跨部门生物遗传资源获取和惠益分享信息共享制度。制定传统文化、民间文艺、传统知识等领域保护办法。建立与非物质文化遗产相关的知识产权保护制度。完善体育赛事节目、综艺节目、网络直播等领域著作权保护制度。完善红色经典等优秀舞台艺术作品的版权保护措施。完善服装设计等时尚产业知识产权保护政策。健全药品专利纠纷早期解决机制，制定相关配套措施。完善中医药领域发明专利审查和保护机制。健全绿色技术知识产权保护制度。完善高校知识产权保护管理规定。建立知识产权侵权损害评估制度。（中央宣传部、中央网信办、最高人民法院、教育部、财政部、生态环境部、文化和旅游部、市场监管总局、广电总局、国家林草局、国家中医药局、国家药监局、国家知识产权局等按职责分工负责）

专栏2 数据知识产权保护工程

构建数据知识产权保护规则。深入研究数据的产权属性，探索开展数据知识产权保护相关立法研究，推动完善涉及数据知识产权保护的法律法规。完善数据知识产权保护政策，探索建立分级分类的数据知识产权保护模式。推动建立数据知识产权保护行业规范，加强数据生产、流通、利用、共享过程中的知识产权保护。研究推动数据知识产权保护国际规则制定。

续表

促进数据资源利用和安全保护。支持有条件的地区开展数据知识产权保护和运用试点。在保护个人信息安全和国家数据安全的基础上,促进数据要素合理流动、有效保护、充分利用。积极开展数据知识产权保护国际合作与交流。(中央宣传部、中央网信办、最高人民法院、外交部、工业和信息化部、公安部、司法部、商务部、市场监管总局、国家知识产权局等按职责分工负责)

完善维护国家安全的知识产权政策。研究制定事关国家安全的关键核心技术知识产权保护规则。依法管理涉及国家安全的知识产权对外转让行为,完善知识产权对外转让审查制度。完善知识产权反垄断、公平竞争相关法律法规和政策措施。推进我国知识产权有关法律规定域外适用。研究建立针对进口贸易的知识产权境内保护制度。完善跨境电商知识产权保护规则。(中央宣传部、中央网信办、国家发展改革委、科技部、工业和信息化部、商务部、市场监管总局、国家国防科工局、国家知识产权局等按职责分工负责)

(五)加强知识产权司法保护。

完善知识产权司法保护体系。加强知识产权司法资源配置,加强知识产权审判体系建设。健全知识产权案件上诉机制,完善专门法院设置。深入推进知识产权民事、刑事、行政案件"三合一"审判机制改革。完善知识产权检察体制机制。建立健全与审判机制、检察机制相适应的案件管辖制度和协调机制。完善知识产权司法案件繁简分流机制,开展适应知识产权审判特点的简易程序试点,提高审判质量和效率。探索依当事人申请的知识产权纠纷行政调解协议司法确认制度。推动建立跨行政区域知识产权案件审理机制,充分发挥法院案件指定管辖机制作用,有效打破地方保护。(最高人民法院、最高人民检察院等按职责分工负责)

提升知识产权司法保护能力。加强司法保护与行政确权、行政执法、调解、仲裁、公证存证等环节的信息沟通和共享,促进行政执法标准和司法裁判标准统一,形成有机衔接、优势互补的运行机制。强化民事司法保护,研究制定符合知识产权案件规律的诉讼规范。完善刑事法律和司法解释,加大刑事打击力度,准确适用知识产权领域行政执法移送刑事司法标准和刑事案件立案追诉标准,规范刑罚适用。加强知识产权司法工作人员培养和选拔,加强技术调查官队伍建设。(最高人民法院、最高人民检察院、公安部等按职责分工负责)

(六)加强知识产权行政保护。

健全知识产权行政保护机制。加强中央在知识产权保护的宏观管理、区域协调和涉外事宜统筹等方面事权。加强知识产权快保护机构建设。在条件成熟的地区建设国家知识产权保护试点示范区。加强知识产权行政执法指导制度建设。建立行政保护技术调查官制度。健全知识产权侵权纠纷行政裁决制度。健全跨区域、跨部门知识产权行政保护协作机制。加强商贸流通领域知识产权保护,制定商品交易市场知识产权保护国家规范,持续推进知识产权保护规范化市场建设,净化消费市场。(国家知识产权局牵头,中央宣传部、文化和旅游部、市场监管总局等按职责分工负责)

专栏3　知识产权保护机构建设工程
提升知识产权保护机构服务能力。在优势产业集聚区布局建设一批知识产权保护中心,构建知识产权快速协同保护体系,提供集快速审查、快速确权、快速维权于一体的知识产权一站式综合服务,加快提升知识产权快速协同保护运行管理能力。加强人员配备和职业化专业化建设,优化人才选聘机制和管理激励机制,加大培训力度,打造知识产权保护高素质、复合型人才队伍。 加强维权援助统筹协调。强化部门协同和区域协作。推动维权援助体系向基层延伸,完善中国知识产权维权援助线上服务平台,加强全国维权援助资源整合,实现维权援助服务全国一张网。(国家知识产权局负责)

提高知识产权行政保护效能。更好发挥全国打击侵犯知识产权和制售假冒伪劣商品工作领导小组作用,加强部门协同配合,开展关键领域、重点环节、重点区域行政执法专项行动,重点查处假冒专利、商标侵权、侵犯著作权、地理标志侵权假冒等违法行为。加大行政处罚力度,加强侵权纠纷行政裁决,有效遏制恶意侵权、重复侵权、群体侵权。完善专利、商标侵权判断标准。加强植物新品种保护体系建设。强化知识产权海关保护。加强特殊标志、官方标志、奥林匹克标志保护。加强知识产权行政执法和行政裁决队伍人员配备和能力建设,提升知识产权行政执法装备现代化、智能化水平,利用新技术手段畅通投诉举报渠道,提升打击侵权假冒行为的效率及精准度。依法规制知识产权滥用行为,不断完善防止知识产权滥用相关制度。(中央宣传部、农业农村部、文化和旅游部、海关总署、市场监管总局、国家林草局、国家知识产权局等按职责分工负责)

专栏4　植物新品种保护体系建设工程
完善植物新品种保护体制机制。推动建立实质性派生品种制度,研究加入《国际植物新品种保护公约》(UPOV)1991年文本,有效激励种业自主创新。加快国家植物品种测试徐州、三亚中心建设,探索建立品种权区域性审查协作中心和第三方测试机

续表

构。加快国家种质资源库、遗传物质保存库和无性繁殖植物保存圃等基础设施建设。加快建立国际测试报告互认机制，深度参与国际在线申请平台建设，鼓励向海外申请品种权。 提升植物新品种保护能力。大力开展维权打假专项行动，加大品种权行政执法案件查处力度，定期向全社会公布典型案例。探索建立品种保护专业审查员制度，建立国家品种保护培训基地，培养一批种业知识产权管理、新品种审查测试、行政执法、政策研究等领域的高素质专业人才。（农业农村部、国家林草局、国家知识产权局等按职责分工负责）

专栏5　地理标志保护工程
实施地理标志保护提升行动。推进建立地理标志统一认定和立体化保护机制。深化地理标志专用标志使用核准改革试点，强化地理标志专用标志使用监管，推动市场主体使用地理标志专用标志覆盖率达到80%以上。构建新型地理标志保护标准体系，推进地理标志保护基础通用国家标准的制定。开展地域特色农产品资源普查，建立资源目录。建成100个国家地理标志产品保护示范区。完善地理标志保护监管年度报告制度。探索建立地理标志联动保护机制，推动形成生产地、流通地、销售地联动查处地理标志侵权违法行为的工作格局。（国家知识产权局牵头，市场监管总局、农业农村部等按职责分工负责） 实施地理标志农产品保护工程。加强原生地种质资源和特色品种保护培育，强化特色品质保持技术集成和监测。加强生产环境保护和设施条件改善，完善地理标志农产品质量技术规程，推进全产业链标准化，打造一批地理标志农产品核心基地。推进地理标志农产品与绿色有机农产品、重要农业文化遗产等融合发展，打造区域农产品公用品牌。加强地理标志农产品质量安全监管，全面实施追溯管理。建立健全地理标志农产品培育、保护和发展机制。（农业农村部、国家知识产权局等按职责分工负责）

（七）加强知识产权协同保护。

完善知识产权纠纷多元化解决机制。培育和发展知识产权调解组织、仲裁机构、公证机构。鼓励行业协会、商会建立知识产权保护自律和信息沟通机制。建立健全知识产权调解、仲裁、公证、社会监督等人才的选聘、培养、管理、激励制度。推动完善知识产权纠纷投诉受理处理、诉讼调解对接、调解仲裁对接、行政执法与调解仲裁对接等机制。探索维权援助社会共治模式，鼓励高校、社会组织等开展维权援助工作。建立完善知识产权侵权纠纷检验鉴定工作体系，加强知识产权鉴定机构专业化、规范化建设，推动建立知识产权鉴定技术标准。建立国防领域知识产权纠纷多元化处理机制。（国家知识产权局

牵头，中央宣传部、最高人民法院、司法部、国家国防科工局、中央军委装备发展部、中国贸促会等按职责分工负责）

加强知识产权领域诚信体系建设。推进建立知识产权领域以信用为基础的分级分类监管模式，积极支持地方开展工作试点。制定覆盖专利、商标、版权等领域的信用信息基础目录。推进知识产权领域信用承诺制建设。规范知识产权领域严重失信主体名单认定标准和程序，依法依规对严重失信主体实施惩戒。推进知识产权信用修复制度建设。推动全国知识产权信用信息共享平台与全国信用信息共享平台实现数据共享。（中央宣传部、国家发展改革委、农业农村部、人民银行、市场监管总局、国家林草局、国家知识产权局等按职责分工负责）

（八）加强知识产权源头保护。

促进知识产权高质量创造。健全高质量创造支持政策，加强人工智能、量子信息、集成电路、基础软件、生命健康、脑科学、生物育种、空天科技、深地深海探测等领域自主知识产权创造和储备。加强国家科技计划项目的知识产权管理，在立项和组织实施各环节强化重点项目科技成果的知识产权布局和质量管理。优化专利资助奖励等激励政策和考核评价机制，突出高质量发展导向。完善无形资产评估制度，形成激励与监管相协调的管理机制。（科技部、工业和信息化部、财政部、国家知识产权局等按职责分工负责）

提高知识产权审查质量和审查效率。完善适应创新发展需求的知识产权审查管理体系，优化专利、商标审查协作机制。提升专利商标审查机构能力水平，强化专利、商标、版权、地理标志、植物新品种全流程审查质量管控，提升知识产权授权确权质量。提高专利、商标审查业务精细化管理水平，优化审查资源配置，加强智能化技术运用，提升审查效能，缩短审查周期。完善专利、商标审查模式，加强审查与产业发展的政策协同和业务联动，满足产业绿色转型和新领域新业态创新发展等社会多样化需求。（中央宣传部、工业和信息化部、农业农村部、国家林草局、国家知识产权局等按职责分工负责）

专栏6　一流专利商标审查机构建设工程

建设高水平审查员队伍。对标国际先进水平，完善审查人才培养体系，优化队伍结构，健全保障和激励机制，增强审查人员职业荣誉感。

提高审查智能化便利化水平。以大数据、云计算、人工智能等技术为支撑，以智能审查和智能检索为核心，加强智能分类建设，推进专利、商标审查系统智能化建设。优化远程审查保障。完善数据资源保障，提高基础数据完整性、安全性、可靠性、适用性。

续表

提升审查质量。适时修改专利审查指南,制定专利申请指南,完善商标审查审理标准。建立健全专利、商标审查质量保障和评价体系。加强审查业务指导体系协同。专利审查质量用户满意度指数保持在85以上,商标审查质量满意度保持在较高水平。 提高审查效率。发明专利审查周期压缩至15个月以内,专利无效结案周期控制在6个月以内。商标变更和续展首次审查周期压缩至15天以内,商标转让首次审查周期压缩至1个月以内,商标驳回复审案件平均审理周期压缩至5.5个月以内,商标异议审查周期进一步压缩。(国家知识产权局负责)

强化知识产权申请注册质量监管。完善以质量和价值为导向的知识产权统计指标体系,健全知识产权质量统计监测和反馈机制。严格规范专利申请、商标注册和版权登记行为,严厉打击不以保护创新为目的的非正常专利申请和代理行为,以及不以使用为目的的恶意商标注册和代理行为,依法依规对相关行为进行处置。加强信用监管和行业自律,严厉打击无资质专利代理等违法违规行为。(国家知识产权局牵头,中央宣传部、国家统计局等按职责分工负责)

四、提高知识产权转移转化成效,支撑实体经济创新发展

(九)完善知识产权转移转化体制机制。

推进国有知识产权权益分配改革。强化国家战略科技力量,深化科技成果使用权、处置权、收益权改革,开展赋予科研人员职务科技成果所有权或长期使用权试点。充分赋予高校和科研院所知识产权处置自主权,推动建立权利义务对等的知识产权转化收益分配机制。有效落实国有企业知识产权转化奖励和报酬制度。完善国有企事业单位知识产权转移转化决策机制。(国家发展改革委、教育部、科技部、财政部、人力资源社会保障部、国务院国资委、中科院、国家国防科工局、国家知识产权局等按职责分工负责)

优化知识产权运营服务体系。推动在重点产业领域和产业集聚区建设知识产权运营中心。培育发展综合性知识产权运营服务平台,创新服务模式,促进知识产权转化。支持高校和科研院所加强市场化知识产权运营机构建设,提升知识产权转化能力。加强知识产权运营专业化人才队伍建设。建立完善专利开放许可制度和运行机制。拓宽专利技术供给渠道,推进专利技术供需对接,促进专利技术转化实施。指导规范知识产权交易,完善知识产权质押登记和转让许可备案管理制度,加强数据采集分析和披露利用。加强知识产权转移转化状况统计调查。(中央宣传部、教育部、科技部、财政部、国家统计

局、国家知识产权局等按职责分工负责)

积极稳妥发展知识产权金融。优化知识产权质押融资体系,健全知识产权质押融资风险管理机制,完善质物处置机制,建设知识产权质押信息平台。支持银行创新内部考核管理模式,推动银行业金融机构用好单列信贷计划和优化不良率考核等监管政策,在风险可控的前提下扩大知识产权质押贷款规模。鼓励知识产权保险、信用担保等金融产品创新,充分发挥金融支持知识产权转化的作用。在自由贸易试验区和自由贸易港推进知识产权金融服务创新。健全知识产权价值评估体系,鼓励开发智能化知识产权评估工具。(国家知识产权局牵头,中央宣传部、国家发展改革委、财政部、人民银行、银保监会、证监会等按职责分工负责)

促进产业知识产权协同运用。推动企业、高校、科研机构知识产权深度合作,引导开展订单式研发和投放式创新。围绕关键核心技术联合攻关加强专利布局和运用。引导建立产业专利导航决策机制,优化战略性新兴产业发展模式,增强产业集群创新引领力。推动在数字经济、智能制造、生命健康、新材料等领域组建产业知识产权联盟,构筑产业专利池。促进技术、专利与标准协同发展,研究制定标准必要专利许可指南,引导创新主体将自主知识产权转化为技术标准。健全知识产权军民双向转化工作机制。(教育部、科技部、工业和信息化部、市场监管总局、中科院、国家国防科工局、国家知识产权局、中央军委装备发展部等按职责分工负责)

专栏7　专利导航工程

完善专利导航工作体系。推动出台地方专利导航产业发展配套落实措施。引导企业、高校、科研机构、行业协会等推广实施专利导航指南国家标准,突出专利导航服务、评价、培训、组织实施标准化引领。加强专利导航理论研究、实务指导、技术支撑,推动建设专利导航业务指导中心,支持在重点区域、重点产业园区建设专利导航服务基地。开展专利导航示范项目建设,加强专利导航项目评价,引导规范专利导航市场化服务。

深化专利导航运用模式。完善以产业数据、专利数据为基础的专利导航决策机制,创新专利导航服务模式,打造专利导航深度应用场景。组织开发专利导航数据产品、分析工具、应用平台。推动实施重点领域、重点产业专利导航项目,引导关键核心技术攻关,加强产业专利布局,助力保障产业链供应链稳定和安全。(国家知识产权局牵头,教育部、科技部、工业和信息化部、中科院等按职责分工负责)

(十)提升知识产权转移转化效益。

提升创新主体知识产权管理效能。推动创新主体加强知识产权管理标准化体系建设，推动实施创新过程知识产权管理国际标准。推动中央企业建立完善知识产权工作体系，打造一批具备国际竞争优势的知识产权强企。深化实施中小企业知识产权战略推进工程。分级分类开展企业、高校、科研院所知识产权优势培育和建设工作。引导创新主体建立健全知识产权资产管理制度，推动企业做好知识产权会计信息披露工作。建立健全财政资助科研项目形成知识产权的声明制度和监管机制。（教育部、科技部、工业和信息化部、财政部、国务院国资委、税务总局、市场监管总局、中科院、国家知识产权局等按职责分工负责）

专栏8　中小企业知识产权战略推进工程

提升知识产权管理水平。鼓励有条件的中小企业实施企业知识产权管理规范国家标准，加大中小企业知识产权托管服务力度。

提升知识产权运用能力。开展工业企业知识产权运用试点工作，发挥知识产权运营平台和运营基金作用，促进中小企业知识产权转移转化，鼓励国有企业通过并购等方式支持中小企业知识产权转移转化，完善中小企业知识产权维权援助工作机制。

拓宽中小企业知识产权融资渠道。鼓励各类金融机构创新知识产权金融服务，丰富金融产品供给，加大中小企业知识产权质押融资支持力度，完善风险分担补偿机制。（工业和信息化部牵头，中央宣传部、人民银行、国务院国资委、市场监管总局、银保监会、证监会、国家知识产权局等按职责分工负责）

推动知识产权融入产业创新发展。培育专利密集型产业，探索开展专利密集型产品认定工作，指导地方制定专利密集型产业培育目录，健全专利密集型产业增加值核算与发布机制，加强专利密集型产业培育监测评价。实施商标品牌战略，加强驰名商标保护，提升品牌国际影响力。实施版权创新发展工程，打造版权产业集群，强化版权发展技术支撑。推动地方建立地理标志产品产值统计制度，健全地理标志产业发展利益联结机制，发挥龙头企业带动作用，吸引更多市场主体参与地理标志产业融合发展。完善绿色知识产权统计监测，推动绿色专利技术产业化，支撑产业绿色转型。（中央宣传部、农业农村部、市场监管总局、国家统计局、国家知识产权局等按职责分工负责）

专栏9　商标品牌建设工程

建立健全商标品牌推进工作体系。完善产品质量监督体系，健全监督信息交流共享机制，提升商标品牌质量。引导行业协会、高校、科研机构等服务商标品牌发展，对品牌质量进行研究、评价、监测。发展区域品牌，推动新型农业、先进制造业、现代服务业等产业集群品牌商标化。推动设立商标品牌指导站，强化商标品牌培育帮扶指导。

推动企业实施商标品牌战略。加强商标品牌资产管理，强化商标使用导向。支持开展商标海外布局，培育具有市场竞争力、国际影响力的知名商标品牌，支持开展中国国际商标品牌节等宣传活动，加强中国商标品牌的全球推广。（国家知识产权局牵头，工业和信息化部、农业农村部、市场监管总局等按职责分工负责）

专栏 10　版权创新发展工程
构筑版权产业发展新优势。面向省、市、县及园区持续推进版权示范工作。建设国家版权创新发展基地。建立全国版权展会授权交易体系。持续推进文化文物单位文化创意产品开发试点工作。完善版权登记体制机制。优化资源配置，打造一批符合国家战略、反映产业和区域特点的优质版权产业集群。 推进版权交易、保护、服务一体化发展。拓宽版权作品国际合作与宣传渠道。打造一批精品广播电视和网络视听版权资源。推动中国优秀作品走出去、外国优秀作品引进来。推进版权保护技术、标准的研究和应用，加强各类作品价值评估、登记认证、质押融资等服务。探索在版权确权、用权、维权中引入区块链技术。（中央宣传部牵头，文化和旅游部、广电总局等按职责分工负责）

助力区域经济协调发展。优化央地合作会商机制，持续推动知识产权强省强市建设，面向省、市、县及园区深入开展知识产权强国建设试点示范工作，探索支撑创新发展的知识产权运行机制。强化区域间合作互助，促进东、中、西部和东北地区知识产权工作共同发展。鼓励地方探索构建符合区域发展需求的知识产权政策体系。推动京津冀高端知识产权服务业集聚发展。强化长三角区域一体化知识产权保护。推动粤港澳大湾区打造知识产权国际合作高地。推动成渝地区双城经济圈建立知识产权金融生态区。支持深圳建设中国特色社会主义先行示范区，打造保护知识产权标杆城市。支持香港建设区域知识产权贸易中心。加强涉农知识产权运用，助力乡村振兴。（国家知识产权局牵头，国家发展改革委、农业农村部、人民银行、国家林草局等按职责分工负责）

专栏 11　知识产权助力乡村振兴工程
推进专利技术强农。开展专利信息帮扶，提升农业专利技术成果转化应用水平。 推进商标品牌富农。开展涉农产品商标品牌培育，遴选优质地理标志产品进行扶持，加强涉农品牌宣传。 推进地理标志兴农。开展地理标志助力乡村振兴行动，推动建设地理标志特色优势园区，实施农业生产“三品一标”提升行动，推进品种培优、品质提升、品牌打造和

续表

标准化生产，打造地理标志农产品引领乡村特色产业发展的县域样板。 推进新品种惠农。加强优秀植物新品种培育和产业化，促进农作物育种创新，加快培育具有自主知识产权的优良品种，培育和转化运用一批优质林草新品种。（农业农村部、市场监管总局、国家林草局、国家知识产权局等按职责分工负责）

五、构建便民利民知识产权服务体系，促进创新成果更好惠及人民

（十一）提高知识产权公共服务能力。

加快知识产权新型基础设施建设。依托全国一体化大数据中心体系，完善国家知识产权大数据中心和公共服务平台，提升知识产权公共服务智能化水平。推进地方知识产权公共服务平台和专题数据库建设，优先支持战略性新兴产业集群所在地建设知识产权公共服务平台，推动知识产权公共服务平台与行业、产业信息服务平台互联互通，提高知识产权公共服务可及性和普惠性。加强知识产权网络安全建设，健全网络安全综合防控体系，持续增强网络安全综合保障能力。（国家知识产权局牵头，中央网信办、国家发展改革委、财政部等按职责分工负责）

专栏12　知识产权公共服务信息化智能化建设工程
建设国家知识产权大数据中心。汇聚全球专利、商标、地理标志、集成电路布图设计等知识产权数据，实现知识产权数据与经济、科技、产业等信息融合。利用机器学习、人工智能等技术，加强对知识产权注册登记、公布公告、纠纷调解、质押许可等信息的智能监测，进行创新态势分析等主题挖掘。提供智能数据服务，实现对各类知识产权数据的智能分析，为科学决策等提供数据支撑。 完善国家知识产权公共服务平台。对接全国一体化政务服务平台、国家“互联网+监管”系统，优化知识产权行政执法保护支撑、行政复议、知识产权注册簿登记簿应用、电子商务领域知识产权保护、知识产权代理监管、非正常申请监管、知识产权咨询等政务服务。面向社会公众提供专利、商标、地理标志、集成电路布图设计等一站式智能查询检索服务，实现知识产权公共服务便利化、集约化、高效化。（国家知识产权局牵头，中央网信办、国家发展改革委、财政部等按职责分工负责）

完善知识产权公共服务体系。完善知识产权公共服务网络，健全公共服务支持创新工作机制。推动公共服务骨干节点分级分类建设，省级公共服务机构实现全覆盖，地市级公共服务机构覆盖率力争达到50%，鼓励有条件的县（市、区）设立综合性公共服务机构。支持开展跨行政区域知识产权公共服务合作。优化知识产权公共服务网点布局，提升高校、科研机构、科技社团、公

共图书馆、科技情报机构、产业园区生产力促进机构等知识产权信息公共服务能力。重点支持技术与创新支持中心、高校国家知识产权信息服务中心、国家知识产权信息公共服务网点有序发展。(国家知识产权局牵头,教育部、科技部、工业和信息化部、文化和旅游部、中科院、中国科协等按职责分工负责)

提高知识产权公共服务供给水平。加强知识产权数据标准制定,提高数据质量,维护数据安全,完善知识产权基础数据资源管理和服务规范。加强知识产权信息传播利用,加大知识产权基础数据开放力度,促进数据资源共享。完善知识产权信息利用相关规范,开展知识产权信息利用研究分析和发布。积极参与国际知识产权数据标准制定,加强国际知识产权数据交换。加大政府购买服务力度,创新公共服务形式,丰富公共服务产品供给。加强知识产权公共服务规范化、标准化建设,明晰知识产权公共服务事项和范围,建立知识产权公共服务清单制度。(国家知识产权局负责)

(十二)促进知识产权服务业健康发展。

培育发展知识产权服务业。引导知识产权代理、法律、信息、咨询、运营服务向专业化和高水平发展,拓展知识产权投融资、保险、资产评估等增值服务,促进知识产权服务业新业态新模式发展。加快制定实施知识产权服务业基础标准、支撑标准、产品标准、质量标准。深入实施专利代理机构执业许可审批告知承诺改革。引导国际高水平知识产权服务机构依规在华设立常驻代表机构。开展品牌价值提升行动,培育一批国际化、市场化、专业化知识产权服务机构。建设国家知识产权服务出口基地。全国执业专利代理师达到 4 万人。完善知识产权服务业统计制度。支持知识产权服务行业协会组织开展公益代理和维权援助。(国家知识产权局牵头,中央宣传部、司法部、商务部、国家统计局等按职责分工负责)

促进知识产权服务业与区域产业融合发展。聚焦重点区域、重点产业需求,优化知识产权服务业集聚区建设,引导知识产权服务链上下游优势互补、多业态协同发展。建立知识产权服务对接重点产业、重大项目工作机制,重点提供专利导航等高端服务。鼓励知识产权服务机构为创新主体提供全链条、专业化知识产权服务,支持企业创新发展和产业转型升级。(国家知识产权局牵头,工业和信息化部等按职责分工负责)

加强知识产权服务业监管。规范计划制定、名单抽取、结果公示、数据存档等各项抽查检查工作程序,实现“双随机、一公开”监管全覆盖。建立知识产权服务业监管长效机制。健全跨部门、跨区域协同监管机制。完善年度报告、经营异常名录、严重失信主体名单制度,开展信用评价并推广应用评价结果。建立知识产权服务业质量监测机制,利用新技术手段快速精准发现违法违规行为线索，提升监管效能。充分发挥知识产权服务行业协会作用，加大行业自律惩戒力度。建设知识产权服务业评价系统，及时公开服务机构和从业人员评价数据。（国家知识产权局负责）

六、推进知识产权国际合作，服务开放型经济发展

（十三）主动参与知识产权全球治理。

积极参与完善知识产权国际规则体系。加强与世界知识产权组织的合作磋商，推动完善知识产权及相关国际贸易、国际投资等国际规则和标准。积极参与遗传资源、传统知识、民间文艺、非物质文化遗产、广播组织等方面的知识产权国际规则制定。积极研究和参与数字领域等新领域新业态知识产权国际规则和标准的制定。（中央宣传部、外交部、商务部、文化和旅游部、国家知识产权局等按职责分工负责）

积极推进与经贸相关的多双边知识产权谈判。妥善应对国际知识产权争端，加强与主要贸易伙伴的知识产权合作磋商。在相关谈判中合理设置知识产权议题。深入参与世界贸易组织有关知识产权谈判。积极推进同其他国家和地区自贸协定知识产权议题谈判。研究推动与更多国家和地区开展地理标志协定谈判。（中央宣传部、外交部、商务部、国家知识产权局等按职责分工负责）

（十四）提升知识产权国际合作水平。

加强知识产权国际合作机制建设。巩固和完善"一带一路"知识产权合作，充分利用"一带一路"知识产权合作平台，扩大合作项目规模和储备。深度参与金砖国家、中美欧日韩、中日韩、中国—东盟等小多边知识产权合作，加强与各方政策和业务规则交流，支持产业界积极参与相关合作机制。完善跨境司法协作安排，加强防范打击侵犯知识产权犯罪国际合作。（中央宣传部、最高人民法院、最高人民检察院、外交部、公安部、商务部、海关总署、国家知识产权局等按职责分工负责）

专栏13 "一带一路"知识产权合作工程

加强"一带一路"知识产权合作机制建设。打造共建"一带一路"国家和地区知识产权高层次合作平台。将知识产权合作同"数字丝绸之路"、"创新丝绸之路"等建设协调推进。推进知识产权信息、数据资源等领域合作。

强化知识产权能力提升项目实施。向共建"一带一路"国家和地区提供专利检索、审查、培训等多样化服务。开展面向共建"一带一路"国家和地区的知识产权培训。（国家知识产权局牵头，外交部、商务部、国际发展合作署等按职责分工负责）

优化知识产权国际合作环境。深化与国际和地区组织、重点国家和地区的知识产权合作，完善合作布局。加强面向周边和发展中国家的知识产权培训，支持发展中国家知识产权能力建设。加强药物及新冠病毒疫苗研发等重点领域的知识产权国际合作。与贸易对象国建立企业知识产权事务沟通协调机制。（中央宣传部、外交部、工业和信息化部、商务部、国家卫生健康委、市场监管总局、国际发展合作署、国家药监局、国家知识产权局、中国贸促会等按职责分工负责）

（十五）加强知识产权保护国际合作。

便利知识产权海外获权。强化知识产权审查业务合作，拓展“专利审查高速路”国际合作网络，重点推动相关国家共享专利、植物新品种等审查结果。引导创新主体合理利用世界知识产权组织全球服务体系等渠道，提高海外知识产权布局效率。（国家知识产权局牵头，中央宣传部、农业农村部、国家林草局等按职责分工负责）

加强知识产权海外维权援助。建立国际知识产权风险预警和应急机制，建设知识产权涉外风险防控体系。建立国际趋势跟踪研究基地，加强对商业秘密保护、互联网企业走出去等重点前沿问题的研究。提升海外知识产权信息服务能力，建立健全国外展会知识产权服务站工作机制。鼓励保险机构开展知识产权海外侵权保险业务。积极发挥贸易投资促进机构作用，不断加强知识产权海外服务保障工作。（中央宣传部、商务部、市场监管总局、银保监会、国家知识产权局、中国贸促会等按职责分工负责）

专栏 14　对外贸易知识产权保护工程

加强海外知识产权纠纷应对指导体系建设。建立与知识产权有关的贸易对象国调查报告机制。拓展打击知识产权侵权犯罪国际执法协作渠道，开展重大案件跨国联合执法行动。建立海关跨境合作机制，加强知识产权海关执法信息情报交换共享。

提升海外知识产权风险防范能力。制定跨境电商知识产权保护指南，引导跨境电商平台防范进出口贸易中的知识产权风险，有效支持跨境电商平台企业国际化发展。加强对海外知识产权制度环境的研究，编制发布重点国家知识产权保护国别指南。（中央宣传部、中央网信办、最高人民检察院、公安部、商务部、海关总署、国家知识产权局等按职责分工负责）

七、推进知识产权人才和文化建设，夯实事业发展基础

（十六）加强知识产权人才队伍建设。

优化知识产权人才发展环境。推进知识产权学科建设，支持学位授权自主审核单位依程序设置知识产权一级学科点，支持有关单位依程序设置知识产权二级学科点，研究设置知识产权硕士专业学位。推动知识产权相关专业

升级和数字化改造，开发一批知识产权精品课程。鼓励支持有条件的理工科高校开设知识产权相关专业和课程。设立一批国家知识产权人才培养基地。做好知识产权职称制度改革实施工作，完善知识产权人才评价体系。（教育部、人力资源社会保障部、国家知识产权局等按职责分工负责）

提升知识产权人才能力水平。完善知识产权人才分类培训体系，健全人才保障机制。加强知识产权理论研究，完善知识产权研究管理机制，强化智库建设，鼓励地方开展政策研究。加强知识产权行政管理、行政执法、行政裁决人员培养，分层次分区域持续开展轮训。加强企事业单位知识产权人才培养，建设理论与实务联训基地。建立知识产权服务业人才培训体系，提高服务业人才专业能力。大力培养知识产权国际化人才。（国家知识产权局牵头，中央宣传部、市场监管总局等按职责分工负责）

（十七）加强知识产权文化建设。

构建知识产权大宣传格局。围绕知识产权强国建设，统筹传统媒体与新兴媒体，用好融媒体，健全知识产权新闻发布制度。建立健全政府活动宣传、媒体传播报道、学界文章影响、国际文化交流相互促进的知识产权传播大矩阵。持续做好全国知识产权宣传周、中国知识产权年会等品牌宣传活动。讲好中国知识产权故事，展示文明大国、负责任大国形象。（国家知识产权局牵头，中央宣传部、中央网信办、广电总局等按职责分工负责）

专栏 15　知识产权普及教育工程

推动知识产权普及教育进校园。支持大中小学开展知识产权基础性普及教育。鼓励知识产权专家进校园，促进知识产权教育与学校创新实践活动相融合，持续推进全国中小学知识产权教育工作和全国大学生版权征文活动。推动技工院校普及知识产权教育，将知识产权普及教育作为全国专业技术人员继续教育的重要内容。

推动知识产权进干部培训课堂。优化知识产权课程设置，加强对党政领导干部和国有企业负责人的知识产权宣传培训。（国家知识产权局牵头，中央组织部、中央宣传部、教育部、人力资源社会保障部、中国科协等按职责分工负责）

厚植知识产权文化理念。增强全社会尊重和保护知识产权的意识，推动知识产权文化与法治文化、传统文化、创新文化、诚信文化深度融合。大力宣传锐意创新和诚信经营的典型企业，引导企业自觉履行尊重和保护知识产权的社会责任。开展贴近时代、贴近百姓、贴近生活的知识产权文化惠民活动。加强知识产权文化基础设施建设。探索建立“互联网+”知识产权保护云博物馆。加大对中西部地区知识产权文化建设投入。开展知识产权文化建设理论和学术研究，以文化为媒，提升文化软实力。（国家知识产权局牵头，中央宣

传部、司法部、文化和旅游部等按职责分工负责)

八、实施保障

(十八)加强组织领导。

坚持党对知识产权工作的全面领导,充分发挥国务院知识产权战略实施工作部际联席会议作用,完善工作机制,形成工作合力,确保党中央、国务院关于知识产权工作的各项决策部署落到实处。各地区、各有关部门要强化责任意识,密切协调配合,结合实际进一步明确工作重点,落实好本规划部署的各项任务措施。国家知识产权局要加强组织协调,明确责任分工,细化目标任务,加强宣传解读,制定年度推进计划,确保规划有序推进。相关社会组织和行业协会要积极参与规划实施,主动作为,发挥作用。(国家知识产权局牵头,有关部门与地方各级人民政府按职责分工负责)

(十九)鼓励探索创新。

各地要发扬基层首创精神,针对规划实施中的痛点、难点问题,主动作为、创新思路,积极探索积累务实管用、科学精准的具体举措,不断丰富完善有关政策措施。各有关部门要营造有利环境,支持有条件的地区先行先试。(地方各级人民政府与有关部门按职责分工负责)

(二十)加大投入力度。

完善多渠道投入机制,推进规划重大工程项目落地,促进规划有效实施。加强对知识产权工作的政策和资源支持。鼓励社会资本积极参与,创新投入模式和机制,充分发挥市场在资源配置中的决定性作用。(有关部门与地方各级人民政府按职责分工负责)

(二十一)狠抓工作落实。

国家知识产权局会同有关部门加强对规划实施情况的跟踪监测,通过第三方评估等形式开展规划实施的中期评估、总结评估,总结推广典型经验做法,发现规划实施中存在的问题并研究解决对策。强化监督检查,确保任务落实,重要情况及时报告国务院。(国家知识产权局牵头,有关部门按职责分工负责)

国务院关于2020年度
国家科学技术奖励的决定

（2021年10月19日　国发〔2021〕22号）

为深入贯彻落实习近平新时代中国特色社会主义思想，全面贯彻党的十九大和十九届二中、三中、四中、五中全会精神，坚定实施科教兴国战略、人才强国战略和创新驱动发展战略，国务院决定，对为我国科学技术进步、经济社会发展、国防现代化建设作出突出贡献的科学技术人员和组织给予奖励。

根据《国家科学技术奖励条例》的规定，经国家科学技术奖励评审委员会评审、国家科学技术奖励委员会审定和科技部审核，国务院批准并报请国家主席习近平签署，授予顾诵芬院士、王大中院士国家最高科学技术奖；国务院批准，授予"纳米限域催化"等2项成果国家自然科学奖一等奖，授予"面心立方材料弹塑性力学行为及原子层次机理研究"等44项成果国家自然科学奖二等奖，授予"超高清视频多态基元编解码关键技术"等3项成果国家技术发明奖一等奖，授予"良种牛羊卵子高效利用快繁关键技术"等58项成果国家技术发明奖二等奖，授予"嫦娥四号工程"等2项成果国家科学技术进步奖特等奖，授予"400万吨/年煤间接液化成套技术创新开发及产业化"等18项成果国家科学技术进步奖一等奖，授予"厘米级型谱化移动测量装备关键技术及规模化工程应用"等137项成果国家科学技术进步奖二等奖，授予苏·欧瑞莉教授等8名外国专家和国际热带农业中心中华人民共和国国际科学技术合作奖。

全国科学技术工作者要向顾诵芬院士、王大中院士及全体获奖者学习，不忘初心、牢记使命，秉持国家利益和人民利益至上，继承和发扬老一辈科学家胸怀祖国、服务人民的优秀品质，主动肩负起历史重任，坚持创新在我国现代化建设全局中的核心地位，把科技自立自强作为国家发展的战略支撑，以与时俱进的精神、革故鼎新的勇气、坚忍不拔的定力，面向世界科技前沿、面向经济主战场、面向国家重大需求、面向人民生命健康，加快建设科技强国，为夺取全面建设社会主义现代化国家新胜利、实现中华民族伟大复兴作出新的更大贡献。

国务院办公厅关于部分债务沉重地区违规兴建楼堂馆所问题的通报

（2021 年 10 月 22 日　国办发〔2021〕39 号）

严格控制党政机关办公楼等楼堂馆所建设，是加强党风廉政建设、落实过紧日子要求的重要内容，党中央、国务院对此高度重视。习近平总书记多次强调，要发扬艰苦奋斗、勤俭节约优良作风，坚决反对铺张浪费；党政机关要坚持过紧日子，严肃财经纪律，把各方面资金管好用好。李克强总理指出，各级政府要过紧日子，把每一笔钱都用在刀刃上、紧要处；严禁新建扩建政府性楼堂馆所和搞豪华装修。韩正副总理等国务院领导同志多次对相关工作提出要求。

党中央、国务院明确要求，高负债地区除必要的基本民生支出和机关有效运转支出外，要大力压减基本建设支出，筹措资金化解债务风险。《机关团体建设楼堂馆所管理条例》规定，机关、团体不得建设培训中心等各类具有住宿、会议、餐饮等接待功能的场所和设施。近期，审计署审计发现，一些地区不顾自身财力状况，在政府债务沉重、风险突出的情况下，违反财经纪律和管理制度兴建楼堂馆所。为进一步严肃财经纪律，严格楼堂馆所建设管理，经国务院同意，现将有关情况通报如下：

一、部分地区违规建设楼堂馆所情况

审计发现，青海、宁夏、贵州、云南等 4 个地方政府债务风险较高的地区，有 8 个项目不同程度存在违规兴建楼堂馆所问题。

（一）青海国际会展中心。该项目于 2019 年 4 月由西宁市发展改革委批复立项，主要包括会展中心和酒店两部分，其中会展中心部分由青海省与西宁市共同出资建设，酒店部分面向社会筹资建设。2019 年 7 月，在社会投资没有落实的情况下，项目单位按照整体招标、统一建设、统一核算的方式对会展中心和酒店同时开工建设。截至 2021 年 5 月底，项目到位资金 22.77 亿元全部为财政资金，实际上通过财政资金支付了酒店建设费用。

（二）青海省人力资源社会保障公共服务中心。该项目于 2015 年 9 月由青海省人力资源和社会保障厅报省政府负责同志批准，通过购置写字楼方式建设，规划作为业务用房，主要用作就业创业培训和社会保险、劳动权益等经办服务。在实际使用中，部分作为青海省人力资源和社会保障厅机关、事业单位办公用房，还设有24间客房，改变了业务用房的用途。财政部门安排项目资金2.4亿元。

（三）青海省胜利宾馆。该宾馆原为财政差额拨款事业单位，2002年转制为企业，在提供社会化服务的同时承担政务接待保障任务。2018—2020年，青海省财政厅经报省政府批准，以补助、注资等方式向该宾馆拨付财政资金8966.45万元，用于维修改造和运营。

（四）宁夏闽宁会议中心。2016年10月，在未明确建设主体、没有资金来源、未办理施工手续的情况下，由银川市委、市政府直接选定中冶建工集团有限公司垫资建设，用于考察接待、会议、展览、餐饮、住宿。因缺乏资金，项目一度停工。2019年4月和6月，银川市政府决定安排财政资金拨付市国资委，由市国资委按照"政府支持、市场化运作"的原则推进建设。2020年6月，项目竣工预验收，按照酒店模式运行。银川市和闽宁镇以向企业注资等方式拨付财政资金5500万元。

（五）宁夏闽宁镇酒店管理与服务职业技能实训中心。2019年6月，宁夏回族自治区教育厅同意该中心立项建设，同时加挂宁夏回族自治区教育工委、教育厅培训基地牌子，主要作为宁夏回族自治区教育工委、教育厅培训基地和闽宁教师远程培训中心、酒店管理与服务职业技能教育培训中心，建设资金来源于财政拨款。2020年8月—2021年3月，该中心主要用于开展教育系统内部培训。

（六）宁夏丝路明珠塔。该项目是银川市筹划建设的集广播电视发射、观光旅游、商务会展等于一体的综合性建筑。2018年12月，银川市决定由中铁城市发展投资集团有限公司与市属国有企业银川通联资本投资运营有限公司共同出资建设。目前已完成塔楼和北裙楼部分工程。项目实际到位资金5.2亿元，其中银川通联资本投资运营有限公司出资的3亿元全部为财政资金。

（七）贵州省遵义市会议中心。2018年2月，遵义市确定由市属国有企业遵义道桥建设（集团）有限公司负责建设该项目，建设内容包括会议中心、酒店等。2019年底，项目部分竣工验收并开始试运行，承担了2020年和2021年遵义市"两会"接待工作。遵义市财政局通过市自然资源局安排土地出让金5.62亿元，拨付给遵义道桥建设（集团）有限公司使用。此外，还拨付给该公司土地整治成本经费2000万元、保障地方"两会"经费1000万元。

（八）云南省级民主党派大楼和云南中华职业教育社办公楼。2019年4月，云南省政府决定，该项目由昆明市出资、企业代建，建成后由昆明市以零租金或低租金永久租赁给省级民主党派、云南中华职业教育社等单位使用。2020年4月，经昆明滇池国家旅游度假区经济发展局备案，代建项目由昆明市城建投资开发有限责任公司自主投资建设。2021年,昆明市向该公司注资2.24亿元。

二、存在的突出问题

上述违规动用财政资金兴建楼堂馆所问题,反映出相关地区部门和单位有关人员“四个意识”不强,纪律规矩意识淡薄,艰苦奋斗、勤俭节约思想弱化,对党中央、国务院决策部署贯彻不到位;一些地区业务主管部门、监管部门作用发挥不够,未能及时发现和解决问题。主要体现在以下三个方面:

*一是执行财经纪律松弛。*有的地方漠视财经纪律,在建设资金没有落实的情况下擅自开工建设,或安排财政资金用于宾馆维修改造和运营,违反了预算管理等相关制度规定。青海省违规向已转制为企业的胜利宾馆安排财政资金用于维修改造和运营。宁夏闽宁会议中心在无建设主体、无资金来源的情况下直接委托企业开工建设,项目一度因资金缺乏而停工,依靠财政支持才完成建设。

*二是规避项目审批程序。*有的地方采取“未批先建”、“先建后补”或以政策文件、会议代替审批等方式规避审批,违反了政府投资项目审批管理等相关制度规定。青海省人力资源社会保障公共服务中心直接以政府文件作为建设依据,未履行审批手续。宁夏闽宁会议中心在未办理任何手续的情况下直接开工建设,边实施边补手续。

*三是钻制度空子搞变通。*有的地方模糊政府和企业界限,混淆业务用房和办公用房界限,违规兴建会议中心,违规使用业务用房,违反了党政机关办公用房管理等相关制度规定。青海省人力资源社会保障公共服务中心以业务用房名义建设,实际违规将部分业务用房作为机关、事业单位办公用房。遵义市以国有企业经营项目名义建设具有住宿、会议、餐饮等接待功能的场所和设施,并通过财政注资、补贴等方式给予支持。

对于审计发现问题,有关地方党委和政府高度重视,积极开展整改工作。有的已经停止项目建设,通过公开拍卖等方式对项目进行转让;有的对违规使用的业务用房进行了封存和移交;有的已按原渠道退还了财政补助资金。后续整改及执纪问责等工作正在进行中。

三、工作要求

严控楼堂馆所建设是党政机关厉行节约、反对浪费的重要内容,事关党和政府形象,无论政府债务风险高低都必须坚持。地方各级人民政府及其工作人员要从审计发现问题中深刻汲取教训,举一反三,引以为戒,认真开展自查自纠,公开曝光典型案例,坚决防止此类问题再次发生,坚定不移把党中央、国务院决策部署落到实处。

（一）切实提高思想认识。各地区、各部门要进一步增强“四个意识”、坚定“四个自信”、做到“两个维护”，对“国之大者”做到心中有数，切实把思想和行动统一到党中央、国务院决策部署上来，不折不扣地抓好贯彻落实。要坚持守土有责、守土尽责，继承和发扬党的光荣传统和优良作风，坚持勤俭办一切事业，抓实抓细楼堂馆所建设管理，坚决反对铺张浪费，坚决刹住违规兴建楼堂馆所的不正之风。

（二）从严落实财经纪律。各地区、各部门要坚持把党政机关过紧日子、严控楼堂馆所建设作为重要财经纪律落实到位。要坚持依法行政、依法理财，推进财政法治建设，细化实化管理措施，大力压缩自由裁量权，扎紧扎密制度的篱笆，消除漏洞和盲点。要硬化预算约束，严格遵循先有预算、后有支出原则，把严把紧预算支出关口。

（三）落实严控楼堂馆所建设主体责任。有关地方人民政府要进一步提高政治站位，对审计发现问题实事求是推进整改，坚决不搞形式主义、不做表面文章；积极防范整改中的风险，防止新增地方政府隐性债务、防止国有资产流失、防止财政资金损失。地方各级人民政府要切实担负起严控楼堂馆所建设的主体责任，充分考虑客观经济规律、发展阶段和财政可承受能力，做到尽力而为、量力而行，严格履行决策和审批程序，完善管理制度和措施，加大审查监督力度，杜绝违规兴建楼堂馆所。

（四）强化项目审批管理和财政支出约束。各地区、各有关部门要严格执行审批程序和规定，防止变相规避审批程序，从严审批楼堂馆所建设项目，加强国有企业投资监管。要加强预算安排与项目审批的衔接，未经审批一律不得安排预算，落实地方政府专项债券资金投向领域禁止类项目清单。地方政府债务风险较高地区要进一步强化财政支出约束，大力压缩非刚性非重点支出，筑牢“三保”（保基本民生、保工资、保运转）防线，同时加强财政可承受能力评估，杜绝超越财力安排支出，防范化解财政运行风险。

（五）加大监督问责力度。地方各级人民政府要进一步健全监督约束机制，对违反财经纪律、不顾偿还能力盲目举债上项目、变相规避审批程序等问题加大核查监督力度，充分发挥审计监督、财会监督、纪检监察监督等方面作用，加强对本地区楼堂馆所建设的全方位监督，对违法违规行为始终保持高压态势，严肃查处、问责到人，让违法违规和失职渎职者付出应有的代价。国务院有关部门要对地方楼堂馆所建设情况持续开展重点监督，及时发现问题并督促地方切实整改。

国务院关于印发2030年前碳达峰行动方案的通知

（2021年10月24日　国发〔2021〕23号）

现将《2030年前碳达峰行动方案》印发给你们，请认真贯彻执行。

2030年前碳达峰行动方案

为深入贯彻落实党中央、国务院关于碳达峰、碳中和的重大战略决策，扎实推进碳达峰行动，制定本方案。

一、总体要求

（一）指导思想。以习近平新时代中国特色社会主义思想为指导，全面贯彻党的十九大和十九届二中、三中、四中、五中全会精神，深入贯彻习近平生态文明思想，立足新发展阶段，完整、准确、全面贯彻新发展理念，构建新发展格局，坚持系统观念，处理好发展和减排、整体和局部、短期和中长期的关系，统筹稳增长和调结构，把碳达峰、碳中和纳入经济社会发展全局，坚持"全国统筹、节约优先、双轮驱动、内外畅通、防范风险"的总方针，有力有序有效做好碳达峰工作，明确各地区、各领域、各行业目标任务，加快实现生产生活方式绿色变革，推动经济社会发展建立在资源高效利用和绿色低碳发展的基础之上，确保如期实现2030年前碳达峰目标。

（二）工作原则。

——总体部署、分类施策。坚持全国一盘棋，强化顶层设计和各方统筹。各地区、各领域、各行业因地制宜、分类施策，明确既符合自身实际又满足总体要求的目标任务。

——系统推进、重点突破。全面准确认识碳达峰行动对经济社会发展的深远影响，加强政策的系统性、协同性。抓住主要矛盾和矛盾的主要方面，推动重点领域、重点行业和有条件的地方率先达峰。

——双轮驱动、两手发力。更好发挥政府作用，构建新型举国体制，充分发挥市场机制作用，大力推进绿色低碳科技创新，深化能源和相关领域改革，形成有效激励约束机制。

——稳妥有序、安全降碳。立足我国富煤贫油少气的能源资源禀赋，坚持先立后破，稳住存量，拓展增量，以保障国家能源安全和经济发展为底线，争取时间实现新能源的逐渐替代，推动能源低碳转型平稳过渡，切实保障国家能源安全、产业链供应链安全、粮食安全和群众正常生产生活，着力化解各类风险隐患，防止过度反应，稳妥有序、循序渐进推进碳达峰行动，确保安全降碳。

二、主要目标

“十四五”期间，产业结构和能源结构调整优化取得明显进展，重点行业能源利用效率大幅提升，煤炭消费增长得到严格控制，新型电力系统加快构建，绿色低碳技术研发和推广应用取得新进展，绿色生产生活方式得到普遍推行，有利于绿色低碳循环发展的政策体系进一步完善。到 2025 年，非化石能源消费比重达到 20%左右，单位国内生产总值能源消耗比 2020 年下降 13.5%，单位国内生产总值二氧化碳排放比 2020 年下降 18%，为实现碳达峰奠定坚实基础。

“十五五”期间，产业结构调整取得重大进展，清洁低碳安全高效的能源体系初步建立，重点领域低碳发展模式基本形成，重点耗能行业能源利用效率达到国际先进水平，非化石能源消费比重进一步提高，煤炭消费逐步减少，绿色低碳技术取得关键突破，绿色生活方式成为公众自觉选择，绿色低碳循环发展政策体系基本健全。到 2030 年，非化石能源消费比重达到 25%左右，单位国内生产总值二氧化碳排放比 2005 年下降 65%以上，顺利实现 2030 年前碳达峰目标。

三、重点任务

将碳达峰贯穿于经济社会发展全过程和各方面，重点实施能源绿色低碳转型行动、节能降碳增效行动、工业领域碳达峰行动、城乡建设碳达峰行动、交通运输绿色低碳行动、循环经济助力降碳行动、绿色低碳科技创新行动、碳汇能力巩固提升行动、绿色低碳全民行动、各地区梯次有序碳达峰行动等“碳达峰十大行动”。

（一）能源绿色低碳转型行动。

能源是经济社会发展的重要物质基础，也是碳排放的最主要来源。要坚持安全降碳，在保障能源安全的前提下，大力实施可再生能源替代，加快构建清洁低碳安全高效的能源体系。

1. 推进煤炭消费替代和转型升级。加快煤炭减量步伐，“十四五”时期严格合理控制煤炭消费增长，“十五五”时期逐步减少。严格控制新增煤电项目，新建机组煤耗标准达到国际先进水平，有序淘汰煤电落后产能，加快现役机组节能升级和灵活性改造，积极推进供热改造，推动煤电向基础保障性和系统调节性电源并重转型。严控跨区外送可再生能源电力配套煤电规模，新建通道可再生能源电量比例原则上不低于50%。推动重点用煤行业减煤限煤。大力推动煤炭清洁利用，合理划定禁止散烧区域，多措并举、积极有序推进散煤替代，逐步减少直至禁止煤炭散烧。

2. *大力发展新能源*。全面推进风电、太阳能发电大规模开发和高质量发展，坚持集中式与分布式并举，加快建设风电和光伏发电基地。加快智能光伏产业创新升级和特色应用，创新"光伏+"模式，推进光伏发电多元布局。坚持陆海并重，推动风电协调快速发展，完善海上风电产业链，鼓励建设海上风电基地。积极发展太阳能光热发电，推动建立光热发电与光伏发电、风电互补调节的风光热综合可再生能源发电基地。因地制宜发展生物质发电、生物质能清洁供暖和生物天然气。探索深化地热能以及波浪能、潮流能、温差能等海洋新能源开发利用。进一步完善可再生能源电力消纳保障机制。到2030年，风电、太阳能发电总装机容量达到12亿千瓦以上。

3. *因地制宜开发水电*。积极推进水电基地建设，推动金沙江上游、澜沧江上游、雅砻江中游、黄河上游等已纳入规划、符合生态保护要求的水电项目开工建设，推进雅鲁藏布江下游水电开发，推动小水电绿色发展。推动西南地区水电与风电、太阳能发电协同互补。统筹水电开发和生态保护，探索建立水能资源开发生态保护补偿机制。"十四五"、"十五五"期间分别新增水电装机容量4000万千瓦左右，西南地区以水电为主的可再生能源体系基本建立。

4. *积极安全有序发展核电*。合理确定核电站布局和开发时序，在确保安全的前提下有序发展核电，保持平稳建设节奏。积极推动高温气冷堆、快堆、模块化小型堆、海上浮动堆等先进堆型示范工程，开展核能综合利用示范。加大核电标准化、自主化力度，加快关键技术装备攻关，培育高端核电装备制造产业集群。实行最严格的安全标准和最严格的监管，持续提升核安全监管能力。

5. *合理调控油气消费*。保持石油消费处于合理区间，逐步调整汽油消费规模，大力推进先进生物液体燃料、可持续航空燃料等替代传统燃油，提升终端燃油产品能效。加快推进页岩气、煤层气、致密油（气）等非常规油气资源规模化开发。有序引导天然气消费，优化利用结构，优先保障民生用气，大力推动天然气与多种能源融合发展，因地制宜建设天然气调峰电站，合理引导工业用气和化工原料用气。支持车船使用液化天然气作为燃料。

6. *加快建设新型电力系统*。构建新能源占比逐渐提高的新型电力系统，推动清洁电力资源大范围优化配置。大力提升电力系统综合调节能力，加快灵活调节电源建设，引导自备电厂、传统高载能工业负荷、工商业可中断负荷、电动汽车充电网络、虚拟电厂等参与系统调节，建设坚强智能电网，提升电网安全保障水平。积极发展“新能源+储能”、源网荷储一体化和多能互补，支持分布式新能源合理配置储能系统。制定新一轮抽水蓄能电站中长期发展规划，完善促进抽水蓄能发展的政策机制。加快新型储能示范推广应用。深化电力体制改革，加快构建全国统一电力市场体系。到2025年，新型储能装机容量达到3000万千瓦以上。到2030年，抽水蓄能电站装机容量达到1.2亿千瓦左右，省级电网基本具备5%以上的尖峰负荷响应能力。

（二）节能降碳增效行动。

落实节约优先方针，完善能源消费强度和总量双控制度，严格控制能耗强度，合理控制能源消费总量，推动能源消费革命，建设能源节约型社会。

1. 全面提升节能管理能力。推行用能预算管理，强化固定资产投资项目节能审查，对项目用能和碳排放情况进行综合评价，从源头推进节能降碳。提高节能管理信息化水平，完善重点用能单位能耗在线监测系统，建立全国性、行业性节能技术推广服务平台，推动高耗能企业建立能源管理中心。完善能源计量体系，鼓励采用认证手段提升节能管理水平。加强节能监察能力建设，健全省、市、县三级节能监察体系，建立跨部门联动机制，综合运用行政处罚、信用监管、绿色电价等手段，增强节能监察约束力。

2. 实施节能降碳重点工程。实施城市节能降碳工程，开展建筑、交通、照明、供热等基础设施节能升级改造，推进先进绿色建筑技术示范应用，推动城市综合能效提升。实施园区节能降碳工程，以高耗能高排放项目（以下称“两高”项目）集聚度高的园区为重点，推动能源系统优化和梯级利用，打造一批达到国际先进水平的节能低碳园区。实施重点行业节能降碳工程，推动电力、钢铁、有色金属、建材、石化化工等行业开展节能降碳改造，提升能源资源利用效率。实施重大节能降碳技术示范工程，支持已取得突破的绿色低碳关键技术开展产业化示范应用。

3. 推进重点用能设备节能增效。以电机、风机、泵、压缩机、变压器、换热器、工业锅炉等设备为重点，全面提升能效标准。建立以能效为导向的激励约束机制，推广先进高效产品设备，加快淘汰落后低效设备。加强重点用能设备节能审查和日常监管，强化生产、经营、销售、使用、报废全链条管理，严厉打击违法违规行为，确保能效标准和节能要求全面落实。

4. 加强新型基础设施节能降碳。优化新型基础设施空间布局，统筹谋划、科学配置数据中心等新型基础设施，避免低水平重复建设。优化新型基础设施用能结构，采用直流供电、分布式储能、“光伏+储能”等模式，探索多样化能源供应，提高非化石能源消费比重。对标国际先进水平，加快完善通信、运算、存储、传输等设备能效标准，提升准入门槛，淘汰落后设备和技术。加强新型基础设施用能管理，将年综合能耗超过1万吨标准煤的数据中心全部纳入重点用能单位能耗在线监测系统，开展能源计量审查。推动既有设施绿色升级改造，积极推广使用高效制冷、先进通风、余热利用、智能化用能控制等技术，提高设施能效水平。

（三）工业领域碳达峰行动。

工业是产生碳排放的主要领域之一，对全国整体实现碳达峰具有重要影响。工业领域要加快绿色低碳转型和高质量发展，力争率先实现碳达峰。

1. 推动工业领域绿色低碳发展。优化产业结构，加快退出落后产能，大力发展战略性新兴产业，加快传统产业绿色低碳改造。促进工业能源消费低碳化，推动化石能源清洁高效利用，提高可再生能源应用比重，加强电力需求侧管理，提升工业电气化水平。深入实施绿色制造工程，大力推行绿色设计，完善绿色制造体系，建设绿色工厂和绿色工业园区。推进工业领域数字化智能化绿色化融合发展，加强重点行业和领域技术改造。

2. 推动钢铁行业碳达峰。深化钢铁行业供给侧结构性改革，严格执行产能置换，严禁新增产能，推进存量优化，淘汰落后产能。推进钢铁企业跨地区、跨所有制兼并重组，提高行业集中度。优化生产力布局，以京津冀及周边地区为重点，继续压减钢铁产能。促进钢铁行业结构优化和清洁能源替代，大力推进非高炉炼铁技术示范，提升废钢资源回收利用水平，推行全废钢电炉工艺。推广先进适用技术，深挖节能降碳潜力，鼓励钢化联产，探索开展氢冶金、二氧化碳捕集利用一体化等试点示范，推动低品位余热供暖发展。

3. 推动有色金属行业碳达峰。巩固化解电解铝过剩产能成果，严格执行产能置换，严控新增产能。推进清洁能源替代，提高水电、风电、太阳能发电等应用比重。加快再生有色金属产业发展，完善废弃有色金属资源回收、分选和加工网络，提高再生有色金属产量。加快推广应用先进适用绿色低碳技术，提升有色金属生产过程余热回收水平，推动单位产品能耗持续下降。

4. 推动建材行业碳达峰。加强产能置换监管，加快低效产能退出，严禁新增水泥熟料、平板玻璃产能，引导建材行业向轻型化、集约化、制品化转型。推动水泥错峰生产常态化，合理缩短水泥熟料装置运转时间。因地制宜利用风能、太阳能等可再生能源，逐步提高电力、天然气应用比重。鼓励建材企业使用粉煤灰、工业废渣、尾矿渣等作为原料或水泥混合材。加快推进绿色建材产品认证和应用推广，加强新型胶凝材料、低碳混凝土、木竹建材等低碳建材产品研发应用。推广节能技术设备，开展能源管理体系建设，实现节能增效。

5. 推动石化化工行业碳达峰。优化产能规模和布局，加大落后产能淘汰力度，有效化解结构性过剩矛盾。严格项目准入，合理安排建设时序，严控新增炼油和传统煤化工生产能力，稳妥有序发展现代煤化工。引导企业转变用能方式，鼓励以电力、天然气等替代煤炭。调整原料结构，控制新增原料用煤，拓展富氢原料进口来源，推动石化化工原料轻质化。优化产品结构，促进石化化工与煤炭开采、冶金、建材、化纤等产业协同发展，加强炼厂干气、液化气等副产气体高效利用。鼓励企业节能升级改造，推动能量梯级利用、物料循环利用。到2025年，国内原油一次加工能力控制在10亿吨以内，主要产品产能利用率提升至80%以上。

6. 坚决遏制“两高”项目盲目发展。采取强有力措施，对“两高”项目实行清单管理、分类处置、动态监控。全面排查在建项目，对能效水平低于本行业能耗限额准入值的，按有关规定停工整改，推动能效水平应提尽提，力争全面达到国内乃至国际先进水平。科学评估拟建项目，对产能已饱和的行业，按照“减量替代”原则压减产能；对产能尚未饱和的行业，按照国家布局和审批备案等要求，对标国际先进水平提高准入门槛；对能耗量较大的新兴产业，支持引导企业应用绿色低碳技术，提高能效水平。深入挖潜存量项目，加快淘汰落后产能，通过改造升级挖掘节能减排潜力。强化常态化监管，坚决拿下不符合要求的“两高”项目。

（四）城乡建设碳达峰行动。

加快推进城乡建设绿色低碳发展，城市更新和乡村振兴都要落实绿色低碳要求。

1. 推进城乡建设绿色低碳转型。推动城市组团式发展，科学确定建设规模，控制新增建设用地过快增长。倡导绿色低碳规划设计理念，增强城乡气候韧性，建设海绵城市。推广绿色低碳建材和绿色建造方式，加快推进新型建筑工业化，大力发展装配式建筑，推广钢结构住宅，推动建材循环利用，强化绿色设计和绿色施工管理。加强县城绿色低碳建设。推动建立以绿色低碳为导向的城乡规划建设管理机制，制定建筑拆除管理办法，杜绝大拆大建。建设绿色城镇、绿色社区。

2. 加快提升建筑能效水平。加快更新建筑节能、市政基础设施等标准，提高节能降碳要求。加强适用于不同气候区、不同建筑类型的节能低碳技术研发和推广，推动超低能耗建筑、低碳建筑规模化发展。加快推进居住建筑和公共建筑节能改造，持续推动老旧供热管网等市政基础设施节能降碳改造。提升城镇建筑和基础设施运行管理智能化水平，加快推广供热计量收费和合同能源管理，逐步开展公共建筑能耗限额管理。到2025年，城镇新建建筑全面执行绿色建筑标准。

3. 加快优化建筑用能结构。深化可再生能源建筑应用，推广光伏发电与建筑一体化应用。积极推动严寒、寒冷地区清洁取暖，推进热电联产集中供暖，加快工业余热供暖规模化应用，积极稳妥开展核能供热示范，因地制宜推行热泵、生物质能、地热能、太阳能等清洁低碳供暖。引导夏热冬冷地区科学取暖，因地制宜采用清洁高效取暖方式。提高建筑终端电气化水平，建设集光伏发电、储能、直流配电、柔性用电于一体的“光储直柔”建筑。到 2025 年，城镇建筑可再生能源替代率达到 8%，新建公共机构建筑、新建厂房屋顶光伏覆盖率力争达到 50%。

4. 推进农村建设和用能低碳转型。推进绿色农房建设，加快农房节能改造。持续推进农村地区清洁取暖，因地制宜选择适宜取暖方式。发展节能低碳农业大棚。推广节能环保灶具、电动农用车辆、节能环保农机和渔船。加快生物质能、太阳能等可再生能源在农业生产和农村生活中的应用。加强农村电网建设，提升农村用能电气化水平。

（五）交通运输绿色低碳行动。

加快形成绿色低碳运输方式，确保交通运输领域碳排放增长保持在合理区间。

1. 推动运输工具装备低碳转型。积极扩大电力、氢能、天然气、先进生物液体燃料等新能源、清洁能源在交通运输领域应用。大力推广新能源汽车，逐步降低传统燃油汽车在新车产销和汽车保有量中的占比，推动城市公共服务车辆电动化替代，推广电力、氢燃料、液化天然气动力重型货运车辆。提升铁路系统电气化水平。加快老旧船舶更新改造，发展电动、液化天然气动力船舶，深入推进船舶靠港使用岸电，因地制宜开展沿海、内河绿色智能船舶示范应用。提升机场运行电动化智能化水平，发展新能源航空器。到 2030 年，当年新增新能源、清洁能源动力的交通工具比例达到 40%左右，营运交通工具单位换算周转量碳排放强度比 2020 年下降 9. 5%左右，国家铁路单位换算周转量综合能耗比 2020 年下降 10%。陆路交通运输石油消费力争 2030 年前达到峰值。

2. 构建绿色高效交通运输体系。发展智能交通，推动不同运输方式合理分工、有效衔接，降低空载率和不合理客货运周转量。大力发展以铁路、水路为骨干的多式联运，推进工矿企业、港口、物流园区等铁路专用线建设，加快内河高等级航道网建设，加快大宗货物和中长距离货物运输“公转铁”、“公转水”。加快先进适用技术应用，提升民航运行管理效率，引导航空企业加强智慧运行，实现系统化节能降碳。加快城乡物流配送体系建设，创新绿色低碳、集约高效的配送模式。打造高效衔接、快捷舒适的公共交通服务体系，积极引导公众选择绿色低碳交通方式。“十四五”期间，集装箱铁水联运量年均增长15%以上。到2030年，城区常住人口100万以上的城市绿色出行比例不低于70%。

3. 加快绿色交通基础设施建设。将绿色低碳理念贯穿于交通基础设施规划、建设、运营和维护全过程，降低全生命周期能耗和碳排放。开展交通基础设施绿色化提升改造，统筹利用综合运输通道线位、土地、空域等资源，加大岸线、锚地等资源整合力度，提高利用效率。有序推进充电桩、配套电网、加注（气）站、加氢站等基础设施建设，提升城市公共交通基础设施水平。到2030年，民用运输机场场内车辆装备等力争全面实现电动化。

（六）循环经济助力降碳行动。

抓住资源利用这个源头，大力发展循环经济，全面提高资源利用效率，充分发挥减少资源消耗和降碳的协同作用。

1. 推进产业园区循环化发展。以提升资源产出率和循环利用率为目标，优化园区空间布局，开展园区循环化改造。推动园区企业循环式生产、产业循环式组合，组织企业实施清洁生产改造，促进废物综合利用、能量梯级利用、水资源循环利用，推进工业余压余热、废气废液废渣资源化利用，积极推广集中供气供热。搭建基础设施和公共服务共享平台，加强园区物质流管理。到2030年，省级以上重点产业园区全部实施循环化改造。

2. 加强大宗固废综合利用。提高矿产资源综合开发利用水平和综合利用率，以煤矸石、粉煤灰、尾矿、共伴生矿、冶炼渣、工业副产石膏、建筑垃圾、农作物秸秆等大宗固废为重点，支持大掺量、规模化、高值化利用，鼓励应用于替代原生非金属矿、砂石等资源。在确保安全环保前提下，探索将磷石膏应用于土壤改良、井下充填、路基修筑等。推动建筑垃圾资源化利用，推广废弃路面材料原地再生利用。加快推进秸秆高值化利用，完善收储运体系，严格禁烧管控。加快大宗固废综合利用示范建设。到2025年，大宗固废年利用量达到40亿吨左右；到2030年，年利用量达到45亿吨左右。

3. 健全资源循环利用体系。完善废旧物资回收网络，推行“互联网+”回收模式，实现再生资源应收尽收。加强再生资源综合利用行业规范管理，促进产业集聚发展。高水平建设现代化“城市矿产”基地，推动再生资源规范化、规模化、清洁化利用。推进退役动力电池、光伏组件、风电机组叶片等新兴产业废物循环利用。促进汽车零部件、工程机械、文办设备等再制造产业高质量发展。加强资源再生产品和再制造产品推广应用。到2025年，废钢铁、废铜、废铝、废铅、废锌、废纸、废塑料、废橡胶、废玻璃等9种主要再生资源循环利用量达到4.5亿吨，到2030年达到5.1亿吨。

4. 大力推进生活垃圾减量化资源化。扎实推进生活垃圾分类，加快建立覆盖全社会的生活垃圾收运处置体系，全面实现分类投放、分类收集、分类运输、分类处理。加强塑料污染全链条治理，整治过度包装，推动生活垃圾源头减量。推进生活垃圾焚烧处理，降低填埋比例，探索适合我国厨余垃圾特性的资源化利用技术。推进污水资源化利用。到2025年，城市生活垃圾分类体系基本健全，生活垃圾资源化利用比例提升至60%左右。到2030年，城市生活垃圾分类实现全覆盖，生活垃圾资源化利用比例提升至65%。

（七）绿色低碳科技创新行动。

发挥科技创新的支撑引领作用，完善科技创新体制机制，强化创新能力，加快绿色低碳科技革命。

1. 完善创新体制机制。制定科技支撑碳达峰碳中和行动方案，在国家重点研发计划中设立碳达峰碳中和关键技术研究与示范等重点专项，采取“揭榜挂帅”机制，开展低碳零碳负碳关键核心技术攻关。将绿色低碳技术创新成果纳入高等学校、科研单位、国有企业有关绩效考核。强化企业创新主体地位，支持企业承担国家绿色低碳重大科技项目，鼓励设施、数据等资源开放共享。推进国家绿色技术交易中心建设，加快创新成果转化。加强绿色低碳技术和产品知识产权保护。完善绿色低碳技术和产品检测、评估、认证体系。

2. 加强创新能力建设和人才培养。组建碳达峰碳中和相关国家实验室、国家重点实验室和国家技术创新中心，适度超前布局国家重大科技基础设施，引导企业、高等学校、科研单位共建一批国家绿色低碳产业创新中心。创新人才培养模式，鼓励高等学校加快新能源、储能、氢能、碳减排、碳汇、碳排放权交易等学科建设和人才培养，建设一批绿色低碳领域未来技术学院、现代产业学院和示范性能源学院。深化产教融合，鼓励校企联合开展产学合作协同育人项目，组建碳达峰碳中和产教融合发展联盟，建设一批国家储能技术产教融合创新平台。

3. 强化应用基础研究。实施一批具有前瞻性、战略性的国家重大前沿科技项目，推动低碳零碳负碳技术装备研发取得突破性进展。聚焦化石能源绿色智能开发和清洁低碳利用、可再生能源大规模利用、新型电力系统、节能、氢能、储能、动力电池、二氧化碳捕集利用与封存等重点，深化应用基础研究。积极研发先进核电技术，加强可控核聚变等前沿颠覆性技术研究。

4. 加快先进适用技术研发和推广应用。集中力量开展复杂大电网安全稳定运行和控制、大容量风电、高效光伏、大功率液化天然气发动机、大容量储能、低成本可再生能源制氢、低成本二氧化碳捕集利用与封存等技术创新，加快碳纤维、气凝胶、特种钢材等基础材料研发，补齐关键零部件、元器件、软件等短板。推广先进成熟绿色低碳技术，开展示范应用。建设全流程、集成化、规模化二氧化碳捕集利用与封存示范项目。推进熔盐储能供热和发电示范应用。加快氢能技术研发和示范应用，探索在工业、交通运输、建筑等领域规模化应用。

（八）碳汇能力巩固提升行动。

坚持系统观念，推进山水林田湖草沙一体化保护和修复，提高生态系统质量和稳定性，提升生态系统碳汇增量。

1. 巩固生态系统固碳作用。结合国土空间规划编制和实施，构建有利于碳达峰、碳中和的国土空间开发保护格局。严守生态保护红线，严控生态空间占用，建立以国家公园为主体的自然保护地体系，稳定现有森林、草原、湿地、海洋、土壤、冻土、岩溶等固碳作用。严格执行土地使用标准，加强节约集约用地评价，推广节地技术和节地模式。

2. 提升生态系统碳汇能力。实施生态保护修复重大工程。深入推进大规模国土绿化行动，巩固退耕还林还草成果，扩大林草资源总量。强化森林资源保护，实施森林质量精准提升工程，提高森林质量和稳定性。加强草原生态保护修复，提高草原综合植被盖度。加强河湖、湿地保护修复。整体推进海洋生态系统保护和修复，提升红树林、海草床、盐沼等固碳能力。加强退化土地修复治理，开展荒漠化、石漠化、水土流失综合治理，实施历史遗留矿山生态修复工程。到 2030 年，全国森林覆盖率达到 25% 左右，森林蓄积量达到 190 亿立方米。

3. 加强生态系统碳汇基础支撑。依托和拓展自然资源调查监测体系，利用好国家林草生态综合监测评价成果，建立生态系统碳汇监测核算体系，开展森林、草原、湿地、海洋、土壤、冻土、岩溶等碳汇本底调查、碳储量评估、潜力分析，实施生态保护修复碳汇成效监测评估。加强陆地和海洋生态系统碳汇基础理论、基础方法、前沿颠覆性技术研究。建立健全能够体现碳汇价值的生态保护补偿机制，研究制定碳汇项目参与全国碳排放权交易相关规则。

4. 推进农业农村减排固碳。大力发展绿色低碳循环农业，推进农光互补、“光伏+设施农业”、“海上风电+海洋牧场”等低碳农业模式。研发应用增汇型农业技术。开展耕地质量提升行动，实施国家黑土地保护工程，提升土壤有机碳储量。合理控制化肥、农药、地膜使用量，实施化肥农药减量替代计划，加强农作物秸秆综合利用和畜禽粪污资源化利用。

（九）绿色低碳全民行动。

增强全民节约意识、环保意识、生态意识，倡导简约适度、绿色低碳、文明健康的生活方式，把绿色理念转化为全体人民的自觉行动。

1. 加强生态文明宣传教育。将生态文明教育纳入国民教育体系，开展多种形式的资源环境国情教育，普及碳达峰、碳中和基础知识。加强对公众的生态文明科普教育，将绿色低碳理念有机融入文艺作品，制作文创产品和公益广告，持续开展世界地球日、世界环境日、全国节能宣传周、全国低碳日等主题宣传活动，增强社会公众绿色低碳意识，推动生态文明理念更加深入人心。

2. 推广绿色低碳生活方式。坚决遏制奢侈浪费和不合理消费，着力破除奢靡铺张的歪风陋习，坚决制止餐饮浪费行为。在全社会倡导节约用能，开展绿色低碳社会行动示范创建，深入推进绿色生活创建行动，评选宣传一批优秀示范典型，营造绿色低碳生活新风尚。大力发展绿色消费，推广绿色低碳产品，完善绿色产品认证与标识制度。提升绿色产品在政府采购中的比例。

3. 引导企业履行社会责任。引导企业主动适应绿色低碳发展要求，强化环境责任意识，加强能源资源节约，提升绿色创新水平。重点领域国有企业特别是中央企业要制定实施企业碳达峰行动方案，发挥示范引领作用。重点用能单位要梳理核算自身碳排放情况，深入研究碳减排路径，"一企一策"制定专项工作方案，推进节能降碳。相关上市公司和发债企业要按照环境信息依法披露要求，定期公布企业碳排放信息。充分发挥行业协会等社会团体作用，督促企业自觉履行社会责任。

4. 强化领导干部培训。将学习贯彻习近平生态文明思想作为干部教育培训的重要内容，各级党校（行政学院）要把碳达峰、碳中和相关内容列入教学计划，分阶段、多层次对各级领导干部开展培训，普及科学知识，宣讲政策要点，强化法治意识，深化各级领导干部对碳达峰、碳中和工作重要性、紧迫性、科学性、系统性的认识。从事绿色低碳发展相关工作的领导干部要尽快提升专业素养和业务能力，切实增强推动绿色低碳发展的本领。

（十）各地区梯次有序碳达峰行动。

各地区要准确把握自身发展定位，结合本地区经济社会发展实际和资源环境禀赋，坚持分类施策、因地制宜、上下联动，梯次有序推进碳达峰。

1. 科学合理确定有序达峰目标。碳排放已经基本稳定的地区要巩固减排成果，在率先实现碳达峰的基础上进一步降低碳排放。产业结构较轻、能源结构较优的地区要坚持绿色低碳发展，坚决不走依靠"两高"项目拉动经济增长的老路，力争率先实现碳达峰。产业结构偏重、能源结构偏煤的地区和资源型地区要把节能降碳摆在突出位置，大力优化调整产业结构和能源结构，逐步实现碳排放增长与经济增长脱钩，力争与全国同步实现碳达峰。

2. 因地制宜推进绿色低碳发展。各地区要结合区域重大战略、区域协调发展战略和主体功能区战略,从实际出发推进本地区绿色低碳发展。京津冀、长三角、粤港澳大湾区等区域要发挥高质量发展动力源和增长极作用,率先推动经济社会发展全面绿色转型。长江经济带、黄河流域和国家生态文明试验区要严格落实生态优先、绿色发展战略导向,在绿色低碳发展方面走在全国前列。中西部和东北地区要着力优化能源结构,按照产业政策和能耗双控要求,有序推动高耗能行业向清洁能源优势地区集中,积极培育绿色发展动能。

3. 上下联动制定地方达峰方案。各省、自治区、直辖市人民政府要按照国家总体部署,结合本地区资源环境禀赋、产业布局、发展阶段等,坚持全国一盘棋,不抢跑,科学制定本地区碳达峰行动方案,提出符合实际、切实可行的碳达峰时间表、路线图、施工图,避免"一刀切"限电限产或运动式"减碳"。各地区碳达峰行动方案经碳达峰碳中和工作领导小组综合平衡、审核通过后,由地方自行印发实施。

4. 组织开展碳达峰试点建设。加大中央对地方推进碳达峰的支持力度,选择 100 个具有典型代表性的城市和园区开展碳达峰试点建设,在政策、资金、技术等方面对试点城市和园区给予支持,加快实现绿色低碳转型,为全国提供可操作、可复制、可推广的经验做法。

四、国际合作

(一)深度参与全球气候治理。大力宣传习近平生态文明思想,分享中国生态文明、绿色发展理念与实践经验,为建设清洁美丽世界贡献中国智慧、中国方案、中国力量,共同构建人与自然生命共同体。主动参与全球绿色治理体系建设,坚持共同但有区别的责任原则、公平原则和各自能力原则,坚持多边主义,维护以联合国为核心的国际体系,推动各方全面履行《联合国气候变化框架公约》及其《巴黎协定》。积极参与国际航运、航空减排谈判。

(二)开展绿色经贸、技术与金融合作。优化贸易结构,大力发展高质量、高技术、高附加值绿色产品贸易。加强绿色标准国际合作,推动落实合格评定合作和互认机制,做好绿色贸易规则与进出口政策的衔接。加强节能环保产品和服务进出口。加大绿色技术合作力度,推动开展可再生能源、储能、氢能、二氧化碳捕集利用与封存等领域科研合作和技术交流,积极参与国际热核聚变实验堆计划等国际大科学工程。深化绿色金融国际合作,积极参与碳定价机制和绿色金融标准体系国际宏观协调,与有关各方共同推动绿色低碳转型。

(三)推进绿色"一带一路"建设。秉持共商共建共享原则,弘扬开放、绿色、廉洁理念,加强与共建"一带一路"国家的绿色基建、绿色能源、绿色金融等领域合作,提高境外项目环境可持续性,打造绿色、包容的"一带一路"能源合作伙伴关系,扩大新能源技术和产品出口。发挥"一带一路"绿色发展国际联盟等合作平台作用，推动实施《“一带一路”绿色投资原则》，推进“一带一路”应对气候变化南南合作计划和“一带一路”科技创新行动计划。

五、政策保障

（一）建立统一规范的碳排放统计核算体系。加强碳排放统计核算能力建设，深化核算方法研究，加快建立统一规范的碳排放统计核算体系。支持行业、企业依据自身特点开展碳排放核算方法学研究，建立健全碳排放计量体系。推进碳排放实测技术发展，加快遥感测量、大数据、云计算等新兴技术在碳排放实测技术领域的应用，提高统计核算水平。积极参与国际碳排放核算方法研究，推动建立更为公平合理的碳排放核算方法体系。

（二）健全法律法规标准。构建有利于绿色低碳发展的法律体系，推动能源法、节约能源法、电力法、煤炭法、可再生能源法、循环经济促进法、清洁生产促进法等制定修订。加快节能标准更新，修订一批能耗限额、产品设备能效强制性国家标准和工程建设标准，提高节能降碳要求。健全可再生能源标准体系，加快相关领域标准制定修订。建立健全氢制、储、输、用标准。完善工业绿色低碳标准体系。建立重点企业碳排放核算、报告、核查等标准，探索建立重点产品全生命周期碳足迹标准。积极参与国际能效、低碳等标准制定修订，加强国际标准协调。

（三）完善经济政策。各级人民政府要加大对碳达峰、碳中和工作的支持力度。建立健全有利于绿色低碳发展的税收政策体系，落实和完善节能节水、资源综合利用等税收优惠政策，更好发挥税收对市场主体绿色低碳发展的促进作用。完善绿色电价政策，健全居民阶梯电价制度和分时电价政策，探索建立分时电价动态调整机制。完善绿色金融评价机制，建立健全绿色金融标准体系。大力发展绿色贷款、绿色股权、绿色债券、绿色保险、绿色基金等金融工具，设立碳减排支持工具，引导金融机构为绿色低碳项目提供长期限、低成本资金，鼓励开发性政策性金融机构按照市场化法治化原则为碳达峰行动提供长期稳定融资支持。拓展绿色债券市场的深度和广度，支持符合条件的绿色企业上市融资、挂牌融资和再融资。研究设立国家低碳转型基金，支持传统产业和资源富集地区绿色转型。鼓励社会资本以市场化方式设立绿色低碳产业投资基金。

（四）建立健全市场化机制。发挥全国碳排放权交易市场作用，进一步完善配套制度，逐步扩大交易行业范围。建设全国用能权交易市场，完善用能权有偿使用和交易制度，做好与能耗双控制度的衔接。统筹推进碳排放权、用能权、电力交易等市场建设，加强市场机制间的衔接与协调，将碳排放权、用能权交易纳入公共资源交易平台。积极推行合同能源管理，推广节能咨询、诊断、设计、融资、改造、托管等“一站式”综合服务模式。

六、组织实施

（一）加强统筹协调。加强党中央对碳达峰、碳中和工作的集中统一领导，碳达峰碳中和工作领导小组对碳达峰相关工作进行整体部署和系统推进，统筹研究重要事项、制定重大政策。碳达峰碳中和工作领导小组成员单位要按照党中央、国务院决策部署和领导小组工作要求，扎实推进相关工作。碳达峰碳中和工作领导小组办公室要加强统筹协调，定期对各地区和重点领域、重点行业工作进展情况进行调度，科学提出碳达峰分步骤的时间表、路线图，督促将各项目标任务落实落细。

（二）强化责任落实。各地区各有关部门要深刻认识碳达峰、碳中和工作的重要性、紧迫性、复杂性，切实扛起责任，按照《中共中央　国务院关于完整准确全面贯彻新发展理念做好碳达峰碳中和工作的意见》和本方案确定的主要目标和重点任务，着力抓好各项任务落实，确保政策到位、措施到位、成效到位，落实情况纳入中央和省级生态环境保护督察。各相关单位、人民团体、社会组织要按照国家有关部署，积极发挥自身作用，推进绿色低碳发展。

（三）严格监督考核。实施以碳强度控制为主、碳排放总量控制为辅的制度，对能源消费和碳排放指标实行协同管理、协同分解、协同考核，逐步建立系统完善的碳达峰碳中和综合评价考核制度。加强监督考核结果应用，对碳达峰工作成效突出的地区、单位和个人按规定给予表彰奖励，对未完成目标任务的地区、部门依规依法实行通报批评和约谈问责。各省、自治区、直辖市人民政府要组织开展碳达峰目标任务年度评估，有关工作进展和重大问题要及时向碳达峰碳中和工作领导小组报告。

国务院办公厅关于鼓励和支持社会资本参与生态保护修复的意见

（2021年10月25日　国办发〔2021〕40号）

生态保护修复是守住自然生态安全边界、促进自然生态系统质量整体改善的重要保障。长期以来，我国一些地区生态系统受损退化问题突出、历史欠账较多，生态保护修复任务量大面广，需要动员全社会力量参与。为进一步促进社会资本参与生态建设，加快推进山水林田湖草沙一体化保护和修复，经国务院同意，现提出以下意见。

一、总体要求

（一）指导思想。以习近平新时代中国特色社会主义思想为指导，全面贯彻党的十九大和十九届二中、三中、四中、五中全会精神，深入贯彻习近平生态文明思想，认真落实党中央、国务院决策部署，牢固树立绿水青山就是金山银山理念，充分发挥市场在资源配置中的决定性作用，更好发挥政府作用，聚焦重点领域，激发市场活力，推动生态保护修复高质量发展，增加优质生态产品供给，维护国家生态安全，构建生态文明体系，推动美丽中国建设。

（二）工作原则。

坚持保护优先、系统修复。遵循自然规律，统筹自然生态各要素，以自然恢复为主，辅以必要的人工措施，增强各项举措的关联性和耦合性，推进山水林田湖草沙整体保护、系统修复、综合治理，提升生态系统质量和稳定性。

坚持政府主导、市场运作。发挥政府规划管控、政策扶持、监管服务、风险防范等作用，统一市场准入，规范市场秩序，建立公开透明的市场规则，为社会资本营造公平公正公开的投资环境，构建持续回报和合理退出机制，实现社会资本进得去、退得出、有收益。严禁借生态保护修复之名行开发之实，严禁突破耕地保护和生态保护等红线，严禁各类违反法律法规规定的行为。

坚持目标导向、问题导向。围绕构建"谁修复、谁受益"的生态保护修复市场机制，聚焦解决信息缺失、融资困难、政策分散、鼓励和支持措施不明确、交易机制和回报机制不健全等问题，推动实现生态效益和经济社会效益相统一。

坚持改革创新、协调推进。加强与自然资源资产产权制度、生态产品价值实现机制、生态保护补偿机制等改革协同，统筹必要投入与合理回报，畅通社会资本参与和获益渠道，创新激励机制、支持政策和投融资模式，激发社会资本投资潜力和创新动力。

二、参与机制

（三）参与内容。鼓励和支持社会资本参与生态保护修复项目投资、设计、修复、管护等全过程，围绕生态保护修复开展生态产品开发、产业发展、科技创新、技术服务等活动，对区域生态保护修复进行全生命周期运营管护。重点鼓励和支持社会资本参与以政府支出责任为主（包括责任人灭失、自然灾害造成等）的生态保护修复。对有明确责任人的生态保护修复，由其依法履行义务，承担修复或赔偿责任。

（四）参与方式。

1. 自主投资模式。社会资本单独或以联合体、产业联盟等形式出资开展生态保护修复。

2. 与政府合作模式。社会资本可按照市场化原则设立基金，投资生态保护修复项目。对有稳定经营性收入的项目，可以采用政府和社会资本合作（PPP）等模式，地方政府可按规定通过投资补助、运营补贴、资本金注入等方式支持社会资本获得合理回报。

3. 公益参与模式。鼓励公益组织、个人等与政府及其部门合作，参与生态保护修复，共同建设生态文明。

社会资本可通过以下方式在生态保护修复中获得收益：采取“生态保护修复+产业导入”方式，利用获得的自然资源资产使用权或特许经营权发展适宜产业；对投资形成的具有碳汇能力且符合相关要求的生态系统，申请核证碳汇增量并进行交易；通过经政府批准的资源综合利用获得收益等。

（五）参与程序。结合实际积极探索灵活高效的工作程序，充分调动社会资本参与生态保护修复的积极性。一般可以采取如下程序：

1. 科学设立生态保护修复项目。坚持问题导向，依据各级国土空间规划、生态保护修复规划等规划和有关标准要求，确定生态保护修复任务和重点项目。

2. 合理制定生态保护修复方案。在广泛征求社会意见的基础上，合理确定项目生态保护修复方案，明确生态保护修复目标或核心指标、自然资源（其中矿产资源仅限于因项目需要采挖的只能用作普通建筑材料的砂、石、粘土）资产配置及后续产业发展要求等。涉及相关主体利益的，应当协商一致。

3. 公开竞争引入生态保护修复主体。将生态保护修复方案、相应的自然资源资产配置方案、各类指标转让及支持政策等一并公开，通过竞争方式确定生态保护修复主体暨自然资源资产使用权人，并签订生态保护修复协议和土地出让合同等自然资源资产配置协议，明确修复要求、各方权利义务和违约责任。

4. 规范开展生态保护修复产品市场化交易。探索建立自然资源资产与生态保护修复产品的交易渠道，公开发布产品交易规则、企业信用评级等信息，依托公共资源交易平台体系，规范开展市场化交易。

三、重点领域

（六）自然生态系统保护修复。针对受损、退化、功能下降的森林、草原、湿地、荒漠、河流、湖泊、沙漠等自然生态系统，开展防沙治沙、石漠化防治、水土流失治理、河道保护治理、野生动植物种群保护恢复、生物多样性保护、国土绿化、人工商品林建设等。全面提升生态系统碳汇能力，增加碳汇增量，鼓励开发碳汇项目。科学评估界定自然保护地保护和建设范围，引导当地居民和公益组织等参与科普宣教、自然体验、科学实验等活动和特许经营项目。

（七）农田生态系统保护修复。针对生态功能减弱、生物多样性减少、开发利用与生态保护矛盾突出的农田生态系统，开展全域土地综合整治，实施农用地整理、建设用地整理、乡村生态保护修复、土地复垦、生物多样性保护等，改善农田生境和条件。

（八）城镇生态系统保护修复。针对城镇生态系统连通不畅、生态空间不足等问题，实施生态廊道、生态清洁小流域、生态基础设施和生态网络建设，提升城镇生态系统质量和稳定性。

（九）矿山生态保护修复。针对历史遗留矿山存在的突出生态环境问题，实施地质灾害隐患治理、矿山损毁土地植被恢复、破损生态单元修复等，重建生态系统，合理开展修复后的生态化利用；参与绿色矿山建设，提高矿产资源节约集约利用水平。

（十）海洋生态保护修复。针对海洋生境退化、外来物种入侵等问题，实施退围还滩还海、岸线岸滩整治修复、入海口海湾综合治理、海岸带重要生态廊道维护、水生生物资源增殖、栖息地保护等。探索在不改变海岛自然资源、自然景观和历史人文遗迹的前提下，对生态受损的无居民海岛开展生态保护修复，允许适度生态化利用。

（十一）探索发展生态产业。鼓励和支持投入循环农（林）业、生态旅游、休闲康养、自然教育、清洁能源及水资源利用、海洋生态牧场等；发展经济林产业和草、沙、竹、油茶、生物质能源等特色产业；参与河道保护和治理，在水资源利用等产业中依法优先享有权益；参与外来入侵物种防治、生物遗传资源可持续利用，推广应用高效诱捕、生物天敌等实用技术；开展产品认证、生态标识、品牌建设等工作。

四、支持政策

（十二）规划管控。市、县级政府应将生态保护修复和相关产业发展的空间需求纳入国土空间规划。鼓励社会资本参与生态保护修复方案编制，在符合法律法规政策和规划约束条件的前提下，合理安排生态保护修复区域内各类空间用地的规模、结构、布局和时序。项目范围内涉及零散耕地、园地、林地、其他农用地需要空间置换和布局优化的，可纳入生态保护修复方案一并依法审批；涉及永久基本农田调整等法定审批事项的，依法办理审批手续。落实好最严格的耕地保护制度，坚决守住耕地红线，坚决遏制耕地“非农化”、防止“非粮化”。项目完成后，通过年度土地变更调查统一调整土地用途，不动产登记机构依据调整土地用途文件办理相关不动产登记。

（十三）产权激励。对集中连片开展生态修复达到一定规模和预期目标的生态保护修复主体，允许依法依规取得一定份额的自然资源资产使用权，从事旅游、康养、体育、设施农业等产业开发;其中以林草地修复为主的项目,可利用不超过3%的修复面积,从事生态产业开发。对社会资本投入并完成修复的国有建设用地,拟用于经营性建设项目的,在同等条件下,该生态保护修复主体在公开竞争中具有优先权;涉及海域使用权的,可以依法依规比照上述政策办理。修复后新增的集体农用地,鼓励农村集体经济组织将经营权依法流转给生态保护修复主体。修复后的集体建设用地,符合规划的,可根据国家统一部署稳妥有序推进农村集体经营性建设用地入市,生态保护修复主体可在同等条件下优先取得使用权。社会资本投资修复并依法获得的土地、海域使用权等相关权益,在完成修复任务后,可依法依规流转并获得相应收益。

释放产权关联权益。社会资本将修复区域内的建设用地修复为农用地并验收合格后,腾退的建设用地指标可以优先用于相关产业发展,节余指标可以按照城乡建设用地增减挂钩政策,在省域范围内流转使用。生态保护修复主体将自身依法取得的存量建设用地修复为农用地的,经验收合格后,腾退的建设用地指标可用于其在省域范围内占用同地类的农用地。

建立健全自然、农田、城镇等生态系统保护修复激励机制。研究制定生态系统碳汇项目参与全国碳排放权交易相关规则,逐步提高生态系统碳汇交易量。健全以社会捐赠方式参与生态保护修复的制度,鼓励参与自然保护地等生态保护修复。创新林木采伐管理机制,开展人工商品林自主采伐试点,引导社会资本科学编制简易森林经营方案,对具有一定经营规模的企业可单独编制森林采伐限额,经审批可依法依规自主采伐;采伐经济林、能源林、竹林以及非林地上的林木,可依据森林经营方案或规划自行设计,依法依规自主决定采伐林龄和方式。

(十四)资源利用。按照生态保护修复方案及其工程设计,对于合理削坡减荷、消除地质灾害隐患等新产生的土石料及原地遗留的土石料,河道疏浚产生的淤泥、泥沙,以及优质表土和乡土植物,允许生态保护修复主体无偿用于本修复工程,纳入成本管理;如有剩余的,由县级以上地方政府依托公共资源交易平台体系处置,并保障生态保护修复主体合理收益。

(十五)财税支持。发挥政府投入的带动作用,探索通过PPP等模式引入社会资本开展生态保护修复,符合条件的可按规定享受环境保护、节能节水等相应税收优惠政策。社会资本投资建设的公益林,符合条件并按规定纳入公益林区划的,可以同等享受相关政府补助政策。

(十六)金融扶持。在不新增地方政府隐性债务的前提下,支持金融机构参与生态保护修复项目,拓宽投融资渠道,优化信贷评审方式,积极开发适合的金融产品,按市场化原则为项目提供中长期资金支持。推动绿色基金、绿色债券、绿色信贷、绿色保险等加大对生态保护修复的投资力度。积极支持符合条件的企业发行绿色债券,用于生态保护修复工程。支持技术领先、综合服务能力强的骨干企业上市融资。允许具备条件的企业发行绿色资产证券化产品,盘活资源资产。健全森林保险制度,鼓励保险机构和有条件的地方探索开展保价值、保产量、保收入的特色经济林和林木种苗保险试点,推进草原保险试点,加大保险产品创新力度,完善灾害风险防控和分散机制。

五、保障机制

(十七)加强组织领导。各地区要将鼓励和支持社会资本参与生态保护修复纳入经济社会发展规划,建立健全统筹协调机制。要畅通渠道、听取诉求,保障社会资本合法权益,增强长期投资信心。各级自然资源主管部门要强化工作统筹,制定生态保护修复规划,明确修复任务,设立项目并确定生态保护修复目标及自然资源资产配置要求。各有关部门和单位要按职责分工,制定完善相关配套政策措施,细化操作程序,形成协同推进的工作合力。

(十八)强化示范引领。发挥骨干企业的带头引领作用,搭建混合所有制企业等合作平台,促进各类资本和产业协同。鼓励开展生态保护修复理论和方法等基础研究、关键技术研发和集成示范推广,探索导向明确、路径清晰、投入持久、回报稳定的资源导向型可持续发展模式。加强科研人才梯队建设,构建产学研用相结合的良性发展机制。

(十九)优化监管服务。建立投资促进机制,搭建信息服务平台,汇总发布各类生态保护修复项目及投资需求、政策法规标准等信息。加强督察和执法,全程全面依法监管,严格规范行为,建立信用监管机制,实现跨地区跨部门奖惩联动。生态保护修复过程中涉及地理、生态、生物等方面敏感信息采集、处理和使用的,严格按照相关规定执行。

(二十)做好宣传引导。加强法律法规政策宣传。开展生态保护修复品牌建设,充分利用各类媒体平台,提升传播力和影响力,增强社会资本参与的获得感和荣誉感,促进全社会关心支持生态保护修复事业,共同推进美丽中国建设。

国务院办公厅关于健全重特大疾病医疗保险和救助制度的意见

（2021 年 10 月 28 日　国办发〔2021〕42 号）

做好重特大疾病医疗保障，是进一步减轻困难群众和大病患者医疗费用负担、防范因病致贫返贫、筑牢民生保障底线的重要举措。为深入贯彻党中央、国务院关于深化医疗保障制度改革和完善社会救助制度的决策部署，巩固拓展医疗保障脱贫攻坚成果，不断增强人民群众获得感、幸福感、安全感，经国务院同意，现就健全重特大疾病医疗保险和救助制度提出以下意见。

一、总体要求

以习近平新时代中国特色社会主义思想为指导，全面贯彻党的十九大和十九届二中、三中、四中、五中全会精神，坚持以人民为中心，坚持共同富裕方向，坚持应保尽保、保障基本，尽力而为、量力而行，推动民生改善更可持续。聚焦减轻困难群众重特大疾病医疗费用负担，建立健全防范和化解因病致贫返贫长效机制，强化基本医保、大病保险、医疗救助（以下统称三重制度）综合保障，实事求是确定困难群众医疗保障待遇标准，确保困难群众基本医疗有保障，不因罹患重特大疾病影响基本生活，同时避免过度保障。促进三重制度综合保障与慈善救助、商业健康保险等协同发展、有效衔接，构建政府主导、多方参与的多层次医疗保障体系。

二、科学确定医疗救助对象范围

（一）*及时精准确定救助对象*。医疗救助公平覆盖医疗费用负担较重的困难职工和城乡居民，根据救助对象类别实施分类救助。对低保对象、特困人员、低保边缘家庭成员和纳入监测范围的农村易返贫致贫人口，按规定给予救助。对不符合低保、特困人员救助供养或低保边缘家庭条件，但因高额医疗费用支出导致家庭基本生活出现严重困难的大病患者（以下称因病致贫重病患者），根据实际给予一定救助。综合考虑家庭经济状况、医疗费用支出、医疗保险支付等情况，由省（自治区、直辖市）民政部门会同医疗保障等相关部门合理确定因病致贫重病患者认定条件。县级以上地方人民政府规定的其他特殊困难人员，按上述救助对象类别给予相应救助。

三、强化三重制度综合保障

（二）*确保困难群众应保尽保*。困难群众依法参加基本医保，按规定享有三重制度保障权益。全面落实城乡居民基本医保参保财政补助政策，对个人缴费确有困难的群众给予分类资助。全额资助特困人员，定额资助低保对象、返贫致贫人口。定额资助标准由省级人民政府根据实际确定。适应人口流动和参保需求变化，灵活调整救助对象参保缴费方式，确保其及时参保、应保尽保。

（三）促进三重制度互补衔接。发挥基本医保主体保障功能，严格执行基本医保支付范围和标准，实施公平适度保障；增强大病保险减负功能，探索完善大病保险对低保对象、特困人员和返贫致贫人口的倾斜支付政策，发挥补充保障作用；夯实医疗救助托底保障功能，按照“先保险后救助”的原则，对基本医保、大病保险等支付后个人医疗费用负担仍然较重的救助对象按规定实施救助，合力防范因病致贫返贫风险。完善农村易返贫致贫人口医保帮扶措施，推动实现巩固拓展医疗保障脱贫攻坚成果同乡村振兴有效衔接。

四、夯实医疗救助托底保障

（四）明确救助费用保障范围。坚持保基本，妥善解决救助对象政策范围内基本医疗需求。救助费用主要覆盖救助对象在定点医药机构发生的住院费用、因慢性病需长期服药或患重特大疾病需长期门诊治疗的费用。由医疗救助基金支付的药品、医用耗材、诊疗项目原则上应符合国家有关基本医保支付范围的规定。基本医保、大病保险起付线以下的政策范围内个人自付费用，按规定纳入救助保障。除国家另有明确规定外，各统筹地区不得自行制定或用变通的方法擅自扩大医疗救助费用保障范围。

（五）合理确定基本救助水平。按救助对象家庭困难情况，分类设定年度救助起付标准（以下简称起付标准）。对低保对象、特困人员原则上取消起付标准，暂不具备条件的地区，其起付标准不得高于所在统筹地区上年居民人均可支配收入的5%，并逐步探索取消起付标准。低保边缘家庭成员起付标准按所在统筹地区上年居民人均可支配收入的10%左右确定，因病致贫重病患者按25%左右确定。对低保对象、特困人员符合规定的医疗费用可按不低于70%的比例救助，其他救助对象救助比例原则上略低于低保对象。具体救助比例的确定要适宜适度，防止泛福利化倾向。各统筹地区要根据经济社会发展水平、人民健康需求、医疗救助基金支撑能力，合理设定医疗救助年度救助限额。农村易返贫致贫人口救助水平，按巩固拓展医疗保障脱贫攻坚成果有效衔接乡村振兴战略有关政策规定执行。

（六）统筹完善托底保障措施。加强门诊慢性病、特殊疾病救助保障，门诊和住院救助共用年度救助限额，统筹资金使用，着力减轻救助对象门诊慢性病、特殊疾病医疗费用负担。对规范转诊且在省域内就医的救助对象，经三重制度综合保障后政策范围内个人负担仍然较重的，给予倾斜救助，具体救助标准由统筹地区人民政府根据医疗救助基金筹资情况科学确定，避免过度保障。通过明确诊疗方案、规范诊疗等措施降低医疗成本，合理控制困难群众政策范围内自付费用比例。

五、建立健全防范和化解因病致贫返贫长效机制

（七）强化高额医疗费用支出预警监测。实施医疗救助对象信息动态管理。分类健全因病致贫和因病返贫双预警机制，结合实际合理确定监测标准。重点监测经基本医保、大病保险等支付后个人年度医疗费用负担仍然较重的低保边缘家庭成员和农村易返贫致贫人口，做到及时预警。加强部门间信息共享和核查比对，协同做好风险研判和处置。加强对监测人群的动态管理，符合条件的及时纳入救助范围。

（八）依申请落实综合保障政策。全面建立依申请救助机制，畅通低保边缘家庭成员和农村易返贫致贫人口、因病致贫重病患者医疗救助申请渠道，增强救助时效性。已认定为低保对象、特困人员的，直接获得医疗救助。强化医疗救助、临时救助、慈善救助等综合性保障措施，精准实施分层分类帮扶。综合救助水平要根据家庭经济状况、个人实际费用负担情况合理确定。

六、积极引导慈善等社会力量参与救助保障

（九）发展壮大慈善救助。鼓励慈善组织和其他社会组织设立大病救助项目，发挥补充救助作用。促进互联网公开募捐信息平台发展和平台间慈善资源共享，规范互联网个人大病求助平台信息发布，推行阳光救助。支持医疗救助领域社会工作服务和志愿服务发展，丰富救助服务内容。根据经济社会发展水平和各方承受能力，探索建立罕见病用药保障机制，整合医疗保障、社会救助、慈善帮扶等资源，实施综合保障。建立慈善参与激励机制，落实相应税收优惠、费用减免等政策。

（十）鼓励医疗互助和商业健康保险发展。支持开展职工医疗互助，规范互联网平台互助，加强风险管控，引导医疗互助健康发展。支持商业健康保险发展，满足基本医疗保障以外的保障需求。鼓励商业保险机构加强产品创新，在产品定价、赔付条件、保障范围等方面对困难群众适当倾斜。

七、规范经办管理服务

（十一）加快推进一体化经办。细化完善救助服务事项清单，出台医疗救助经办管理服务规程，做好救助对象信息共享互认、资助参保、待遇给付等经办服务。推动基本医保和医疗救助服务融合，依托全国统一的医疗保障信息平台，依法依规加强数据归口管理。统一协议管理，强化定点医疗机构费用管控主体责任。统一基金监管，做好费用监控、稽查审核，保持打击欺诈骗保高压态势，对开展医疗救助服务的定点医疗机构实行重点监控，确保基金安全高效、合理使用。推动实行“一站式”服务、“一窗口”办理，提高结算服务便利性。

（十二）优化救助申请审核程序。简化申请、审核、救助金给付流程，低保对象、特困人员直接纳入“一站式”结算，探索完善其他救助对象费用直接结算方式。加强部门工作协同，全面对接社会救助经办服务，按照职责分工做好困难群众医疗救助申请受理、分办转办及结果反馈。动员基层干部，依托基层医疗卫生机构，做好政策宣传和救助申请委托代办等，及时主动帮助困难群众。

（十三）提高综合服务管理水平。加强对救助对象就医行为的引导，推行基层首诊，规范转诊，促进合理就医。完善定点医疗机构医疗救助服务内容，提高服务质量，按规定做好基本医保和医疗救助费用结算。按照安全有效、经济适宜、救助基本的原则，引导医疗救助对象和定点医疗机构优先选择纳入基本医保支付范围的药品、医用耗材和诊疗项目，严控不合理费用支出。经基层首诊转诊的低保对象、特困人员在市域内定点医疗机构住院，实行“先诊疗后付费”，全面免除其住院押金。做好异地安置和异地转诊救助对象登记备案、就医结算，按规定转诊的救助对象，执行户籍地所在统筹地区救助标准。未按规定转诊的救助对象，所发生的医疗费用原则上不纳入医疗救助范围。

八、强化组织保障

（十四）加强组织领导。强化党委领导、政府主导、部门协同、社会参与的重特大疾病保障工作机制。将困难群众重特大疾病医疗救助托底保障政策落实情况作为加强和改善民生的重要指标，纳入医疗救助工作绩效评价。各省（自治区、直辖市）要落实主体责任，细化政策措施，强化监督检查，确保政策落地、待遇落实、群众得实惠。要结合落实医疗保障待遇清单制度，制定出台细化措施，切实规范医疗救助保障范围，坚持基本保障标准，确保制度可持续发展。加强政策宣传解读，及时回应社会关切，营造良好舆论氛围。各地区政策实施情况及时报送国家医保局。

（十五）加强部门协同。建立健全部门协同机制，加强医疗保障、社会救助、医疗卫生制度政策及经办服务统筹协调。医疗保障部门要统筹推进医疗保险、医疗救助制度改革和管理工作，落实好医疗保障政策。民政部门要做好低保对象、特困人员、低保边缘家庭成员等救助对象认定工作，会同相关部门做好因病致贫重病患者认定和相关信息共享，支持慈善救助发展。财政部门要按规定做好资金支持。卫生健康部门要强化对医疗机构的行业管理，规范诊疗路径，促进分级诊疗。税务部门要做好基本医保保费征缴相关工作。银保监部门要加强对商业保险机构承办大病保险的行业监管，规范商业健康保险发展。乡村振兴部门要做好农村易返贫致贫人口监测和信息共享。工会要做好职工医疗互助和罹患大病困难职工帮扶。

（十六）加强基金预算管理。在确保医疗救助基金安全运行基础上，统筹协调基金预算和政策制定，落实医疗救助投入保障责任。拓宽筹资渠道，动员社会力量，通过慈善和社会捐助等多渠道筹集资金，统筹医疗救助资金使用。加强预算执行监督，全面实施预算绩效管理。促进医疗救助统筹层次与基本医保统筹层次相协调，提高救助资金使用效率。

（十七）加强基层能力建设。加强基层医疗保障经办队伍建设，统筹医疗保障公共服务需求和服务能力配置，做好相应保障。积极引入社会力量参与经办服务，大力推动医疗救助经办服务下沉，重点提升信息化和经办服务水平。加强医疗救助政策和业务能力培训，努力打造综合素质高、工作作风好、业务能力强的基层经办队伍。

国务院办公厅关于印发“十四五”文物保护和科技创新规划的通知

（2021年10月28日　国办发〔2021〕43号）

《“十四五”文物保护和科技创新规划》已经国务院同意，现印发给你们，请认真贯彻执行。

“十四五”文物保护和科技创新规划

为贯彻习近平总书记关于文物工作的重要指示批示精神，加强“十四五”时期文物保护和科技创新工作，根据《中华人民共和国文物保护法》、《中华人民共和国国民经济和社会发展第十四个五年规划和2035年远景目标纲要》和党中央、国务院决策部署，制定本规划。

一、发展环境

“十三五”时期，各地区各部门扎实推进文物工作，文物事业取得显著进步。完成第一次全国可移动文物普查，登录国有可移动文物1.08亿件/套。

国务院核定并公布第八批全国重点文物保护单位。文物保存状况持续改善，安全形势总体平稳。文物领域科学研究和技术创新取得重要进展。考古和历史研究成果丰硕。革命文物保护利用全面加强。博物馆事业高速发展，社会文物管理改革稳步推进。文物活化利用不断深入，文物保护的社会共识逐渐加深。文物国际交流合作向纵深拓展，我国在国际文化遗产领域影响力与日俱增。文物保护法律制度日臻完善，保护管理力量不断加强，治理能力和治理水平有所提升，党委领导、政府负责、部门协同、社会参与的工作格局不断完善，文物事业为弘扬中华优秀传统文化、凝聚共筑中国梦磅礴力量作出重要贡献。

“十四五”时期是我国开启全面建设社会主义现代化国家新征程的第一个五年，也是推进社会主义文化强国建设、推动实现从文物资源大国向文物保护利用强国跨越的关键时期。国际环境日趋复杂，不确定性显著增加，需要发挥好文物工作独特优势，展示真实立体全面的中国，增强中华文化影响力，为构建人类命运共同体贡献力量。文物事业发展处于重要战略机遇期，文物工作使命光荣、责任重大。我国进入高质量发展阶段，文物安全形势依然严峻，保护管理机构队伍和专业力量依然薄弱，文物科技创新能力和应用水平亟待提升，考古在实证中华文明史和文化研究方面的作用亟待强化，文物保护利用不平衡不充分问题依然存在，文物资源管理、价值阐释、执法督察、民间收藏等重点领域改革任务依然艰巨。

二、总体要求

（一）指导思想。

高举中国特色社会主义伟大旗帜，坚持以习近平新时代中国特色社会主义思想为指导，深入学习贯彻党的十九大和十九届二中、三中、四中、五中全会精神，认真贯彻落实习近平总书记关于文物工作的重要指示批示精神，增强“四个意识”、坚定“四个自信”、做到“两个维护”，立足新发展阶段、贯彻新发展理念、构建新发展格局，围绕举旗帜、聚民心、育新人、兴文化、展形象的使命任务，贯彻“保护为主、抢救第一、合理利用、加强管理”的文物工作方针，以推动文物事业高质量发展为主题，以深化文物保护利用改革为主线，以强化文物科技创新和人才队伍建设为动力，全面加强文物保护研究利用，全面深化对中华文明的认知，全面提升中华文化影响力，全面推进文物治理体系和治理能力现代化，稳中求进、守正创新，走出一条符合国情的文物保护利用之路，为实现中华民族伟大复兴的中国梦作出更大贡献。

（二）基本原则。

——坚持党的全面领导。坚持马克思主义在意识形态领域指导地位的根本制度，坚持和完善党领导文物事业发展的体制机制，牢固树立保护文物也是政绩的科学理念，发挥党在文物工作中总揽全局、协调各方的领导作用，为实现文物事业高质量发展提供根本保证。

——坚持以人民为中心。广泛动员社会力量参与文物保护利用，积极推动文物保护利用融入人民群众生产生活，做到文物保护利用为了人民、依靠人民，不断满足人民日益增长的美好生活需要，增强人民精神力量。

——坚持依法保护利用。始终把保护放在第一位，健全文物保护利用法律制度、执法机制，落实各级政府主体责任，严守文物安全红线，确保文物本体安全，维护文物周边环境安全，提升全社会文物保护法治意识。

——坚持科技创新引领。树牢文物保护要依靠科技的发展理念，改善文物科技创新生态，持之以恒加强基础研究，加快推进急需技术攻关和应用，加强人才培养和跨学科合作，推动文物保护利用提质增效。

——坚持深化改革。全面深化文物领域各项改革，加强文物保护和考古力量建设，合理保障人员待遇，破解制约文物作用更好发挥的瓶颈问题，强化有利于提高资源配置效率、有利于调动全社会积极性的改革举措，让文物活起来，激发文化创新创造活力。

——坚持系统观念。统筹发展和安全，统筹中央、地方和各方力量，统筹保护和利用，着力补短板强弱项，统筹加强考古、文物保护、安全防范、研究、展示、传播力量，加快构建文物学科体系、学术体系、话语体系，促进系统集成。

（三）主要目标。

到 2025 年，文物安全形势明显好转，文物保护水平全面提升，文物科技创新能力实现跃升，文物机构队伍力量增强、结构优化，文物领域社会参与活力不断焕发，文物治理体系和治理能力现代化初步实现。中国特色、中国风格、中国气派的考古学建设持续推进，文物蕴含的中华文化基因得到更好挖掘阐释。革命文物保护管理运用体系基本健全，重要作用得到更好发挥。布局合理、结构优化、特色鲜明、体制完善、功能完备的博物馆体系初步形成，博物馆发展质量显著提升。社会文物管理服务更加优化，文物市场健康有序发展。文物工作在坚定文化自信、扩大中华文化影响力、铸牢中华民族共同体意识方面的重要作用愈加彰显，文物保护成果更好惠及人民群众。形成资源管理全覆盖、法律法规更完备的文物保护利用体系，走出一条符合国情的文物保护利用之路。

专栏1 “十四五”时期文物事业发展主要指标

类型	指　标	2020年	2025年	属性
资源管理	全国重点文物保护单位数量(处)	5058	新增一批	预期性
	省级文物保护单位数量(处)	21000	23500	预期性
	馆藏文物数量(万件/套)	5813.9	6000	预期性
文物安全	全国重点文物保护单位“四有”工作[①]完成率(%)	85	100	约束性
	省级文物保护单位“四有”工作完成率(%)	80	100	约束性
	全国重点文物保护单位、省级文物保护单位“两线”[②]纳入各级国土空间规划完成率(%)	—	100	预期性
	将文物安全纳入本级政府考核评价体系的省(自治区、直辖市)政府数量(个)	25	31	预期性
科技创新	文物科技研发投入年均增长率(%)	—	>10	预期性
	文物科研人员数量(人)	33000	41200	预期性
	文物领域专利授权数量(项)	3900	5900	预期性
	国家重点实验室数量(家)	—	1	预期性
	国家文物局重点科研基地数量(家)	33	40—45	预期性
	文物行业标准数量(项)	110	210	预期性
改革创新	国家文物保护利用示范区数量(处)	6	30	预期性

续表

博物馆、纪念馆	全国备案博物馆数量(家)	5788	6500	预期性
	年举办陈列展览数量(个)	29000	30000	预期性
	年观众人数(亿人次)	12.27③	14	预期性
人才队伍	文物机构数量(个)	11300	12200	预期性
	文物机构从业人员数量(万人)	17.57	19.5	预期性
	考古从业人员数量(人)	6000	10000	预期性
	文物保护勘察设计、施工人员数量(人)	20000	27000	预期性

注:①"四有"工作是指划定必要的保护范围、作出标志说明、建立记录档案、设置专门机构或专人管理。

②"两线"是指保护范围和建设控制地带。

③12.27亿人次为2019年数据,2020年受新冠肺炎疫情影响,年观众人数为5.4亿人次。

展望2035年,我国将建成与文化强国建设目标相适应的文物保护管理工作体系,科技创新、人才队伍建设有力支撑文物保护研究利用,考古成果实证我国一万年的文化史、五千多年的文明史,博物馆强国建设成效显著,红色基因得到有效传承,根植于深厚历史文化遗产的中华文化影响力大幅提升,民族文化自信显著增强。

三、强化文物资源管理和文物安全工作

坚持以确保文物资源安全为核心,统筹做好各级各类文物资源管理工作,增强防护能力,加强执法督察,严厉打击和防范文物犯罪,守牢文物安全底线。

(一)健全文物资源管理体制。

完善文物登录制度,健全文物调查、申报、认定、登记、定级、公布、降级和撤销程序,梳理明确文物法定命名体系,建立国家文物资源总目录并与中华文化资源普查工程做好衔接。完善不可移动文物资源管理机制,核定并公布第九批全国重点文物保护单位,推进根据文物普查、专项调查成果认定不可移动文物。在国土空间规划中落实保护不可移动文物的空间管制措施,统筹划定文物保护单位保护范围和建设控制地带、地下文物埋藏区、水下文物保护区等,纳入国土空间规划"一张图"。完善可移动文物资源管理机制,健全博物馆藏品征集、登记、定级机制,做好民间收藏文物调查,开展流失海外文物资源专项调查，优化考古出土文物、涉案文物移交制度。开展革命文物资源调查。加强对军队文物、工业遗产、农业文化遗产、水利遗产、科技遗产的保护。由住房城乡建设部牵头，会同国家文物局进一步完善历史文化名城名镇名村、历史文化街区、历史建筑保护机制。

（二）建设国家文物资源大数据库。

系统整合全国不可移动文物资源数据库、国有可移动文物普查数据库、革命文物数据库等，加强文物资源大数据应用。将文物资源空间信息纳入国土空间基础信息平台。加强文物数字化保护，以世界文化遗产、全国重点文物保护单位、馆藏一级文物等为重点，推进相关文物信息高清数据采集和展示利用。完善全国考古发掘信息管理系统。建立文物数字化标准规范体系，健全数据管理和开放共享机制，加大文物数据保护力度。支持国家和省级文物数据中心、重点文博单位信息基础设施建设，加强文物领域新型基础设施建设。

（三）健全文物安全长效机制。

将文物安全工作全面纳入地方各级政府考核评价体系，探索推行"文物长制"，建立健全文物安全责任体系，完善部门协作共商机制，加强信息共享，实施文物安全直接责任人公告公示制度。健全文物安全制度标准体系，提高安全防护设施建设和管理维护水平。建立重点文博单位安全风险评估和预警机制，实施风险等级管理，有效防范火灾、人员拥挤踩踏等事故发生。加强文博单位治安防范，持续开展打击文物犯罪专项行动，完善打击和防范文物犯罪联合长效机制。开展文物火灾隐患排查整治行动和地震、地质灾害、洪涝等方面的自然灾害综合风险排查，实施抗震加固、地质灾害防控等工程，建立健全文物灾害综合风险监测和评估制度，明确文物消防、防洪安全责任，加强消防设施、消防水源、消防车通道、防洪除涝设施和应急处置力量建设，强化火灾、洪涝风险辨识与管控，推广科学适用的技防物防措施，提升应急管理水平，增强防控能力。

（四）强化文物行政执法督察。

加强文物督察力量，开展国家文物督察试点，加大文物督察科技支撑力度，持续实施专项督察和联合督察。强化省级文物行政部门督察职责，落实市、县文化市场综合执法队伍文物行政执法责任，强化文物行政部门、文化市场综合执法队伍执法协作。完善文物行政执法案例指导、案卷评查、行政执法与刑事司法衔接、社会监督机制。规范文物违法举报流程，加大重大违法案件责任追究力度。

（五）提高文物安全与执法督察科技水平。

实施文物平安工程，加大古遗址、古墓葬、石窟寺石刻等防盗窃盗掘预警技术研发应用和相关装备配置力度。加强博物馆和文物建筑等火灾防控、洪涝监测预警、地震和地质灾害防控信息技术应用和应急管理体系建设。加强卫星遥感、无人机、大数据等科技手段在文物安全监测和执法督察中的应用。

专栏2　文物资源管理与安全督察

1. 中华文化资源普查工程(文物专项):组织开展石窟寺、三峡库区、黄河、长江等文物资源专项调查。健全国家一级文物藏品档案。实施国家古籍保护及数字化工程。分批公布革命文物名录。加强国家文物局数据中心建设。

2. 不可移动文物资源规划体系建设:在国土空间规划总体框架下,构建"国家—省—市县"三级文物资源保护利用规划体系,编制实施全国、省级和若干文物大市大县文物资源保护利用专项规划,编制全国重点文物保护单位、省级文物保护单位保护规划,有效衔接国土空间规划,将自然环境、传统格局、历史风貌等空间管控要求纳入同级国土空间规划,并依据详细规划监督实施。

3. 馆藏一级文物数字化保护利用:充分利用现有馆藏一级文物数字化资源,制定馆藏一级文物高清数据标准,推动开展数据采集工作,实现查询、检索、分析等功能,并向公众开放使用。建立2—3个灾备中心。

4. 博物馆征藏体系建设:开展党史、新中国史、改革开放史、社会主义发展史以及军史系列文物征集,加强经济社会发展变迁物证征藏,开展科技、现当代艺术、传统工艺、生态保护、工业农业生产等专题收藏,探索反映世界多元文化的收藏方向。拓展入藏渠道,鼓励民间捐赠。

5. 文物平安工程:建设并改造提升文物保护单位、文物收藏单位安全防护设施,在安全风险研判、预警防控、应急管理、火灾风险防控等环节加快科技应用,实现全国重点文物保护单位现代化安全防护设施全覆盖,加大省级、市县级文物保护单位现代化安全防护设施建设力度。建设文物安全监管平台,支持文物资源密集地区集中设置安全防护综合控制中心,积极推动文物资源监管纳入公共安全视频监控建设联网应用工作。利用卫星遥感、无人机开展重点区域的文物执法监测。重点支持在新疆、西藏、内蒙古、青海、甘肃等地区和重点海域增加田野文物、水下文物巡查、看护、监测装备配置。

四、全面加强文物科技创新

坚持科技创新引领,遵循文物保护和考古特点规律,加大要素投入力度,优化资源配置,加强多学科协同,构建产学研用深度融合的文物科技创新体系,推进行业标准体系建设,提升文物科技创新能力和文物领域科技应用水平,带动解决重点难点和瓶颈问题,支撑引领文物事业高质量发展。

(一)深化基础研究。

面向文物保护利用基础理论需求、关键科学问题,部署基础研究重点任务，促进数学、物理学、化学、生物学、大气科学、地质学、材料科学与工程等学科同文物保护深度融合，加大国家自然科学基金和国家社会科学基金对跨学科研究的支持力度。着力构建符合我国文物资源特点的文物修复、预防性保护和防灾减灾理论体系，聚焦岩土质文物风化和水盐侵蚀、壁画彩绘褪色、木结构建筑失稳、微生物污染等主要病害，深化文物材质特性、病害形成机理及发展预测方法研究，为文物保护实践提供理论指导和科学依据。

（二）推动关键共性技术攻关。

面向文物防、保、研、管、用等五大需求领域，在国家重点研发计划中部署“文物保护利用科技创新”等研发任务，突破一批关键材料、工艺、装备和集成技术。大力发展文物灾害风险防控、火灾防范与应急处置专用技术体系；重点突破石窟寺、土遗址和木结构建筑等文物病害探测、原位诊断、防治和保护工程质量评价关键技术，优化系统解决方案；加快攻克饱水象牙、贝叶经、粉化甲骨、简牍等抢救性保护技术难题；持续推动考古探测、残留物检测、工艺鉴别、产地溯源等技术升级，增强考古发现提取与综合分析能力；研究文物资源保护规划关键技术，推进文物资源管理智能化；研究构建文物知识图谱，开展文物展示传播技术创新应用示范。

（三）加快专有装备研制升级。

坚持供给提升与需求牵引相结合，大幅提升文物安全防护、监测预警、巡查监管、预防性保护、修缮修复、展示利用等装备性能质量，力争在文物勘查探测、分析检测等高端专有装备方面取得突破。扶持量小急需关键装备研发，规范需求量大、充分竞争性装备的市场环境，完善质量认证机制。深化“制造商+用户”、“产品+服务”创新发展模式，培育一批创新企业和文物专有装备产学研用联合体。

（四）整合优化科技资源配置。

培育国家级科技创新基地，在国家重点实验室体系中布局科技考古和保护等方向，推动建设文物保护材料、专有装备等领域国家技术创新中心。扩大国家文物局重点科研基地规模，完善研究方向布局。依托国家文化遗产科技创新中心、国家文物局考古研究中心南海基地等，建设综合性科学研究实验平台。加快文物保护科学数据库系统建设。

（五）推进科技成果应用示范。

遴选一批文物保护修复、安全防护、灾害风险防控和考古等领域的科技创新成果应用示范及后评价项目，促进技术应用专业化集成化标准化。在石窟寺保护、土遗址保护、文物建筑保护、壁画保护、考古发掘等重点领域，推动建设科技成果转化试验（示范）平台，为研发成果后续试验、开发和应用提供真实环境、场地和对象。试点产学研用联合的文物保护研究型工程示范项目，探索定向研发、定向转化、定向服务的订单式研发和成果转化机制。加强文物领域高质量知识产权创造，强化知识产权保护与运用，依法保护文物领域科技创新成果。

（六）加强标准化建设。

建立健全文物领域多层次标准体系，加快推进考古、文物保护工程、文物数字化、预防性保护、火灾防控、洪涝灾害防御等重点领域标准制修订和应用。实施10—15个标准化试点示范项目，推动有代表性的博物馆、对外开放的文物保护单位加入社会管理和公共服务综合标准化试点。完善标准实施、评估和复审机制，建设文物保护标准全周期管理网上平台。加强全国文物保护标准化技术委员会建设，成立壁画、书画、陶瓷、纺织品、金属、文物数字化、火灾防控等分领域标准化工作组。推动国际标准化组织成立文物保护领域技术委员会。

专栏3　文物科技创新

1. 国家重点研发计划“文物保护利用科技创新”研发任务：部署中华文明起源与早期发展综合研究、石窟寺全周期保护理论与技术、大遗址整体保护关键技术与示范、文物建筑结构稳定性评估理论与应用、馆藏濒危和脆弱出土文物稳定化处理关键技术、文物资源智能防护集成平台与综合示范、文物知识与价值展示传承技术示范等系列重点任务。

2. 国家文化遗产科技创新中心建设：依托中国文化遗产研究院完成北京怀柔相关基础设施建设。分布式建设文物建筑火灾防控、文物建筑结构与减震、文物保护材料服役评价、文物场景化展示与智能技术等综合性实验平台，提升考古测年和冶金、陶瓷、纺织品、竹木器、考古残留物等分析检测服务能力。

3. 文物科技资源共享服务平台建设：推动实施国家文物基础科技资源调查项目，依托吉林大学、中国社会科学院考古研究所、北京大学、国家文物局考古研究中心等高校和科研机构，建设人骨、动物、植物、冶金、陶瓷、纺织品、书画、漆木器等文物科研标本库以及石窟寺、土遗址、木结构建筑和重要可移动文物保护科学数据中心。

4. 文物科技成果转化专项：依托文物保护工程，实施30个科技成果应用示范项目，推动建设石窟寺、土遗址、文物建筑、壁画、考古发掘等领域技术应用试验场，开展一批新材料、新工艺、新技术和新装备的后续试验、开发与应用观测，分批发布文物保护利用专有装备示范清单。

5.“互联网+中华文明”工程：实施30—40个“互联网+中华文明”示范项目。突破并推广应用文物领域病害诊断识别、知识挖掘、时空融合展示等关键技术。面向博物馆、大遗址、文化线路等推出智能化文物知识挖掘和展示解决方案。

五、提升考古工作能力和科技考古水平

坚持考古在文物保护利用中的基础性、指导性作用，加强对考古工作的统筹规划和政策供给，健全“先考古、后出让”制度，提升古遗址、古墓葬考古和保护水平，做好考古成果挖掘、整理和阐释。

（一）加强考古和历史研究。

编制并实施“十四五”考古工作专项规划。系统确定考古发掘重点，深化中华文明探源工程，推进“考古中国”重大项目，科学阐释中国境内人类起源、文明起源、中华文明形成、统一多民族国家建立和发展、中华文明在世界文明史中的重要地位等关键问题，揭示中华文明的历史文化价值和核心特质。

（二）加强大遗址保护。

实施大遗址保护利用“十四五”专项规划，强化国家文物局主导作用，发挥地方积极性，坚持考古先行、保护第一、融合发展、创新驱动，系统做好大遗址考古研究、空间管控、保护管理、开放展示工作，鼓励各地区因地制宜创新大遗址保护管理利用体制机制。

（三）完善建设工程考古制度。

在新型城镇化建设中统筹推进相关考古工作，划定一批地下文物埋藏区，试点实施建设工程考古区域评估机制。加强土地收储入库、出让前的考古项目监管。完善建设工程考古工作经费渠道。经文物主管部门核定可能存在历史文化遗存的土地，实行“先考古、后出让”制度，在依法完成考古调查、勘探、发掘前，原则上不予收储入库或出让。具体空间范围由文物主管部门商自然资源主管部门确定。加强考古发掘资质管理，积极吸纳社会力量依法依规参与建设工程考古调查勘探工作。完善考古监理制度。

（四）加强边疆考古和水下考古。

优先发展边疆考古，重点加强新疆、西藏、东北和南岛语族考古研究。将水下文物资源管理纳入海洋国土空间规划、国土空间规划水利专项，探索建立涉海、湖、江建设工程考古工作制度。开展浙江、福建、山东等沿海重点海域水下考古区域调查，公布一批文物保护单位和水下文物保护区。有序开展南海、东海、黄渤海海域水下考古发掘和出水文物保护工作。

（五）大力发展科技考古。

加强现代科学技术在考古中的应用，鼓励多学科多领域协同合作，推动科技测年、环境考古、动物考古、植物考古、冶金考古、同位素分析、微量元素分析、DNA 研究、有机残留物分析等科技考古分支发展。开展考古现场文物保护、信息提取和实验室考古技术攻关，提高对出土文物的第一时间保护能力。大力发展数字考古，提升考古信息采集管理、综合分析和研究应用水平。建设国家重点区域考古标本库房。

专栏 4　考古和遗址保护

1. 中华文明探源工程：聚焦中国文化起源（距今 10000 至 5000 年前后）、中华文明起源与发展（距今 5000 年前后至先秦时期）等历史阶段，深化考古研究，阐明中华文明要素形成、中华文明起源及文化共同体形成等重大问题，推动中华文明探源研究国际合作。

2. “考古中国”重大项目：推进“夏文化研究”、“河套地区聚落与社会研究”、“中原地区文明化进程研究”、“海岱地区文明化进程研究”、“长江下游区域文明模式研究”、“长江中游地区文明化进程研究”、“川渝地区巴蜀文明进程研究”、“南岛语族起源与扩散研究”。新增 10—15 个区域性、专题性重大项目。每年实施 80—100 个主动性考古发掘项目。

3. 大遗址保护：重点开展殷墟、汉长安城遗址、隋唐洛阳城遗址、北京琉璃河遗址等大遗址文物本体保护、周边环境综合整治、文物安全防护和展示利用设施建设项目。重点支持新疆、青海、甘肃、内蒙古以及东北等边疆和民族地区大遗址保护利用项目。

4. 水下考古重大项目：实施长江口二号沉船、南海 I 号沉船、甲午海战沉舰、华光礁 I 号沉船项目。建成国家文物局考古研究中心南海基地、北海基地（二期）。加强相关考古实验室建设。

5. 国家重点区域考古标本库房建设：支持山东、河南、四川、西藏、陕西、青海、新疆等省份有考古发掘资质的单位在遗址遗迹丰富、考古任务较重地区建设考古标本库房。

六、强化文物古迹保护

坚持系统整体保护，健全文物保护机制，完善文物保护工程管理制度体系，发挥重点项目示范效应，提升文物保护水平。

（一）强化重要文物系统性保护。

实施重要木结构文物建筑保护修缮工程。加强长城、大运河、丝绸之路以及中东铁路等线性文化遗产重要点段保护修缮。实施全国重点文物保护单位、省级文物保护单位密集区域保护提升工程，整体保护文物本体和改善周边环境。实施黄河文物系统保护，加强长江文物和文化遗产保护，推进首都功能核心区、三峡库区文物保护利用。加强石窟寺保护管理，健全国家和区域两级石窟寺保护研究协调机制。

（二）统筹城乡文物保护。

保护和延续以文物资源为载体的城市文脉，将文物保护与老城保护、城市更新相结合，强化本体保护和风貌管控。加强历史文化名城名镇名村、历史文化街区、风景名胜区中的文物保护利用，完善相关审批、保护管理、检查通报、考核整改、濒危撤销机制。加大对全国重点文物保护单位、省级文物保护单位集中成片的传统村落保护力度，推动文物保护利用与公共文化设施建设、人居环境改善协调发展。持续改善低级别文物保存状况。

（三）加强文物保护工程监督管理。

完善对存在重大险情、重大隐患的文物保护单位开展抢救性保护的机制。实施研究性文物保护项目，发布技术规程，支持文物建筑修缮传统材料生产、营造技艺传承。完善文物保护工程勘察设计、施工、监理等管理制度。重点在石窟寺、彩塑壁画等领域探索实施文物保护工程设计施工一体化。建设国家级文物保护工程中心和文物保护工程全流程管理网上平台，培育文物保护工程质量监督机构。

（四）加强世界遗产保护管理。

重点推进云南普洱景迈山古茶林文化景观、北京中轴线、西夏陵、江南水乡古镇、海上丝绸之路、二里头遗址、景德镇御窑遗址申遗工作，培育三星堆遗址、万里茶道、钓鱼城遗址等预备项目。强化丝绸之路文化遗产保护与国际合作机制。完善世界遗产监测与巡查监管衔接制度，建设 5—10 处世界文化遗产地监测预警平台。加大世界遗产研究展示宣传力度。

（五）提高预防性保护能力。

编制不可移动文物预防性保护导则，按文物保护单位、保存文物特别丰富的市县、省域三个层级开展常态化、标准化预防性保护，基本实现全国重点文物保护单位从抢救性保护到预防性保护的转变。培育预防性保护工作机构，支持有能力的科研机构参与预防性保护。

专栏 5　重大文物保护工程
1. 石窟寺保护利用：实施全国石窟寺保护利用“十四五”专项规划，开展莫高窟、云冈石窟、龙门石窟、麦积山石窟、大足石刻、克孜尔石窟、柏孜克里克石窟等重要石窟寺保护示范，开展川渝、河西走廊、陇东陇南、陕北、新疆、西藏等中小石窟寺抢救性保护、安全防护设施建设，加强价值研究和展示传播，整合川渝、河西走廊石窟寺资源建设国家文化遗产线路和国家遗址公园。 2. 文物建筑保护研究示范项目：遴选五台山佛光寺、蓟县独乐寺、宁波保国寺、正定隆兴寺、应县木塔、北京故宫、武当山古建筑群、曲阜孔庙、承德避暑山庄及周围寺庙等 100 处代表中华文明不同发展阶段和不同区域特点的文物建筑，整体保护建筑本体及周边环境，完善文化服务和配套设施，研究传承营造理念方法，阐释展示历史文化价值，弘扬中华优秀传统文化。

续表

3. 黄河文物系统保护：对濒危文物实施抢救性保护，高水平保护石峁、陶寺、二里头、双槐树、大汶口等重要遗址，加大对城邑、陵寝等大遗址的整体保护以及对文物建筑、古灌区、古渡口、古栈道的保护力度，支持西安、洛阳、郑州、开封、济南等城市加强文物保护。 4. 长江文物和文化遗产保护：编制实施长江文物和文化遗产保护规划，重点加强三峡库区文物保护利用，实施一批重点文物保护修缮、周边环境整治、展示利用项目，建设长江文物保护利用展示设施。

七、加强革命文物保护管理运用

坚持保护第一，充分发挥革命文物在党史学习教育、革命传统教育、爱国主义教育等方面的重要作用，用好红色资源、赓续红色血脉、弘扬革命文化、汲取奋进力量。

（一）加大革命文物保护力度。

系统开展革命文物和相关史料调查征集。加强科学保护、系统保护，进一步完善革命文物定期排查、日常养护管理和安全防范制度，实施一批革命旧址维修保护项目、馆藏革命文物保护修复项目和革命文物研究性保护项目。加强整体保护，推进革命文物保护利用片区整体规划、连片保护、统筹展示，发挥示范引领作用。持续改善各级各类不可移动革命文物保存状况。

（二）提升革命文物展示水平。

优化革命博物馆、纪念馆区域布局，指导支持一批革命博物馆、纪念馆展陈提升项目，加强中国共产党历史文物保护展示。认真总结庆祝中国共产党成立 100 周年革命文物陈列展览成功经验，结合纪念辛亥革命 110 周年、红军长征胜利 85 周年、中华人民共和国成立 75 周年、中国人民抗日战争胜利 80 周年、中国人民志愿军抗美援朝出国作战 75 周年等重要时间节点，坚持政治性思想性艺术性相统一，策划推出革命文物陈列展览精品。合理运用现代科技手段，增强革命文物陈列展览表现力、传播力、影响力。推进革命文物联展巡展。

（三）强化革命文物研究阐释。

整合文物、党史、军史、档案、地方志等方面研究力量，加强革命文物保护利用研究，开展实物、文献、档案、史料和口述史征集，挖掘革命文物深刻内涵，推出重要研究成果，旗帜鲜明反对和抵制历史虚无主义，继续发扬伟大建党精神，传承弘扬井冈山精神、长征精神、遵义会议精神、延安精神、西柏坡精神、红岩精神、抗美援朝精神、“两弹一星”精神、特区精神、抗洪精神、抗震救灾精神、抗疫精神、脱贫攻坚精神等伟大精神。

(四)拓展革命文物运用方式。

提升革命旧址开放水平,完善重要革命纪念地设施。用好革命文物资源,举办国家和群众性纪念活动,积极开展青少年教育活动。创新革命文物宣传传播方式,加强革命文物资源网络空间建设。依托革命文物资源开辟公共文化空间,发展红色旅游及红色研学旅行,打造红色经典景区和精品线路,助力乡村振兴和革命老区振兴发展。

(五)深化革命文物工作内容。

服务好"四史"学习教育,特别是围绕中国共产党各个历史时期的重大事件、重要节点,研究确定一批重要标识地,推动有条件的重要建设工程、科学工程、国防工程面向公众开放,生动展示革命文物蕴含的强大精神力量。

专栏6　革命文物保护利用工程

1. 革命文物保护利用片区建设:以原中央苏区、海陆丰、鄂豫皖、川陕、陕甘宁、琼崖、左右江等37个片区为重点,实施一批革命文物连片保护和整体展示项目,鼓励地方创新实践。

2. 革命文物主题保护展示:以实现中华民族伟大复兴中国梦的奋斗历程为主线,聚焦近代以来中国人民争取民族独立和人民解放的伟大斗争、中国共产党领导中国人民救国兴国强国的伟大贡献,着力提升重大事件、重要会议、重要机构、重要人物遗址遗迹以及著名英烈纪念设施保护展示水平。

3. 革命文物展览精品工程:每年推介一批主题鲜明、内涵丰富、形式新颖、线上线下融合的革命文物展览精品。指导支持50家基本陈列超过5年的革命博物馆、纪念馆和革命旧址局部改陈布展试点;指导支持50家基本陈列超过10年的革命博物馆、纪念馆和革命旧址全面改陈布展试点。强化英烈纪念设施展览展示功能。

4. 红色基因传播传承工程:持续推进革命文物数字化展示传播,建设革命纪念馆红色基因传承云平台,推出革命文物"云展览"、"云直播",制播革命文物相关纪录片、微视频。开展"党的故事我来讲——争做红领巾讲解员"、"纪念馆里的思政课"等系列主题活动,讲好党的故事、革命故事、英雄故事。

八、激发博物馆创新活力

坚持公益属性,突出社会效益,统筹不同地域、层级、属性、类型博物馆发展,提高博物馆公共服务均等化、便捷化、多样化水平,做好常态化疫情防控工作,不断推进博物馆改革发展。

(一)优化博物馆布局。

实施中国特色世界一流博物馆创建计划。支持省级、重要地市级博物馆特色化发展。盘活基层博物馆资源。探索建立行业博物馆联合认证、共建共管机制。规范和扶持非国有博物馆发展,落实支持政策,依法依规推进非国有博物馆法人财产权确权。认真履行相关审批程序,有序推动建设一批反映党和国家建设成就的当代主题博物馆和行业博物馆,重点支持建设反映中华文明发展历程的国家级重点专题博物馆,倡导建设特色专题博物馆。探索在文化资源丰厚地区建设“博物馆之城”。

(二)夯实博物馆藏品保护管理基础。

提升博物馆藏品管理能力,健全藏品登录机制,推进藏品档案标准化、信息化建设,逐步推广藏品电子标识。实施馆藏珍贵濒危文物、材质脆弱文物保护修复计划,寓科学研究于保护修复全过程,提高馆藏文物保护修复水平。强化预防性保护,充分运用科学研究成果和环境监测数据,改善博物馆藏品保存环境,推动多元化、低成本、高效能的藏品保存设施设备体系建设。加快推进博物馆藏品数字化,完善藏品数据库,加大基础信息开放力度。

(三)提升博物馆服务能力。

提升博物馆展陈质量,加强对藏品价值的挖掘阐发。支持博物馆联合办展、巡回展览、流动展览、网上展览。探索独立策展人制度,推出更多原创性主题展览。推介“弘扬中华优秀传统文化、培育社会主义核心价值观”主题展览。广泛深入开展在博物馆里过传统节日、纪念日活动。制定博物馆教育服务标准,丰富博物馆教育课程体系,支持大中小学利用博物馆开展研学实践和科普活动等。实施一批智慧博物馆建设示范项目,研究制定相关标准规范。推动博物馆发展线上数字化体验产品,提供沉浸式体验、虚拟展厅、高清直播等新型文旅服务。

(四)创新博物馆管理体制机制。

进一步健全博物馆免费开放机制。分类推进国有博物馆、非国有博物馆理事会制度建设,建立健全决策执行和监督咨询机制。对于部分符合条件的新建博物馆,在不改变藏品权属、确保安全的前提下,经批准可探索开展国有博物馆资产所有权、藏品归属权、开放运营权分置改革试点,赋予博物馆更大办馆自主权。健全激励机制,强化绩效考核和动态管理。推动博物馆公共服务市场化改革,实施“博物馆+”战略。

专栏 7　推动博物馆高质量发展

1. 博物馆多层级发展：实施中国特色世界一流博物馆创建计划，锚定世界一流博物馆标准，立足国情，重点培育 10—15 家代表中国特色、引领行业发展的世界一流博物馆。落实卓越博物馆发展计划。推进中小博物馆提升计划，根据需要开展一批中小博物馆改扩建项目，支持西部地区、边境地区博物馆建设。稳妥推进故宫博物院北院区、扬州中国大运河博物馆、中国人民革命军事博物馆通州和怀柔分馆、国家中医药博物馆、世界技能博物馆建设和河南博物院、秦始皇帝陵博物院、西安碑林博物馆、甘肃省博物馆、宁夏固原博物馆等改扩建工作。

2. 馆藏珍贵濒危文物、材质脆弱文物保护修复计划：组织文博单位、高校和科研院所联合开展研究性保护修复项目，强化科技支撑，重点开展出土纺织品、青铜器、简牍等濒危文物抢救性保护，以及甲骨、书画、馆藏壁画、皮毛制品等材质脆弱文物保护修复。

3. 馆藏文物预防性保护计划：推进馆藏文物保存环境达标建设，推广基于"平稳、洁净"的预防性保护和微环境控制理念，建立区域性预防性保护中心，推进馆藏环境监测、检测、评估等技术研究与应用。开展突发性自然灾害对藏品影响的评估和预防，完成处于 7 度抗震设防区的国家三级以上博物馆珍贵文物防震加固设施建设。鼓励各地区因地制宜加强文物中心库房建设，加大柜架囊匣等微环境控制装置和恒温恒湿设备配置力度。

4. 博物馆陈列展览精品工程：实施中华文明品牌展览项目，整合全国博物馆资源，打造一批集陈列展览、教育活动、学术研讨、文化创意于一体的多语种、分众式精品展览。支持新疆、西藏等地推出以铸牢中华民族共同体意识为主题、反映各民族交往交流交融历史的精品展览。

5. 博物馆青少年教育活动：发布全国博物馆教育资源地图，共建博物馆青少年教育项目库，遴选、开发 100 个精品资源包，制作 5000 个精品课件，建立 100 个馆校合作点，规划推介 200 个博物馆研学精品线路和资源包。

6. 博物馆"云展览"项目：开展中国文物云建设工程。建设国家级"云展览"平台，集中展示国家一级博物馆基本陈列、常设专题陈列和其他精品展览。推动在策展时加强藏品信息运用，提升博物馆网上展览质量。引导社会力量参与共建"云展览"体系。

九、优化社会文物管理服务

坚持社会效益优先，加强对民间收藏的指导、管理和服务，健全文物合法流通交易体制机制，优化文物鉴定服务和文物进出境监管，完善流失文物追索返还制度。

（一）促进文物市场健康有序发展。

营造健康的文物市场环境，培育现代文物市场体系，优化文物市场区域布局。强化文物商店作用,探索降低文物商店准营门槛,推动国有文物商店改革。培育一批具有市场美誉度和国际影响力的文物拍卖龙头企业,扶持中小文物经营主体。支持发展现代经营方式,推动文物市场线上线下融合,支持在线展示、交易和定制服务等新业态发展。完善民间收藏文物登记交易制度,建设全国文物市场信息与信用管理系统,完善文物流通信用体系、文物市场全流程协同监管机制。

(二)建立多层次文物鉴定服务体系。

加强涉案文物鉴定评估机构建设,做好刑事、民事、行政等领域相关鉴定工作。支持文博单位、社会力量探索成立文物鉴定机构,提供公益性咨询和经营性活动相结合的鉴定服务。实施文物鉴定职业技能等级认定。加强文物鉴定基础研究、科技支撑和人才培养,加快科技辅助鉴定联合研究与应用推广。健全罚没文物接收和指定收藏机制。

(三)提升文物进出境管理服务水平。

健全文物进出境审核管理体制,加强队伍和管理能力建设。制修订文物出境鉴定国家标准,防止珍贵文物流失。探索建立文物进境登记制度。积极研究调整国有公益性收藏单位进口藏品税收政策。优化文物临时进出境管理服务,支持发展文物仓储、展示等衍生业态。完善文物进出境风险联合防控机制,加强风险布控与执法合作。

(四)构建文物追索返还常态化工作格局。

完善法律法规,做好与相关国际公约衔接,健全部际协调机制,加强专门力量建设。建立中国非法流失文物信息发布机制,加强流失海外文物调查监测,加强中国被盗文物数据库、外国被盗文物数据库建设,推动敦煌遗书等流失文物数字化复原与共享。建立"打击非法贩运文化财产国际日"中国主场活动机制,引导社会力量参与。深度参与国际治理,加强双边、多边合作,促进完善国际规则。

专栏8　社会文物管理服务行动计划

1. 文物市场中心城市建设:推动北京、上海、海南等地加快国际文物艺术品交易平台建设,在通关便利、临时进境文物监管、仓储物流、离岸人民币结算等方面给予政策支持。

2. 全国文物市场信息与信用管理系统建设:制定文物经营企业信用等级评估和文物标的分类评估制度,建立覆盖文物经营主体、从业人员、收藏群体、鉴定机构以及关联企业的文物市场信息与信用管理系统,接入全国信用信息共享平台。

3. 文物鉴定科技支撑能力提升:重点支持3—5家文博单位加强区域性文物科技鉴定力量,支持科技鉴定设备和关键技术研发,推动文物标本库、检测数据库共建共享,支持开展跨领域文物鉴定实习实训。

续表

4. 社会文物管理服务综合改革试点：在上海开展社会文物管理服务综合改革试点，在社会文物管理体制机制、服务模式、开放路径等方面先行先试。总结上海经验，适时在全国推广。 5. 流散海外文物数字复原工程：聚焦历史上重要文物流失地，实施“数字藏经洞”、“数字龙门”、“数字云冈”、“数字克孜尔”、“数字天龙山”、“数字圆明园”等流失文物数字复原项目，深化流失海外书画、古籍、青铜器等重要器类调查，完善流失海外文物数据库，通过数字化、信息化手段，拓展国际交流合作，推动敦煌遗书等流散海外文物高精度复原、全球化共享。

十、大力推进让文物活起来

坚持创造性转化、创新性发展，深入挖掘、广泛传播文物蕴含的文化精髓和时代价值，创新文物合理利用方式，塑造全民族历史认知，推动文物保护利用工作全面融入经济社会发展。

（一）依托文物资源推进中华文明标识体系建设。

建设长城、大运河、长征、黄河等国家文化公园，推进长江文物和文化遗产保护利用，强化区域文物系统保护，加强文物合理利用的协同创新，以主题明确、内涵清晰、影响突出的系列文物资源为主线，集中打造中华文明重要标识。依托全国重点文物保护单位、世界遗产等，推介国家文化地标和精神标识，试点推广国家文化遗产线路，促进文物保护研究与文化阐释传播。

（二）强化公共文化服务功能。

引导文物保护单位、博物馆充分发挥公共教育、文化服务等作用，让陈列在广阔大地上的文化遗产活起来。完善国家考古遗址公园管理机制，提升运营服务水平，鼓励社会力量参与，实施“一园一策”和评估监测。加大文物建筑开放利用力度，鼓励因地制宜辟为公共文化设施或场所，对产生良好社会效益的优秀案例予以重点推介。妥善处理保护与开发的关系，推动文物保护单位、博物馆成为特色旅游目的地和文明旅游的典范。发布中国文物游径名录，推介文物研学旅行、体验旅游项目和精品线路。

（三）加强文物价值阐释传播。

融通多媒体资源，强化内容建设，创新表现手法，拓展传播渠道，推进重要文物全媒体传播，宣介文物保护利用理念与实践。加强考古和历史研究成果传播，创新举办文化和自然遗产日、国际博物馆日、国际古迹遗址日等活动。加快构建国家级文物传媒平台。

（四）积极引导社会力量参与。

拓展社会力量参与路径，鼓励社会资本投入，推广实施文明守望工程，推介拯救老屋行动、文物认养领养、文物保护志愿者、文物义务巡查员等社会力量参与实践。完善文化文物单位文化创意产品开发机制，推广文物资源相关知识产权和品牌授权操作指引，支持形成一批具有影响力的文化创意品牌。

（五）深化文物保护利用改革。

创新文物保护利用机制，加强文物和文化遗产保护利用，建设国家文物保护利用示范区。健全国有文物资源资产管理制度，推进文物资源资产管理信息共享，部署开展相关试点工作。完善各方主体参与文物保护利用的支持政策，保障利益相关方合法权益。探索创新对文物资源密集区的支持方式。建设文物领域国家智库。

（六）促进区域协调发展。

推动东部地区加快实现文物治理体系和治理能力现代化，推进中西部地区、东北地区文物保护利用提质增效，加大对革命老区、民族地区、边疆地区、脱贫地区文物保护利用的支持力度。围绕京津冀协同发展、长江经济带发展、粤港澳大湾区建设、长三角一体化发展、黄河流域生态保护和高质量发展等区域重大战略，创新区域文物保护利用协作机制，创新城市群协同机制。深化内地与香港、澳门文化遗产合作，推进海峡两岸文化遗产交流合作，促进两岸三地同胞共同传承和创新发展中华优秀传统文化。

专栏9　推动文物活化利用

1. 长城、大运河、长征、黄河等国家文化公园建设：实施长城保护总体规划，加强国家级长城重要点段保护维修，重点推进长城国家文化公园河北、青海段建设。实施大运河文化遗产保护传承规划，加大文物保护力度，创新大运河文物保护管理、价值传播和开发利用模式，重点推进大运河国家文化公园江苏段建设。实施长征片区革命文物集中连片保护利用工程，明显改善长征文物保存状况，重点推进长征国家文化公园贵州、江西、福建、陕西、甘肃段建设。实施黄河文化遗产系统保护工程，建设黄河文化遗产廊道，重点推进黄河国家文化公园青海、甘肃、内蒙古、河南、山东段建设。

2. 国家考古遗址公园建设：提升良渚、三星堆、曲阜鲁国故城、殷墟、隋唐洛阳城遗址、北庭故城、明中都皇故城、景德镇御窑厂等36家国家考古遗址公园运营服务水平，培育仰韶、陶寺、石峁、二里头、汉代海昏侯国、合浦汉墓群与汉城、扬州城遗址等67个立项项目，从中评定新增10—15家国家考古遗址公园。

3. 国家文物保护利用示范区建设：建成北京海淀三山五园、辽宁大连旅顺口军民融合、上海杨浦生活秀带、江苏苏州文物建筑、四川广汉三星堆、陕西延安革命文物等国家文物保护利用示范区，动态更新国家文物保护利用示范区创建名单，加强改革授

续表

权和政策集成。 4. 中华文物全媒体传播计划：制作推出“如果国宝会说话”、“国家宝藏”、“博物馆说”、“中国考古大会”、“中国国宝大会”等精品节目、栏目、纪录片、专题片和文艺作品，编纂出版《中国少数民族文物图谱》、《中国历代绘画大系》等精品图书，推介中华文物传播精品，加大宣传展示力度。 5. 文物旅游创新项目：支持广东“大湾区文化遗产游径”、上海“建筑可阅读”、安徽黄山古村落研学旅行等文物旅游探索。积极推广敦煌研究院“负责任旅游”等文物旅游模式。

十一、加强文物国际交流合作

坚持以我为主、兼收并蓄，完善文物国际交流合作机制，创新成果转化路径和传播推介方式，推动文物国际交流合作成为共建“一带一路”的重要抓手和载体，向全世界讲好中国故事，促进中外文明交流互鉴。

（一）服务国家外交战略大局。

推动文物国际交流合作有机融入国家外交、国际传播、对外援助顶层设计，加强统筹协调，优化资源力量配置。深化与共建“一带一路”国家在文物保护修复、考古、博物馆、学术研究、人员培训等领域交流合作，推进柬埔寨吴哥古迹、尼泊尔九层神庙、缅甸他冰瑜佛塔等文物保护修复合作项目，持续开展中外联合考古。实施亚洲文化遗产保护行动，构建常态化合作机制和交流平台，联合实施一批土遗址、木结构建筑、纸质文物、丝织品保护等亚洲主题合作项目。鼓励国内相关机构与海外研究机构联合开展早期文明比较研究。

（二）加强国际传播能力建设。

打造文物对外宣传品牌，向国际社会展示博大精深的中华文明，讲清楚中华文明的灿烂成就和对人类文明的重大贡献。加强中外文物展览交流合作，组织策划精品出境展览，积极引进优秀外展。运用数字化技术，融合线上线下传播方式，充分利用香港、澳门在中外文化交流中的优势，发挥国家海外文化阵地积极作用，推动与国外文物机构共建合作传播基地，提升国际文化传播效能。

（三）深度参与文化遗产国际治理。

深化在濒危文化遗产抢救保护、打击文化财产非法贩运、武装冲突地区文化遗产保护、水下文物保护、世界文化遗产管理、流失文物追索返还、博物馆等领域的国际合作，积极履行国际责任，提升中国话语权。打造文化遗产国际智库，加强专业人才培养。

专栏 10　全球文明伙伴计划

1. 亚洲文化遗产保护行动：发起成立亚洲文化遗产保护联盟，发布行动倡议，依托中国文物保护基金会设立亚洲文化遗产保护专项基金，推介亚洲文化遗产保护优秀项目。推动与亚洲有关国家签署《关于协同开展"亚洲文化遗产保护行动"的联合声明》，在双边层面实施申遗、联合考古、人员培训、博物馆交流等合作项目。

2. 中外联合考古行动：以共建"一带一路"国家为重点，积极引导国内科研机构赴境外开展合作考古研究项目。围绕"农业起源"、"丝绸之路和海上丝绸之路形成与发展"、"丝绸之路南亚廊道"等学术课题，推进实施一批联合考古项目。围绕现代人类起源和文明起源，有序引进国外机构到中国开展考古合作。支持西北大学建立国家级中亚丝绸之路考古合作研究中心。

3. 濒危文化遗产国际抢救行动：积极参与国际文化遗产风险评估，提供相关咨询服务，加强文物保护理念、技术、装备、标准研究，实施具有代表性的文物保护合作项目，依托文博单位建设文物国际合作专业化团队。

4. 文明互鉴展示工程：建立优秀出境文物展览评价制度，积极探索"中国故事、国际表达"的有效方式，向世界推介更多具有中国特色、体现中国精神、蕴含中国智慧的精品文物展览，开展文物数字化对外展示行动。积极引进世界优秀博物馆展览项目，共享人类文明成果。加强国际策展、联展、巡展合作，搭建中外文物展览交流平台。

十二、壮大文物人才队伍

坚持文物保护只能加强、不能削弱的原则，综合施策推动构建与文物资源规模、文物保护利用任务相匹配的学科结构、管理机构和专业队伍，不断健全文博人才培养体系，创新人才机制，弘扬践行"莫高精神"，让文物事业后继有人、人才辈出。

（一）推进文物和考古学科专业建设。

梳理文物领域学科框架，完善文物学科体系、学术体系、话语体系。加强文物科学与技术相关学科建设，开展文物科技创新研究。推动考古相关学科专业建设和课程建设，通过"国家关键领域急需高层次人才培养专项招生计划"对考古等相关专业给予积极支持，推动有条件的高等院校适当扩大考古相关专业设置和招生规模，建设一批一流考古学专业。在国家社会科学基金中加大对文物考古研究的支持力度，设立系列研究课题。在国家自然科学基金融合科学领域增设"文物保护科学"方向。大力发展文物修复与保护、文物考古技术、文物展示利用技术、石窟寺保护技术等职业教育专业，引导文博单位深度参与职业教育，鼓励校企共建实习实训基地，支持文物领域大师、名师、工匠进校园参与教育教学活动。

（二）构建多层次文物人才培养体系。

培育一批以领军人才和中青年骨干创新人才为重点的高层次文物人才，加强考古、科技创新、文物鉴定、文物修复、文物展览等急需领域人才培养，加快建设一支门类齐全、技艺精湛的文物技能人才队伍，稳步造就一支科技研发能力和技术应用能力过硬的文物科技人才队伍，锤炼一支熟悉专业、素质优良的文物管理人才队伍。加强相关行业文物保护人才培养。

（三）激发文物人才创新活力。

关心爱护文物工作者，完善人才激励机制，支持鼓励更多优秀专业人才和青年人才从事文物保护研究。建立健全管理规范、评价科学、激励有效的文物人才体系。实行更加积极开放的人才政策，多渠道招聘引进高层次人才，创新文物技能型人才聘用方式。推动文博单位建立体现创新要素价值的收益分配机制。按照国家有关规定，对有杰出贡献的文物工作者予以表彰奖励。

（四）建强文物机构队伍。

进一步加强各级文物保护和考古队伍建设，扩大考古发掘资质单位数量，根据文物资源密集度，核定并落实文物保护和考古专业人员配置量化标准。持续加强基层文物保护研究队伍建设，保持队伍稳定。支持社会力量参与，构建多渠道基层文物保护看护机制。统筹现有资源，加强科研类文博单位建设，打造一批文物保护研究和传承利用高地。

专栏 11　加强文物人才队伍建设

1. 文物科创 2035 工程（一期）：依托 10—15 家中央和省属文博单位，重点培育文物保护和考古研究国家级科研团队，吸收培养一批中青年科研骨干。

2. 世界一流考古机构建设：研究设定世界一流考古机构建设指标，依托中国社会科学院考古研究所、中国科学院古脊椎动物与古人类研究所、国家文物局考古研究中心等国家级考古机构，陕西、河南、山东、浙江、四川等省级考古机构，增加人员力量和岗位数量，创建一批世界一流考古机构。

3. 全国考古人才振兴计划：选拔 100 名考古领军人才、100 名考古青年英才，重点培养 500 名考古科研骨干、4000 名考古专业人员，构建一支业务能力强、年龄梯队和知识结构合理的考古人才队伍。重点培育 5—10 所考古职业教育机构，完善考古职业教育教学体系。建立文物考古领域职业技能等级评价制度，推动实施考古探掘工职业技能等级评价。完善考古人才评价体系。

4. 文物鉴定人才队伍建设：培养 100 名文物进出境责任鉴定人员、600 名涉案文物鉴定评估人员，指导各省份建立省级文物鉴定委员会，建设 3—5 家文物鉴定人员实习实训基地。

续表

5. 新时代文物人才建设工程:积极组织文物工作者申报"国家高层次人才特殊支持计划"、"文化名家暨'四个一批'人才"、"宣传思想文化青年英才"、"优秀青年科学基金"等国家重大人才项目。实施"高层次文博行业人才提升计划",建设一批线上线下融合的文博人才培训基地,发挥文物修复职业教育联盟作用,依托中国文化遗产研究院培训文物保护修复技术人才。

十三、加强规划实施保障

坚持党的全面领导,全面依法行政,更好履行政府职责,健全规划实施保障机制,激发社会各界参与规划实施的积极性,形成文物保护利用的强大合力。

(一)加强组织领导。

各地区各有关部门要结合实际情况制定具体实施方案,落实文物保护主体责任。各省、自治区、直辖市人民政府要把本规划提出的目标任务纳入经济社会发展规划,细化任务、合力推进。各有关部门要根据职责分工,做好重大任务、重大工程项目的实施保障,强化政策供给和资源要素支持,加强工作协同。文化和旅游部、国家文物局要加强对本规划实施的组织协调。

(二)加强法治建设。

完善文物领域法律法规体系,推动修订文物保护法及配套行政法规,修订水下文物保护管理条例、长城保护条例,开展故宫保护、古籍保护、大运河保护、长征文物保护等方面的法律制度研究,加强文物领域法律与其他法律衔接,鼓励各省、自治区、直辖市及设区的市制定文物保护地方性法规。深化文物督察、文物行政执法改革。建立健全文物保护公益诉讼制度。加强文物法治宣传,维护法律权威。

(三)完善财政支持政策。

各地区各有关部门要调整优化支出结构,优先支持本规划确定的重大任务和重大工程项目。落实公共文化领域中央与地方财政事权和支出责任划分改革方案,拓宽文物科技创新投入渠道,加大对考古和历史研究的支持力度。发挥文化保护传承利用工程等中央预算内投资的引导作用。公布文物领域政府购买公共服务指导性目录,积极鼓励社会力量参与文物保护和科技创新。

(四)强化规划落实。

建立"十四五"文物保护和科技创新规划实施部际协调机制,由文化和旅游部、国家文物局牵头,中央宣传部、国家发展改革委、科技部、财政部、自然资源部、住房城乡建设部等有关部门参加。加强规划衔接,确保文物领域各类规划与本规划在主要目标、发展方向、重大政策、重大工程等方面协调一致。开展规划实施情况动态监测、中期评估和总结评估，把监测评估结果作为改进工作和绩效考核的重要依据。文化和旅游部、国家文物局要加强对本规划实施情况的督导检查，重大情况要及时向党中央、国务院请示报告。

国务院部门规章

中华人民共和国海关办理行政处罚案件程序规定

（2021年6月15日海关总署令第250号公布　自2021年7月15日起施行　国司备字[2021004791]）

目　　录

第一章　总　　则
第二章　一般规定
第三章　案件调查
第四章　行政处理决定
　第一节　行政处罚的适用
　第二节　法制审核
　第三节　告知、复核和听证
　第四节　处理决定
第五章　听证程序
　第一节　一般规定
　第二节　听证的申请与决定
　第三节　听证的举行
第六章　简易程序和快速办理
　第一节　简易程序
　第二节　快速办理
第七章　处理决定的执行
第八章　附　　则

第一章 总　　则

第一条　为了规范海关办理行政处罚案件程序，保障和监督海关有效实施行政管理，保护公民、法人或者其他组织的合法权益，根据《中华人民共和国行政处罚法》《中华人民共和国行政强制法》《中华人民共和国海关法》《中华人民共和国海关行政处罚实施条例》(以下简称《海关行政处罚实施条例》)及有关法律、行政法规的规定，制定本规定。

第二条　海关办理行政处罚案件的程序适用本规定。

第三条　海关办理行政处罚案件应当遵循公正、公开的原则，坚持处罚与教育相结合。

第四条　海关办理行政处罚案件，在少数民族聚居或者多民族共同居住的地区，应当使用当地通用的语言进行查问和询问。

对不通晓当地通用语言文字的当事人及有关人员，应当为其提供翻译人员。

第五条　海关及其工作人员对实施行政处罚过程中知悉的国家秘密、商业秘密、海关工作秘密或者个人隐私，应当依法予以保密。

第二章　一般规定

第六条　海关行政处罚的立案依据、实施程序和救济渠道等信息应当公示。

第七条　海关应当依法以文字、音像等形式，对行政处罚的启动、调查取证、审核、决定、送达、执行等进行全过程记录，归档保存。

第八条　海关行政处罚应当由具有行政执法资格的海关执法人员(以下简称执法人员)实施。执法人员不得少于两人，法律另有规定的除外。

执法人员应当文明执法，尊重和保护当事人合法权益。

第九条　在案件办理过程中，当事人委托代理人的，应当提交授权委托书，载明委托人及其代理人的基本信息、委托事项及代理权限、代理权的起止日期、委托日期和委托人签名或者盖章。

委托人变更委托内容或者提前解除委托的，应当书面告知海关。

第十条　海关行政处罚由发现违法行为的海关管辖，也可以由违法行为发生地海关管辖。

两个以上海关都有管辖权的案件，由最先立案的海关管辖。

对管辖发生争议的,应当协商解决,协商不成的,报请共同的上一级海关指定管辖;也可以直接由共同的上一级海关指定管辖。

重大、复杂的案件,可以由海关总署指定管辖。

第十一条 海关发现的依法应当由其他行政机关或者司法机关处理的违法行为,应当制作案件移送函,及时将案件移送有关行政机关或者司法机关处理。

第十二条 执法人员有下列情形之一的,应当自行回避,当事人及其代理人有权申请其回避:

(一)是案件的当事人或者当事人的近亲属;

(二)本人或者其近亲属与案件有直接利害关系;

(三)与案件有其他关系,可能影响案件公正处理的。

第十三条 执法人员自行回避的,应当提出书面申请,并且说明理由,由海关负责人决定。

第十四条 当事人及其代理人要求执法人员回避的,应当提出申请,并且说明理由。当事人口头提出申请的,海关应当记录在案。

海关应当依法审查当事人的回避申请,并在三个工作日内由海关负责人作出决定,并且书面通知申请人。

海关驳回回避申请的,当事人及其代理人可以在收到书面通知后的三个工作日内向作出决定的海关申请复核一次;作出决定的海关应当在三个工作日内作出复核决定并且书面通知申请人。

第十五条 执法人员具有应当回避的情形,其本人没有申请回避,当事人及其代理人也没有申请其回避的,有权决定其回避的海关负责人可以指令其回避。

第十六条 在海关作出回避决定前,执法人员不停止办理行政处罚案件。在回避决定作出前,执法人员进行的与案件有关的活动是否有效,由作出回避决定的海关根据案件情况决定。

第十七条 听证主持人、记录员、检测、检验、检疫、技术鉴定人和翻译人员的回避,适用本规定第十二条至第十六条的规定。

第十八条 海关办理行政处罚案件的证据种类主要有:

(一)书证;

(二)物证;

(三)视听资料;

(四)电子数据;

(五)证人证言;

（六）当事人的陈述；

（七）鉴定意见；

（八）勘验笔录、现场笔录。

证据必须经查证属实，方可作为认定案件事实的根据。

以暴力、威胁、引诱、欺骗以及其他非法手段取得的证据，不得作为认定案件事实的根据。

第十九条 海关收集的物证、书证应当是原物、原件。收集原物、原件确有困难的，可以拍摄、复制足以反映原物、原件内容或者外形的照片、录像、复制件，并且可以指定或者委托有关单位或者个人对原物、原件予以妥善保管。

海关收集物证、书证的原物、原件的，应当开列清单，注明收集的日期，由有关单位或者个人确认后盖章或者签字。

海关收集由有关单位或者个人保管书证原件的复制件、影印件或者抄录件的，应当注明出处和收集时间，经提供单位或者个人核对无异后盖章或者签字。

海关收集由有关单位或者个人保管物证原物的照片、录像的，应当附有关制作过程及原物存放处的文字说明，并且由提供单位或者个人在文字说明上盖章或者签字。

提供单位或者个人拒绝盖章或者签字的，执法人员应当注明。

第二十条 海关收集电子数据或者录音、录像等视听资料，应当收集原始载体。

收集原始载体确有困难的，可以采取打印、拍照或者录像等方式固定相关证据，并附有关过程等情况的文字说明，由执法人员、电子数据持有人签名，持有人无法或者拒绝签名的，应当在文字说明中予以注明；也可以收集复制件，注明制作方法、制作时间、制作人、证明对象以及原始载体持有人或者存放处等，并且由有关单位或者个人确认后盖章或者签字。

海关对收集的电子数据或者录音、录像等视听资料的复制件可以进行证据转换，电子数据能转换为纸质资料的应当及时打印，录音资料应当附有声音内容的文字记录，并且由有关单位或者个人确认后盖章或者签字。

第二十一条 刑事案件转为行政处罚案件办理的，刑事案件办理过程中收集的证据材料，经依法收集、审查后，可以作为行政处罚案件定案的根据。

第二十二条 期间以时、日、月、年计算。期间开始的时和日，不计算在期间内。期间届满的最后一日是节假日的，以其后的第一个工作日为期间届满日期。

期间不包括在途时间，法定期满前交付邮寄的，不视为逾期。

第二十三条　当事人因不可抗拒的事由或者其他正当理由耽误期限的，在障碍消除后的十日内可以向海关申请顺延期限，是否准许，由海关决定。

第二十四条　海关法律文书的送达程序，《中华人民共和国行政处罚法》《中华人民共和国行政强制法》和本规定均未明确的，适用《中华人民共和国民事诉讼法》的相关规定。

第二十五条　经当事人或者其代理人书面同意，海关可以采用传真、电子邮件、移动通信、互联网通讯工具等方式送达行政处罚决定书等法律文书。

采取前款方式送达的，以传真、电子邮件、移动通信、互联网通讯工具等到达受送达人特定系统的日期为送达日期。

第二十六条　海关可以要求当事人或者其代理人书面确认法律文书送达地址。

当事人及其代理人提供的送达地址，应当包括邮政编码、详细地址以及受送达人的联系电话或者其确认的电子送达地址等。

海关应当书面告知送达地址确认书的填写要求和注意事项以及提供虚假地址或者提供地址不准确的法律后果，并且由当事人或者其代理人确认。

当事人变更送达地址，应当以书面方式告知海关。当事人未书面变更的，以其确认的地址为送达地址。

因当事人提供的送达地址不准确、送达地址变更未书面告知海关，导致法律文书未能被受送达人实际接收的，直接送达的，法律文书留在该地址之日为送达之日；邮寄送达的，法律文书被退回之日为送达之日。

第二十七条　海关邮寄送达法律文书的，应当附送达回证并且以送达回证上注明的收件日期为送达日期；送达回证没有寄回的，以挂号信回执、查询复单或者邮寄流程记录上注明的收件日期为送达日期。

第二十八条　海关依法公告送达法律文书的，应当将法律文书的正本张贴在海关公告栏内。行政处罚决定书公告送达的，还应当在报纸或者海关门户网站上刊登公告。

第三章　案件调查

第二十九条　除依法可以当场作出的行政处罚外，海关发现公民、法人或者其他组织有依法应当由海关给予行政处罚的行为的，必须全面、客观、公正地调查，收集有关证据；必要时，依照法律、行政法规的规定，可以进行检查。符合立案标准的，海关应当及时立案。

第三十条　执法人员在调查或者进行检查时，应当主动向当事人或者有关人员出示执法证件。

当事人或者有关人员有权要求执法人员出示执法证件。执法人员不出示执法证件的，当事人或者有关人员有权拒绝接受调查或者检查。

当事人或者有关人员对海关调查或者检查应当予以协助和配合，不得拒绝或者阻挠。

第三十一条 执法人员查问违法嫌疑人、询问证人应当个别进行，并且告知其依法享有的权利和作伪证应当承担的法律责任。

违法嫌疑人、证人应当如实陈述、提供证据。

第三十二条 执法人员查问违法嫌疑人，可以到其所在单位或者住所进行，也可以要求其到海关或者指定地点进行。

执法人员询问证人，可以到其所在单位、住所或者其提出的地点进行。必要时，也可以通知证人到海关或者指定地点进行。

第三十三条 查问、询问应当制作查问、询问笔录。

查问、询问笔录上所列项目，应当按照规定填写齐全，并且注明查问、询问开始和结束的时间；执法人员应当在查问、询问笔录上签字。

查问、询问笔录应当当场交给被查问人、被询问人核对或者向其宣读。被查问人、被询问人核对无误后，应当在查问、询问笔录上逐页签字或者捺指印，拒绝签字或者捺指印的，执法人员应当在查问、询问笔录上注明。如记录有误或者遗漏，应当允许被查问人、被询问人更正或者补充，并且在更正或者补充处签字或者捺指印。

第三十四条 查问、询问聋、哑人时，应当有通晓聋、哑手语的人作为翻译人员参加，并且在笔录上注明被查问人、被询问人的聋、哑情况。

查问、询问不通晓中国语言文字的外国人、无国籍人，应当为其提供翻译人员；被查问人、被询问人通晓中国语言文字不需要提供翻译人员的，应当出具书面声明，执法人员应当在查问、询问笔录中注明。

翻译人员的姓名、工作单位和职业应当在查问、询问笔录中注明。翻译人员应当在查问、询问笔录上签字。

第三十五条 海关首次查问违法嫌疑人、询问证人时，应当问明违法嫌疑人、证人的姓名、出生日期、户籍所在地、现住址、身份证件种类及号码、工作单位、文化程度，是否曾受过刑事处罚或者被行政机关给予行政处罚等情况；必要时，还应当问明家庭主要成员等情况。

违法嫌疑人或者证人不满十八周岁的，查问、询问时应当依法通知其法定代理人或者其成年家属、所在学校的代表等合适成年人到场，并且采取适当方式，在适当场所进行，保障未成年人的名誉权、隐私权和其他合法权益。

第三十六条 被查问人、被询问人要求自行提供书面陈述材料的，应当准许；必要时，执法人员也可以要求被查问人、被询问人自行书写陈述。

被查问人、被询问人自行提供书面陈述材料的，应当在陈述材料上签字并且注明书写陈述的时间、地点和陈述人等。执法人员收到书面陈述后，应当注明收到时间并且签字确认。

第三十七条 执法人员对违法嫌疑人、证人的陈述必须充分听取，并且如实记录。

第三十八条 执法人员依法检查运输工具和场所，查验货物、物品，应当制作检查、查验记录。

检查、查验记录应当由执法人员、当事人或者其代理人签字或者盖章；当事人或者其代理人不在场或者拒绝签字或者盖章的，执法人员应当在检查、查验记录上注明，并且由见证人签字或者盖章。

第三十九条 执法人员依法检查走私嫌疑人的身体，应当在隐蔽的场所或者非检查人员视线之外，由两名以上与被检查人同性别的执法人员执行，并且制作人身检查记录。

检查走私嫌疑人身体可以由医生协助进行，必要时可以前往医疗机构检查。

人身检查记录应当由执法人员、被检查人签字或者盖章；被检查人拒绝签字或者盖章的，执法人员应当在人身检查记录上注明。

第四十条 为查清事实或者固定证据，海关或者海关依法委托的机构可以提取样品。

提取样品时，当事人或者其代理人应当到场；当事人或者其代理人未到场的，海关应当邀请见证人到场。海关认为必要时，可以径行提取货样。

提取的样品应当予以加封确认，并且填制提取样品记录，由执法人员或者海关依法委托的机构人员、当事人或者其代理人、见证人签字或者盖章。

第四十一条 海关或者海关依法委托的机构提取的样品应当一式两份以上；样品份数及每份样品数量以能够满足案件办理需要为限。

第四十二条 为查清事实，需要对案件中专门事项进行检测、检验、检疫、技术鉴定的，应当由海关或者海关依法委托的机构实施。

第四十三条 检测、检验、检疫、技术鉴定结果应当载明委托人和委托事项、依据和结论，并且应当有检测、检验、检疫、技术鉴定人的签字和海关或者海关依法委托的机构的盖章。

检测、检验、检疫、技术鉴定的费用由海关承担。

第四十四条 检测、检验、检疫、技术鉴定结果应当告知当事人。

第四十五条　在调查走私案件时，执法人员查询案件涉嫌单位和涉嫌人员在金融机构、邮政企业的存款、汇款，应当经直属海关关长或者其授权的隶属海关关长批准。

执法人员查询时，应当主动向当事人或者有关人员出示执法证件和海关协助查询通知书。

第四十六条　海关实施扣留应当遵守下列规定：

（一）实施前须向海关负责人报告并经批准，但是根据《中华人民共和国海关法》第六条第四项实施的扣留，应当经直属海关关长或者其授权的隶属海关关长批准；

（二）由两名以上执法人员实施；

（三）出示执法证件；

（四）通知当事人到场；

（五）当场告知当事人采取扣留的理由、依据以及当事人依法享有的权利、救济途径；

（六）听取当事人的陈述和申辩；

（七）制作现场笔录；

（八）现场笔录由当事人和执法人员签名或者盖章，当事人拒绝的，在笔录中予以注明；

（九）当事人不到场的，邀请见证人到场，由见证人和执法人员在现场笔录上签名或者盖章；

（十）法律、行政法规规定的其他程序。

海关依法扣留货物、物品、运输工具、其他财产及账册、单据等资料，可以加施海关封志。

第四十七条　海关依法扣留的货物、物品、运输工具，在人民法院判决或者海关行政处罚决定作出之前，不得处理。但是，危险品或者鲜活、易腐、易烂、易失效、易变质等不宜长期保存的货物、物品以及所有人申请先行变卖的货物、物品、运输工具，经直属海关关长或者其授权的隶属海关关长批准，可以先行依法变卖，变卖所得价款由海关保存；依照法律、行政法规的规定，应当采取退运、销毁、无害化处理等措施的货物、物品，可以依法先行处置。

海关在变卖前，应当通知先行变卖的货物、物品、运输工具的所有人。变卖前无法及时通知的，海关应当在货物、物品、运输工具变卖后，通知其所有人。

第四十八条　海关依法解除对货物、物品、运输工具、其他财产及有关账册、单据等资料的扣留，应当制发解除扣留通知书送达当事人。解除扣留通知书由执法人员、当事人或者其代理人签字或者盖章；当事人或者其代理人不在场，或者当事人、代理人拒绝签字或者盖章的，执法人员应当在解除扣留通知书上注明，并且由见证人签字或者盖章。

第四十九条 有违法嫌疑的货物、物品、运输工具应当或者已经被海关依法扣留的，当事人可以向海关提供担保，申请免予或者解除扣留。

有违法嫌疑的货物、物品、运输工具无法或者不便扣留的，当事人或者运输工具负责人应当向海关提供等值的担保。

第五十条 当事人或者运输工具负责人向海关提供担保时，执法人员应当制作收取担保凭单并送达当事人或者运输工具负责人，执法人员、当事人、运输工具负责人或者其代理人应当在收取担保凭单上签字或者盖章。

收取担保后，可以对涉案货物、物品、运输工具进行拍照或者录像存档。

第五十一条 海关依法解除担保的，应当制发解除担保通知书送达当事人或者运输工具负责人。解除担保通知书由执法人员及当事人、运输工具负责人或者其代理人签字或者盖章；当事人、运输工具负责人或者其代理人不在场或者拒绝签字或者盖章的，执法人员应当在解除担保通知书上注明。

第五十二条 海关依法对走私犯罪嫌疑人实施人身扣留，依照《中华人民共和国海关实施人身扣留规定》规定的程序办理。

第五十三条 经调查，行政处罚案件有下列情形之一的，海关可以终结调查并提出处理意见：

（一）违法事实清楚、法律手续完备、据以定性处罚的证据充分的；

（二）违法事实不能成立的；

（三）作为当事人的自然人死亡的；

（四）作为当事人的法人或者其他组织终止，无法人或者其他组织承受其权利义务，又无其他关系人可以追查的；

（五）案件已经移送其他行政机关或者司法机关的；

（六）其他依法应当终结调查的情形。

第四章　行政处理决定

第一节　行政处罚的适用

第五十四条 不满十四周岁的未成年人有违法行为的，不予行政处罚，但是应当责令其监护人加以管教；已满十四周岁不满十八周岁的未成年人有违法行为的，应当从轻或者减轻行政处罚。

第五十五条 精神病人、智力残疾人在不能辨认或者不能控制自己行为时有违法行为的，不予行政处罚，但是应当责令其监护人严加看管和治疗。间歇性精神病人在精神正常时有违法行为的，应当给予行政处罚。尚未完全丧失辨认或者控制自己行为能力的精神病人、智力残疾人有违法行为的，可以从轻或者减轻行政处罚。

第五十六条 违法行为轻微并及时改正，没有造成危害后果的，不予行政处罚。初次违法且危害后果轻微并及时改正的，可以不予行政处罚。

对当事人的违法行为依法不予行政处罚的，海关应当对当事人进行教育。

第五十七条 当事人有证据足以证明没有主观过错的，不予行政处罚。法律、行政法规另有规定的，从其规定。

第五十八条 当事人有下列情形之一，应当从轻或者减轻行政处罚：

（一）主动消除或者减轻违法行为危害后果的；

（二）受他人胁迫或者诱骗实施违法行为的；

（三）主动供述海关尚未掌握的违法行为的；

（四）配合海关查处违法行为有立功表现的；

（五）法律、行政法规、海关规章规定其他应当从轻或者减轻行政处罚的。

当事人积极配合海关调查且认错认罚的或者违法行为危害后果较轻的，可以从轻或者减轻处罚。

第五十九条 发生重大传染病疫情等突发事件，为了控制、减轻和消除突发事件引起的社会危害，海关对违反突发事件应对措施的行为，依法快速、从重处罚。

第六十条 违法行为在二年内未被发现的，不再给予行政处罚；涉及公民生命健康安全、金融安全且有危害后果的，上述期限延长至五年。法律另有规定的除外。

前款规定的期限，从违法行为发生之日起计算；违法行为有连续或者继续状态的，从行为终了之日起计算。

第六十一条 实施行政处罚，适用违法行为发生时的法律、行政法规、海关规章的规定。但是，作出行政处罚决定时，法律、行政法规、海关规章已被修改或者废止，且新的规定处罚较轻或者不认为是违法的，适用新的规定。

第六十二条 海关可以依法制定行政处罚裁量基准，规范行使行政处罚裁量权。行政处罚裁量基准应当向社会公布。

第二节 法制审核

第六十三条 海关对已经调查终结的行政处罚普通程序案件，应当由从事行政处罚决定法制审核的人员进行法制审核；未经法制审核或者审核未通过的，不得作出处理决定。但是依照本规定第六章第二节快速办理的案件除外。

海关初次从事行政处罚决定法制审核的人员，应当通过国家统一法律职业资格考试取得法律职业资格。

第六十四条 海关对行政处罚案件进行法制审核时，应当重点审核以下内容，并提出审核意见：

（一）执法主体是否合法；

（二）执法人员是否具备执法资格；

（三）执法程序是否合法；

（四）案件事实是否清楚，证据是否合法充分；

（五）适用法律、行政法规、海关规章等依据是否准确；

（六）自由裁量权行使是否适当；

（七）是否超越法定权限；

（八）法律文书是否完备、规范；

（九）违法行为是否依法应当移送其他行政机关或者司法机关处理。

第六十五条 经审核存在问题的，法制审核人员应当提出处理意见并退回调查部门。

仅存在本规定第六十四条第五项、第六项规定问题的，法制审核人员也可以直接提出处理意见，依照本章第三节、第四节规定作出处理决定。

第三节 告知、复核和听证

第六十六条 海关在作出行政处罚决定或者不予行政处罚决定前，应当告知当事人拟作出的行政处罚或者不予行政处罚内容及事实、理由、依据，并且告知当事人依法享有的陈述、申辩、要求听证等权利。

海关未依照前款规定履行告知义务，或者拒绝听取当事人的陈述、申辩，不得作出行政处罚决定或者不予行政处罚决定。

在履行告知义务时，海关应当制发行政处罚告知单或者不予行政处罚告知单，送达当事人。

第六十七条 当事人有权进行陈述和申辩。

除因不可抗力或者海关认可的其他正当理由外，当事人应当在收到行政处罚或者不予行政处罚告知单之日起五个工作日内提出书面陈述、申辩和要求听证。逾期视为放弃陈述、申辩和要求听证的权利。

当事人当场口头提出陈述、申辩或者要求听证的，海关应当制作书面记录，并且由当事人签字或者盖章确认。

当事人明确放弃陈述、申辩和听证权利的，海关可以直接作出行政处罚或者不予行政处罚决定。当事人放弃陈述、申辩和听证权利应当有书面记载，并且由当事人或者其代理人签字或者盖章确认。

第六十八条 海关必须充分听取当事人的陈述、申辩和听证意见，对当事人提出的事实、理由和证据，应当进行复核；当事人提出的事实、理由、证据或者意见成立的，海关应当采纳。

第六十九条 海关不得因当事人陈述、申辩、要求听证而给予更重的处罚，但是海关发现新的违法事实的除外。

第七十条 经复核后，变更原告知的行政处罚或者不予行政处罚内容及事实、理由、依据的，应当重新制发海关行政处罚告知单或者不予行政处罚告知单，并且依照本规定第六十六条至第六十九条的规定办理。

经复核后，维持原告知的行政处罚或者不予行政处罚内容及事实、理由、依据的，依照本章第四节的规定作出处理决定。

第四节　处 理 决 定

第七十一条 海关负责人应当对行政处罚案件进行审查，根据不同情况，分别作出以下决定：

（一）确有应受行政处罚的违法行为的，根据情节轻重及具体情况，作出行政处罚决定；

（二）符合本规定第五十四条至第五十六条规定的不予行政处罚情形之一的，作出不予行政处罚决定；

（三）符合本规定第五十三条第二项规定的情形的，不予行政处罚，撤销案件；

（四）符合本规定第五十三条第三项、第四项规定的情形之一的，撤销案件；

（五）符合法定收缴条件的，予以收缴；

（六）应当由其他行政机关或者司法机关处理的，移送有关行政机关或者司法机关依法办理。

海关作出行政处罚决定，应当做到认定违法事实清楚，定案证据确凿充分，违法行为定性准确，适用法律正确，办案程序合法，处罚合理适当。

违法事实不清、证据不足的，不得给予行政处罚。

第七十二条 对情节复杂或者重大违法行为给予行政处罚，应当由海关负责人集体讨论决定。

第七十三条　海关依法作出行政处罚决定或者不予行政处罚决定的,应当制发行政处罚决定书或者不予行政处罚决定书。

第七十四条　行政处罚决定书应当载明以下内容:

(一)当事人的基本情况,包括当事人姓名或者名称、地址等;

(二)违反法律、行政法规、海关规章的事实和证据;

(三)行政处罚的种类和依据;

(四)行政处罚的履行方式和期限;

(五)申请行政复议或者提起行政诉讼的途径和期限;

(六)作出行政处罚决定的海关名称和作出决定的日期,并且加盖作出行政处罚决定海关的印章。

第七十五条　不予行政处罚决定书应当载明以下内容:

(一)当事人的基本情况,包括当事人姓名或者名称、地址等;

(二)违反法律、行政法规、海关规章的事实和证据;

(三)不予行政处罚的依据;

(四)申请行政复议或者提起行政诉讼的途径和期限;

(五)作出不予行政处罚决定的海关名称和作出决定的日期,并且加盖作出不予行政处罚决定海关的印章。

第七十六条　海关应当自行政处罚案件立案之日起六个月内作出行政处罚决定;确有必要的,经海关负责人批准可以延长期限,延长期限不得超过六个月。案情特别复杂或者有其他特殊情况,经延长期限仍不能作出处理决定的,应当由直属海关负责人集体讨论决定是否继续延长期限,决定继续延长期限的,应当同时确定延长的合理期限。

上述期间不包括公告、检测、检验、检疫、技术鉴定、复议、诉讼的期间。

在案件办理期间,发现当事人另有违法行为的,自发现之日起重新计算办案期限。

第七十七条　行政处罚决定书应当在宣告后当场交付当事人;当事人不在场的,海关应当在七个工作日内将行政处罚决定书送达当事人。

第七十八条　具有一定社会影响的行政处罚决定,海关应当依法公开。

公开的行政处罚决定被依法变更、撤销、确认违法或者确认无效的,海关应当在三个工作日内撤回行政处罚决定信息并公开说明理由。

第七十九条　海关依法收缴有关货物、物品、违法所得、运输工具、特制设备的,应当制作收缴清单并送达被收缴人。

走私违法事实基本清楚,但是当事人无法查清的案件,海关在制发收缴清单之前,应当制发收缴公告,公告期限为三个月,并且限令有关当事人在公告期限内到指定海关办理相关海关手续。公告期满后仍然没有当事人到海关办理相关海关手续的,海关可以依法予以收缴。

第八十条 收缴清单应当载明予以收缴的货物、物品、违法所得、运输工具、特制设备的名称、规格、数量或者重量等。有关货物、物品、运输工具、特制设备有重要、明显特征或者瑕疵的,执法人员应当在收缴清单中予以注明。

第八十一条 收缴清单由执法人员、被收缴人或者其代理人签字或者盖章。

被收缴人或者其代理人拒绝签字或者盖章,或者被收缴人无法查清但是有见证人在场的,应当由见证人签字或者盖章。

没有被收缴人签字或者盖章的,执法人员应当在收缴清单上注明原因。

海关对走私违法事实基本清楚,但是当事人无法查清的案件制发的收缴清单应当公告送达。

第五章 听证程序

第一节 一般规定

第八十二条 海关拟作出下列行政处罚决定,应当告知当事人有要求听证的权利,当事人要求听证的,海关应当组织听证:

(一)对公民处一万元以上罚款、对法人或者其他组织处十万元以上罚款;

(二)对公民处没收一万元以上违法所得、对法人或者其他组织处没收十万元以上违法所得;

(三)没收有关货物、物品、走私运输工具;

(四)降低资质等级、吊销许可证件;

(五)责令停产停业、责令关闭、限制从业;

(六)其他较重的行政处罚;

(七)法律、行政法规、海关规章规定的其他情形。

当事人不承担组织听证的费用。

第八十三条 听证由海关负责行政处罚案件法制审核的部门组织。

第八十四条 听证应当由海关指定的非本案调查人员主持。听证主持人履行下列职权:

(一)决定延期、中止听证;

(二)就案件的事实、拟作出行政处罚的依据与理由进行提问;

（三）要求听证参加人提供或者补充证据；

（四）主持听证程序并维持听证秩序，对违反听证纪律的行为予以制止；

（五）决定有关证人、检测、检验、检疫、技术鉴定人是否参加听证。

第八十五条 听证参加人包括当事人及其代理人、第三人及其代理人、案件调查人员；其他人员包括证人、翻译人员、检测、检验、检疫、技术鉴定人。

第八十六条 与案件处理结果有直接利害关系的公民、法人或者其他组织要求参加听证的，可以作为第三人参加听证；为查明案情，必要时，听证主持人也可以通知其参加听证。

第八十七条 当事人、第三人可以委托一至二名代理人参加听证。

第八十八条 案件调查人员是指海关负责行政处罚案件调查取证并参加听证的执法人员。

在听证过程中，案件调查人员陈述当事人违法的事实、证据、拟作出的行政处罚决定及其法律依据，并同当事人进行质证、辩论。

第八十九条 经听证主持人同意，当事人及其代理人、第三人及其代理人、案件调查人员可以要求证人、检测、检验、检疫、技术鉴定人参加听证，并在举行听证的一个工作日前提供相关人员的基本情况。

第二节　听证的申请与决定

第九十条 当事人要求听证的，应当在海关告知其听证权利之日起五个工作日内向海关提出。

第九十一条 海关决定组织听证的，应当自收到听证申请之日起二十个工作日以内举行听证，并在举行听证的七个工作日前将举行听证的时间、地点通知听证参加人和其他人员。

第九十二条 有下列情形之一的，海关应当作出不予听证的决定：

（一）申请人不是本案当事人或者其代理人；

（二）未在收到行政处罚告知单之日起五个工作日内要求听证的；

（三）不属于本规定第八十二条规定范围的。

决定不予听证的，海关应当在收到听证申请之日起三个工作日以内制作海关行政处罚不予听证通知书，并及时送达申请人。

第三节　听证的举行

第九十三条 听证参加人及其他人员应当遵守以下听证纪律：

（一）听证参加人及其他人员应当遵守听证秩序，经听证主持人同意后，才能进行陈述和辩论；

（二）旁听人员不得影响听证的正常进行；

（三）准备进行录音、录像、摄影和采访的，应当事先报经听证主持人批准。

第九十四条 听证应当按照下列程序进行：

（一）听证主持人核对当事人及其代理人、第三人及其代理人、案件调查人员的身份；

（二）听证主持人宣布听证参加人、翻译人员、检测、检验、检疫、技术鉴定人名单，询问当事人及其代理人、第三人及其代理人、案件调查人员是否申请回避；

（三）宣布听证纪律；

（四）听证主持人宣布听证开始并介绍案由；

（五）案件调查人员陈述当事人违法事实，出示相关证据，提出拟作出的行政处罚决定和依据；

（六）当事人及其代理人陈述、申辩，提出意见和主张；

（七）第三人及其代理人陈述，提出意见和主张；

（八）听证主持人就案件事实、证据、处罚依据进行提问；

（九）当事人及其代理人、第三人及其代理人、案件调查人员相互质证、辩论；

（十）当事人及其代理人、第三人及其代理人、案件调查人员作最后陈述；

（十一）宣布听证结束。

第九十五条 有下列情形之一的，应当延期举行听证：

（一）当事人或者其代理人因不可抗力或者有其他正当理由无法到场的；

（二）临时决定听证主持人、听证员或者记录员回避，不能当场确定更换人选的；

（三）作为当事人的法人或者其他组织有合并、分立或者其他资产重组情形，需要等待权利义务承受人的；

（四）其他依法应当延期举行听证的情形。

延期听证的原因消除后，由听证主持人重新确定举行听证的时间，并在举行听证的三个工作日前书面告知听证参加人及其他人员。

第九十六条 有下列情形之一的，应当中止举行听证：

（一）需要通知新的证人到场或者需要重新检测、检验、检疫、技术鉴定、补充证据的；

（二）当事人因不可抗力或者有其他正当理由暂时无法继续参加听证的；

（三）听证参加人及其他人员不遵守听证纪律，造成会场秩序混乱的；

（四）其他依法应当中止举行听证的情形。

中止听证的原因消除后，由听证主持人确定恢复举行听证的时间，并在举行听证的三个工作日前书面告知听证参加人及其他人员。

第九十七条 有下列情形之一的，应当终止举行听证：

（一）当事人及其代理人撤回听证申请的；

（二）当事人及其代理人无正当理由拒不出席听证的；

（三）当事人及其代理人未经许可中途退出听证的；

（四）当事人死亡或者作为当事人的法人、其他组织终止，没有权利义务承受人的；

（五）其他依法应当终止听证的情形。

第九十八条 听证应当制作笔录，听证笔录应当载明下列事项：

（一）案由；

（二）听证参加人及其他人员的姓名或者名称；

（三）听证主持人、听证员、记录员的姓名；

（四）举行听证的时间、地点和方式；

（五）案件调查人员提出的本案的事实、证据和拟作出的行政处罚决定及其依据；

（六）陈述、申辩和质证的内容；

（七）证人证言；

（八）按规定应当载明的其他事项。

第九十九条 听证笔录应当由听证参加人及其他人员确认无误后逐页进行签字或者盖章。对记录内容有异议的可以当场更正后签字或者盖章确认。

听证参加人及其他人员拒绝签字或者盖章的，由听证主持人在听证笔录上注明。

第一百条 听证结束后，海关应当根据听证笔录，依照本规定第六十八条至第七十二条的规定进行复核及作出决定。

第六章 简易程序和快速办理

第一节 简易程序

第一百零一条 违法事实确凿并有法定依据，对公民处以二百元以下、对法人或者其他组织处以三千元以下罚款或者警告的行政处罚的，海关可以适用简易程序当场作出行政处罚决定。

第一百零二条 执法人员当场作出行政处罚决定的,应当向当事人出示执法证件,填写预定格式、编有号码的行政处罚决定书,并当场交付当事人。当事人拒绝签收的,应当在行政处罚决定书上注明。

前款规定的行政处罚决定书应当载明当事人的违法行为,行政处罚的种类和依据、罚款数额、时间、地点,申请行政复议、提起行政诉讼的途径和期限以及海关名称,并由执法人员签名或者盖章。

执法人员当场作出的行政处罚决定,应当报所属海关备案。

第二节 快速办理

第一百零三条 对不适用简易程序,但是事实清楚,当事人书面申请、自愿认错认罚且有其他证据佐证的行政处罚案件,符合以下情形之一的,海关可以通过简化取证、审核、审批等环节,快速办理案件:

(一)适用《海关行政处罚实施条例》第十五条第一项、第二项规定进行处理的;

(二)报关企业、报关人员对委托人所提供情况的真实性未进行合理审查,或者因为工作疏忽致使发生《海关行政处罚实施条例》第十五条第一项、第二项规定情形的;

(三)适用《海关行政处罚实施条例》第二十条至第二十三条规定进行处理的;

(四)违反海关监管规定携带货币进出境的;

(五)旅检渠道查获走私货物、物品价值在五万元以下的;

(六)其他违反海关监管规定案件货物价值在五十万元以下或者物品价值在十万元以下,但是影响国家出口退税管理案件货物申报价格在五十万元以上的除外;

(七)法律、行政法规、海关规章规定处警告、最高罚款三万元以下的;

(八)海关总署规定的其他情形。

第一百零四条 快速办理行政处罚案件,当事人在自行书写材料或者查问笔录中承认违法事实、认错认罚,并有查验、检查记录、鉴定意见等关键证据能够相互印证的,海关可以不再开展其他调查取证工作。

使用执法记录仪等设备对当事人陈述或者海关查问过程进行录音录像的,录音录像可以替代当事人自行书写材料或者查问笔录。必要时,海关可以对录音录像的关键内容及其对应的时间段作文字说明。

第一百零五条 海关快速办理行政处罚案件的,应当在立案之日起七个工作日内制发行政处罚决定书或者不予行政处罚决定书。

第一百零六条 快速办理的行政处罚案件有下列情形之一的，海关应当依照本规定第三章至第五章的规定办理，并告知当事人：

（一）海关对当事人提出的陈述、申辩意见无法当场进行复核的；

（二）海关当场复核后，当事人对海关的复核意见仍然不服的；

（三）当事人要求听证的；

（四）海关认为违法事实需要进一步调查取证的；

（五）其他不宜适用快速办理的情形。

快速办理阶段依法收集的证据，可以作为定案的根据。

第七章 处理决定的执行

第一百零七条 海关作出行政处罚决定后，当事人应当在行政处罚决定书载明的期限内，予以履行。

海关作出罚款决定的，当事人应当自收到行政处罚决定书之日起十五日内，到指定的银行或者通过电子支付系统缴纳罚款。

第一百零八条 当事人确有经济困难向海关提出延期或者分期缴纳罚款的，应当以书面方式提出申请。

海关收到当事人延期、分期缴纳罚款的申请后，应当在十个工作日内作出是否准予延期、分期缴纳罚款的决定，并且制发通知书送达申请人。

第一百零九条 当事人逾期不履行行政处罚决定的，海关可以采取下列措施：

（一）到期不缴纳罚款的，每日按照罚款数额的百分之三加处罚款，加处罚款的数额不得超出罚款的数额；

（二）当事人逾期不履行海关的处罚决定又不申请复议或者向人民法院提起诉讼的，海关可以将其保证金抵缴或者将其被扣留的货物、物品、运输工具依法变价抵缴，也可以申请人民法院强制执行；

（三）根据法律规定，采取其他行政强制执行方式。

第一百一十条 受海关处罚的当事人或者其法定代表人、主要负责人在出境前未缴清罚款、违法所得和依法追缴的货物、物品、走私运输工具等值价款的，也未向海关提供相当于上述款项担保的，海关可以依法制作阻止出境协助函，通知出境管理机关阻止其出境。

阻止出境协助函应当随附行政处罚决定书等相关法律文书，并且载明被阻止出境人员的姓名、性别、出生日期、出入境证件种类和号码。被阻止出境人员是外国人、无国籍人员的，应当注明其英文姓名。

第一百一十一条 当事人或者其法定代表人、主要负责人缴清罚款、违法所得和依法追缴的货物、物品、走私运输工具等值价款的，或者向海关提供相当于上述款项担保的，海关应当及时制作解除阻止出境协助函通知出境管理机关。

第一百一十二条 将当事人的保证金抵缴或者将当事人被扣留的货物、物品、运输工具依法变价抵缴罚款之后仍然有剩余的，应当及时发还或者解除扣留、解除担保。

第一百一十三条 自海关送达解除扣留通知书之日起三个月内，当事人无正当理由未到海关办理有关货物、物品、运输工具或者其他财产的退还手续的，海关应当发布公告。

自公告发布之日起三十日内，当事人仍未办理退还手续的，海关可以依法将有关货物、物品、运输工具或者其他财产提取变卖，并且保留变卖价款。

变卖价款在扣除自海关送达解除扣留通知书之日起算的仓储等相关费用后，尚有余款的，自海关公告发布之日起一年内，当事人仍未办理退还手续的，海关应当将余款上缴国库。

未予变卖的货物、物品、运输工具或者其他财产，自海关公告发布之日起一年内，当事人仍未办理退还手续的，由海关依法处置。

第一百一十四条 自海关送达解除担保通知书之日起三个月内，当事人无正当理由未办理财产、权利退还手续的，海关应当发布公告。

自海关公告发布之日起一年内，当事人仍未办理退还手续的，海关应当将担保财产、权利依法变卖或者兑付后，上缴国库。

第一百一十五条 当事人实施违法行为后，发生企业分立、合并或者其他资产重组等情形，对当事人处以罚款、没收违法所得或者依法追缴货物、物品、走私运输工具等值价款的，应当以承受其权利义务的法人、组织作为被执行人。

第一百一十六条 当事人对行政处罚决定不服，申请行政复议或者提起行政诉讼的，行政处罚不停止执行，法律另有规定的除外。

当事人申请行政复议或者提起行政诉讼的，加处罚款的数额在行政复议或者行政诉讼期间不予计算。

第一百一十七条 有下列情形之一的，中止执行：

（一）处罚决定可能存在违法或者不当情况的；

（二）申请人民法院强制执行，人民法院裁定中止执行的；

（三）行政复议机关、人民法院认为需要中止执行的；

（四）海关认为需要中止执行的其他情形。

根据前款第一项情形中止执行的，应当经海关负责人批准。

中止执行的情形消失后，海关应当恢复执行。对没有明显社会危害，当事人确无能力履行，中止执行满三年未恢复执行的，海关不再执行。

第一百一十八条 有下列情形之一的，终结执行：

（一）据以执行的法律文书被撤销的；

（二）作为当事人的自然人死亡，无遗产可供执行，又无义务承受人的；

（三）作为当事人的法人或者其他组织被依法终止，无财产可供执行，又无义务承受人的；

（四）海关行政处罚决定履行期限届满超过二年，海关依法采取各种执行措施后仍无法执行完毕的，但是申请人民法院强制执行的除外；

（五）申请人民法院强制执行的，人民法院裁定中止执行后超过二年仍无法执行完毕的；

（六）申请人民法院强制执行后，人民法院裁定终结本次执行程序或者终结执行的；

（七）海关认为需要终结执行的其他情形。

第一百一十九条 海关申请人民法院强制执行，应当自当事人的法定起诉期限届满之日起三个月内提出。

海关批准延期、分期缴纳罚款的，申请人民法院强制执行的期限，自暂缓或者分期缴纳罚款期限结束之日起计算。

第八章 附 则

第一百二十条 执法人员玩忽职守、徇私舞弊、滥用职权、索取或者收受他人财物的，依法给予处分；构成犯罪的，依法追究刑事责任。

第一百二十一条 海关规章对办理行政处罚案件的程序有特别规定的，从其规定。

第一百二十二条 海关侦查走私犯罪公安机构办理治安管理处罚案件的程序依照《中华人民共和国治安管理处罚法》《公安机关办理行政案件程序规定》执行。

第一百二十三条 海关对外国人、无国籍人、外国法人或者其他组织给予行政处罚的，适用本规定。

第一百二十四条 本规定由海关总署负责解释。

第一百二十五条 本规定自 2021 年 7 月 15 日起施行。2006 年 1 月 26 日海关总署令第 145 号公布、根据 2014 年 3 月 13 日海关总署令第 218 号修改的《中华人民共和国海关行政处罚听证办法》,2007 年 3 月 2 日海关总署令第 159 号公布、根据 2014 年 3 月 13 日海关总署令第 218 号修改的《中华人民共和国海关办理行政处罚案件程序规定》,2010 年 3 月 1 日海关总署令第 188 号公布的《中华人民共和国海关办理行政处罚简单案件程序规定》同时废止。

家用汽车产品修理更换退货责任规定

(2021 年 7 月 22 日国家市场监督管理总局令第 43 号公布　自 2022 年 1 月 1 日起施行　国司备字[2021004789])

第一章　总　　则

第一条　为了明确家用汽车产品修理、更换、退货(以下统称三包)责任,保护消费者合法权益,根据《中华人民共和国产品质量法》《中华人民共和国消费者权益保护法》等法律,制定本规定。

第二条　在中华人民共和国境内销售的家用汽车产品的三包,适用本规定。

第三条　三包责任由销售者依法承担。销售者依照本规定承担三包责任后,属于生产者责任或者其他经营者责任的,销售者有权向生产者、其他经营者追偿。

从中华人民共和国境外进口家用汽车产品到境内销售的企业,视为生产者。

第四条　家用汽车产品经营者之间可以订立合同约定三包责任的承担,但不得侵害消费者合法权益,不得免除或者减轻本规定所规定的质量义务和三包责任。

鼓励经营者作出严于本规定、更有利于保护消费者合法权益的三包承诺。承诺一经作出,应当依法履行。

第五条　家用汽车产品消费者、经营者行使权利、履行义务或者承担责任,应当遵循诚实信用原则。

家用汽车产品经营者不得故意拖延或者无正当理由拒绝消费者提出的符合本规定的三包要求。

第六条　国家市场监督管理总局(以下简称市场监管总局)负责指导协调、监督管理全国家用汽车产品三包工作,建立家用汽车产品三包信息公开制度，委托相关技术机构承担具体技术工作。

县级以上地方市场监督管理部门负责指导协调、监督管理本行政区域内家用汽车产品三包工作。

第二章 经营者义务

第七条 生产者生产的家用汽车产品应当符合法律、法规规定以及当事人约定的质量要求。未经检验合格，不得出厂销售。

第八条 生产者应当为家用汽车产品配备中文产品合格证或者相关证明、产品一致性证书、产品使用说明书、三包凭证、维修保养手册等随车文件。随车提供工具、附件等物品的，还应当附随车物品清单。

第九条 三包凭证应当包括下列内容：

（一）产品品牌、型号、车辆类型、车辆识别代号（VIN）、生产日期；

（二）生产者的名称、地址、邮政编码、客服电话；

（三）销售者的名称、地址、邮政编码、客服电话、开具购车发票的日期、交付车辆的日期；

（四）生产者或者销售者约定的修理者（以下简称修理者）网点信息的查询方式；

（五）家用汽车产品的三包条款、包修期、三包有效期、使用补偿系数；

（六）主要零部件、特殊零部件的种类范围，易损耗零部件的种类范围及其质量保证期；

（七）家用纯电动、插电式混合动力汽车产品的动力蓄电池在包修期、三包有效期内的容量衰减限值；

（八）按照规定需要明示的其他内容。

第十条 生产者应当向市场监管总局备案生产者基本信息、车型信息、约定的销售和修理网点资料、产品使用说明书、三包凭证、维修保养手册和退换车信息等，但生产者已经在缺陷汽车产品召回信息管理系统上备案的信息除外。

备案信息发生变化的，生产者应当自变化之日起 20 个工作日内更新备案。

第十一条 生产者应当积极配合销售者、修理者履行其义务，不得故意拖延或者无正当理由拒绝销售者、修理者按照本规定提出的协助、追偿等事项。

第十二条 销售者应当建立进货检查验收制度，验明家用汽车产品的随车文件。

第十三条 销售者应当向消费者交付合格的家用汽车产品，并履行下列规定：

（一）与消费者共同查验家用汽车产品的外观、内饰等可以现场查验的质量状况；

（二）向消费者交付随车文件以及购车发票；

（三）按照随车物品清单向消费者交付随车工具、附件等物品；

（四）对照随车文件，告知消费者家用汽车产品的三包条款、包修期、三包有效期、使用补偿系数、修理者网点信息的查询方式；

（五）提醒消费者阅读安全注意事项并按照产品使用说明书的要求使用、维护、保养家用汽车产品。

第十四条 消费者遗失三包凭证的，可以向销售者申请补办。销售者应当及时免费补办。

第十五条 包修期内家用汽车产品因质量问题不能安全行驶的，修理者应当提供免费修理咨询服务；咨询服务无法解决的，应当开展现场服务，并承担必要的车辆拖运费用。

第十六条 包修期内修理者用于修理的零部件应当是生产者提供或者认可的合格零部件，并且其质量不得低于原车配置的零部件质量。

第十七条 修理者应当建立修理记录存档制度。修理记录保存期限不得低于6年。

修理记录应当包括送修时间、行驶里程、消费者质量问题陈述、检查结果、修理项目、更换的零部件名称和编号、材料费、工时及工时费、车辆拖运费用、提供备用车或者交通费用补偿的情况、交车时间、修理者和消费者签名或者盖章等信息，并提供给消费者一份。

消费者因遗失修理记录或者其他原因需要查阅或者复印修理记录，修理者应当提供便利。

第三章　三包责任

第十八条 家用汽车产品的三包有效期不得低于2年或者行驶里程50，000公里，以先到者为准；包修期不得低于3年或者行驶里程60，000公里，以先到者为准。

三包有效期和包修期自销售者开具购车发票之日起计算；开具购车发票日期与交付家用汽车产品日期不一致的，自交付之日起计算。

第十九条 家用汽车产品在包修期内出现质量问题或者易损耗零部件在

其质量保证期内出现质量问题的，消费者可以凭三包凭证选择修理者免费修理（包括免除工时费和材料费）。

修理者能够通过查询相关信息系统等方式核实购买信息的，应当免除消费者提供三包凭证的义务。

第二十条 家用汽车产品自三包有效期起算之日起60日内或者行驶里程3000公里之内（以先到者为准），因发动机、变速器、动力蓄电池、行驶驱动电机的主要零部件出现质量问题的，消费者可以凭三包凭证选择更换发动机、变速器、动力蓄电池、行驶驱动电机。修理者应当免费更换。

第二十一条 家用汽车产品在包修期内因质量问题单次修理时间超过5日（包括等待修理零部件时间）的，修理者应当自第6日起为消费者提供备用车，或者向消费者支付合理的交通费用补偿。经营者与消费者另有约定的，按照约定的方式予以补偿。

第二十二条 家用汽车产品自三包有效期起算之日起7日内，因质量问题需要更换发动机、变速器、动力蓄电池、行驶驱动电机或者其主要零部件的，消费者可以凭购车发票、三包凭证选择更换家用汽车产品或者退货。销售者应当免费更换或者退货。

第二十三条 家用汽车产品自三包有效期起算之日起60日内或者行驶里程3000公里之内（以先到者为准），因质量问题出现转向系统失效、制动系统失效、车身开裂、燃油泄漏或者动力蓄电池起火的，消费者可以凭购车发票、三包凭证选择更换家用汽车产品或者退货。销售者应当免费更换或者退货。

第二十四条 家用汽车产品在三包有效期内出现下列情形之一，消费者凭购车发票、三包凭证选择更换家用汽车产品或者退货的，销售者应当更换或者退货：

（一）因严重安全性能故障累计进行2次修理，但仍未排除该故障或者出现新的严重安全性能故障的；

（二）发动机、变速器、动力蓄电池、行驶驱动电机因其质量问题累计更换2次，仍不能正常使用的；

（三）发动机、变速器、动力蓄电池、行驶驱动电机、转向系统、制动系统、悬架系统、传动系统、污染控制装置、车身的同一主要零部件因其质量问题累计更换2次，仍不能正常使用的；

（四）因质量问题累计修理时间超过30日，或者因同一质量问题累计修理超过4次的。

发动机、变速器、动力蓄电池、行驶驱动电机的更换次数与其主要零部件的更换次数不重复计算。

需要根据车辆识别代号(VIN)等定制的防盗系统、全车主线束等特殊零部件和动力蓄电池的运输时间,以及外出救援路途所占用的时间,不计入本条第一款第(四)项规定的修理时间。

第二十五条 家用汽车产品符合本规定规定的更换条件,销售者无同品牌同型号家用汽车产品的,应当向消费者更换不低于原车配置的家用汽车产品。无不低于原车配置的家用汽车产品,消费者凭购车发票、三包凭证选择退货的,销售者应当退货。

第二十六条 销售者为消费者更换家用汽车产品或者退货,应当赔偿消费者下列损失:

(一)车辆登记费用;

(二)销售者收取的扣除相应折旧后的加装、装饰费用;

(三)销售者向消费者收取的相关服务费用。

相关税费、保险费按照国家有关规定执行。

第二十七条 消费者依照本规定第二十四条第一款规定更换家用汽车产品或者退货的,应当向销售者支付家用汽车产品使用补偿费。补偿费的计算方式为:

补偿费=车价款(元)×行驶里程(公里)/1000(公里)×n。

使用补偿系数 n 由生产者确定并明示在三包凭证上。使用补偿系数 n 不得高于 0.5%。

第二十八条 三包有效期内销售者收到消费者提出的更换家用汽车产品或者退货要求的,应当自收到相关要求之日起 10 个工作日内向消费者作出答复。不符合更换或者退货条件的,应当在答复中说明理由。

符合更换或者退货条件的,销售者应当自消费者提出更换或者退货要求之日起 20 个工作日内为消费者完成更换或者退货,并出具换车证明或者退车证明;20 个工作日内不能完成家用汽车产品更换的,消费者可以要求退货,但因消费者原因造成的延迟除外。

第二十九条 按照本规定更换的家用汽车产品,其三包有效期和包修期自更换之日起重新计算。

第三十条 包修期内家用汽车产品所有权发生转移的,三包凭证应当随车转移。三包责任不因家用汽车产品所有权的转移而改变。

第三十一条 经营者合并、分立、变更、破产的,其三包责任按照有关法律、法规的规定执行。

第三十二条 包修期内家用汽车产品有下列情形之一的,可以免除经营者对下列质量问题承担的三包责任:

(一)消费者购买时已经被书面告知家用汽车产品存在不违反法律、法规或者强制性国家标准的瑕疵;

(二)消费者未按照使用说明书或者三包凭证要求,使用、维护、保养家用汽车产品而造成的损坏;

(三)使用说明书明示不得对家用汽车产品进行改装、调整、拆卸,但消费者仍然改装、调整、拆卸而造成的损坏;

(四)发生质量问题,消费者自行处置不当而造成的损坏;

(五)因不可抗力造成的损坏。

经营者不得限制消费者自主选择对家用汽车产品维护、保养的企业,并将其作为拒绝承担三包责任的理由。

第三十三条 销售者销售按照本规定更换、退货的家用汽车产品的,应当检验合格,并书面告知其属于“三包换退车”以及更换、退货的原因。

“三包换退车”的三包责任,按照当事人约定执行。

第四章 争议的处理

第三十四条 发生三包责任争议,可以通过下列途径解决:

(一)协商和解;

(二)请求消费者协会或者依法成立的其他调解组织调解;

(三)向市场监督管理部门等有关行政机关投诉;

(四)根据当事人达成的仲裁协议提请仲裁机构仲裁;

(五)向人民法院提起诉讼。

第三十五条 鼓励有关组织建立第三方家用汽车产品三包责任争议处理机制,为消费者免费提供公正、专业、便捷、高效的汽车三包责任争议处理服务。

第三十六条 市场监督管理部门处理三包责任争议投诉举报,按照市场监督管理部门有关投诉举报处理的规定执行。

省级市场监督管理部门可以建立家用汽车产品三包责任争议处理技术咨询人员库,为处理三包责任争议提供技术支持。

第五章 法律责任

第三十七条 未按照本规定第二章规定履行经营者义务,法律、法规对违法行为处罚有规定的,依照法律、法规执行;法律、法规没有规定的,予以警告,责令限期改正,情节严重的,处一万元以上三万元以下罚款。

第三十八条 故意拖延或者无正当理由拒绝承担本规定第三章规定的三包责任的,依照《中华人民共和国消费者权益保护法》第五十六条执行。

第三十九条 本规定所规定的行政处罚,由县级以上地方市场监督管理部门依法实施。行政处罚信息记入国家企业信用信息公示系统,向社会公示。

第六章 附 则

第四十条 本规定下列用语的含义:

家用汽车产品,指消费者为生活消费需要而购买和使用的乘用车和皮卡车。

乘用车,指按照有关国家标准规定的除专用乘用车以外的乘用车。

质量问题,指家用汽车产品质量不符合法律、法规、强制性国家标准以及企业明示采用的标准或者明示的质量状况,或者存在影响正常使用的其他情形。

严重安全性能故障,指家用汽车产品存在的危及人身、财产安全,致使无法安全使用的质量问题,包括安全装置不能起到应有的保护作用或者存在起火等危险的情形。

单次修理时间,指自消费者与修理者确定修理之时至完成修理之时。以小时计算,每满 24 小时,为 1 日;余下时间不足 24 小时的,以 1 日计。

累计修理时间,指单次修理时间累加之和。

第四十一条 家用汽车产品的主要零部件、特殊零部件、易损耗零部件的种类范围,按照有关国家标准确定。

第四十二条 本规定自 2022 年 1 月 1 日起施行。2012 年 12 月 29 日原国家质量监督检验检疫总局令第 150 号公布的《家用汽车产品修理、更换、退货责任规定》同时废止。

对外援助管理办法

(2021 年 8 月 27 日国家国际发展合作署、外交部、商务部令 2021 年第 1 号公布 自 2021 年 10 月 1 日起施行 国司备字[2021004838])

第一章 总 则

第一条 为了加强对外援助的战略谋划和统筹协调,规范对外援助管理,提升对外援助效果，依据有关法律、行政法规制定本办法。

第二条 本办法所称对外援助是指使用政府对外援助资金向受援方提供经济、技术、物资、人才、管理等支持的活动。

第三条 对外援助的受援方主要包括与中华人民共和国已经建立外交关系且有接受援助需要的发展中国家，以及以发展中国家为主的国际组织。

在人道主义援助等紧急或者特殊情况下，发达国家或者与中华人民共和国无外交关系的发展中国家也可以作为受援方。

第四条 对外援助致力于帮助受援方减轻与消除贫困，改善受援方民生和生态环境，促进受援方经济发展和社会进步，增强受援方自主可持续发展能力，巩固和发展与受援方的友好合作关系，促进高质量共建"一带一路"，推动构建新型国际关系，推动构建人类命运共同体。

第五条 对外援助应当坚持正确义利观和真实亲诚理念，相互尊重，平等相待，合作共赢；尊重受援国主权，不干涉他国内政，不附加任何政治条件；量力而行，尽力而为，重信守诺，善始善终；因国施策，共商共建，形式多样，注重实效。

第六条 国家国际发展合作署（以下简称国际发展合作署）负责拟订对外援助方针政策，推进对外援助方式改革，归口管理对外援助资金规模和使用方向，编制对外援助项目年度预决算，确定对外援助项目，监督评估对外援助项目实施情况，组织开展对外援助国际交流合作。

商务部等对外援助执行部门（以下简称援外执行部门）负责根据对外工作需要提出对外援助相关建议，承担对外援助具体执行工作，与受援方协商和办理对外援助项目实施具体事宜，负责项目组织管理，选定对外援助项目实施主体或者派出对外援助人员，管理本部门的对外援助资金。

外交部负责根据外交工作需要提出对外援助相关建议。驻外使领馆（团）统筹管理在驻在国（国际组织）的对外援助工作，协助办理对外援助有关事务，与受援方沟通援助需求并进行政策审核，负责对外援助项目实施的境外监督管理。

第七条 国际发展合作署会同有关部门建立对外援助部际协调机制，统筹协调对外援助重大问题。

第八条 国际发展合作署制定统一的中国政府对外援助标识，负责标识使用的监督管理。

第二章 对外援助政策规划

第九条 国际发展合作署会同有关部门拟订对外援助的战略方针和中长

期政策规划，按照程序报批后执行。

第十条 国际发展合作署会同有关部门制定分国别的对外援助政策，按照程序报批后执行。

第十一条 国际发展合作署会同有关部门拟订对外援助总体方案和年度计划，按照程序报批后执行。

第十二条 国际发展合作署会同有关部门研究对外援助方式的改革措施，并推动改革措施落实。

第十三条 国际发展合作署牵头推进对外援助法制化建设，与援外执行部门根据职责分工制定相应的对外援助管理制度。

第十四条 国际发展合作署建立对外援助项目储备制度，搜集、审核和确定具体国别的对外援助储备项目，并对储备项目实行动态管理。

对外援助储备项目是编制对外援助资金计划和预算，以及对外援助项目立项的主要依据。

第十五条 国际发展合作署拟订对外提供援助的援款协议草案，与受援方进行谈判，并以中国政府名义签署协议。

第三章 对外援助方式

第十六条 对外援助资金主要包括无偿援助、无息贷款和优惠贷款三种类型。

无偿援助主要用于受援方在减贫、减灾、民生、社会福利、公共服务、人道主义等方面的援助需求。

无息贷款主要用于受援方在公共基础设施、工农业生产等方面的援助需求。

优惠贷款主要用于受援方在具有经济效益的生产型项目、资源能源开发项目、较大规模的基础设施建设项目等方面的援助需求。

第十七条 国际发展合作署通过南南合作援助基金等方式创新对外援助形式。

第十八条 对外援助以项目援助为主。

在人道主义援助等紧急或者特殊情况下，可以向受援方提供现汇援助。

第十九条 对外援助项目主要包括以下类型：

（一）成套项目，即通过组织或者指导施工、安装和试生产全过程或者其中部分阶段，向受援方提供生产生活、公共服务等成套设备和工程设施，并提供长效质量保证和配套技术服务的项目；

（二）物资项目，即向受援方提供一般生产生活物资、技术性产品或者单项设备，并承担必要配套技术服务的项目；

（三）技术援助项目，即综合采用选派专家、技术工人或者提供政策和技术咨询、设备等手段帮助受援方实现某一特定政策、管理或者技术目标的项目；

（四）人力资源开发合作项目，即为受援方人员提供各种形式的学历学位教育、研修培训、人员交流以及高级专家服务的项目；

（五）志愿服务项目，即选派志愿者到受援方从事公益性服务的项目；

（六）援外医疗队项目，即选派医务服务人员，并无偿提供部分医疗设备和药品，在受援方进行定点或者巡回医疗服务的项目；

（七）紧急人道主义援助项目，即在有关国家遭受人道主义灾难的情况下，通过提供紧急救援物资、现汇或者派出救援人员等实施救助的项目；

（八）南南合作援助基金项目，即使用南南合作援助基金，支持国际组织、社会组织、智库等实施的项目。

第二十条 对外援助项目一般通过政府间援助方式实施，主要有以下方式：

（一）中方负责实施；

（二）中方与受援方按商定分工合作实施；

（三）在落实中方外部监督的前提下由受援方自主实施；

（四）中方也可以同其他国家、国际组织、非政府组织等合作实施。

第二十一条 加强对外援助资金管理、援外优惠贷款管理，有关规定另行制定。

第四章 对外援助项目立项

第二十二条 受援方有援助需求时，应当将项目建议通过驻外使领馆（团）向中方提出，驻外使领馆（团）对受援方提出的项目建议进行国别政策审核并形成明确意见后报外交部和国际发展合作署，并抄报援外执行部门。

援外执行部门可以根据工作需要向国际发展合作署提出项目建议。

第二十三条 对外援助项目在立项前应当经过可行性研究。

中方可以要求受援方提供拟立项项目的相关资料，作为进行可行性研究的前提。

第二十四条 国际发展合作署组织项目前期论证，根据可行性研究结果确定项目，并按照程序批准立项。

第二十五条 对外援助项目立项后，国际发展合作署一般应当与受援方商签政府间立项协议，明确协议各方的权利和义务，主要包括项目内容、资金安排、实施配套条件、相关税收减免、安全保障等。

第二十六条 对外援助项目实施过程中涉及立项协议内容重大调整的，国际发展合作署按照程序报批后可以进行调整并与外方签订补充立项协议。

援外执行部门可以向国际发展合作署提出调整的建议。

第二十七条 中方同其他国家、国际组织、非政府组织等合作实施的对外援助项目，国际发展合作署一般应当与合作方商签合作协议，明确各方权利义务。

第二十八条 优惠贷款项下的对外援助项目，国际发展合作署应当在承办金融机构出具评审意见后按照程序批准立项，并与受援方签署优惠贷款框架协议。

第二十九条 人道主义灾难发生后，国际发展合作署会同有关部门拟订紧急援助方案，并办理立项。

第五章 对外援助实施管理

第三十条 国际发展合作署根据现行部门分工统筹安排援外执行部门组织实施项目。

援外执行部门依据立项批准内容组织实施对外援助项目，对对外援助项目的安全、质量、进度、投资控制等负责，可以委托有关机构组织实施管理。

第三十一条 国际发展合作署会同有关部门推动重大项目实施，协调解决项目实施中的问题。

第三十二条 国际发展合作署和商务部按照职责分工对对外援助项目实施主体资格进行管理，制定有关管理制度。

第三十三条 对外援助项目由中方负责实施的，援外执行部门依照相关法律法规选定具体项目实施主体。

第三十四条 对外援助项目实施主体不得将所承担的任务转包或者违法分包。

第三十五条 对于无偿援助和无息贷款项下的援助项目，援外执行部门一般应当与受援方商签对外援助项目实施协议，明确规定对外援助项目实施的具体事宜和双方权利义务。

第三十六条 对于无偿援助和无息贷款项下的援助项目，援外执行部门一般应当与实施主体商签对外援助项目实施合同，明确规定对外援助项目实施的具体事宜和双方权利义务。

第三十七条 因外交、国家安全或者承担的国际义务等原因,或者因不可抗力导致对外援助项目无法实施时,国际发展合作署按照程序报批后可以中断或者终止对外援助项目。

援外执行部门可以向国际发展合作署提出中断或者终止对外援助项目的建议。

第三十八条 对外援助项目执行完毕后,中方一般应当与受援方办理政府间交接手续,商签政府间交接证书。

第三十九条 国际发展合作署、援外执行部门会同有关部门建立对外援助出口物资口岸验放机制。

除涉及国家实施出口管制的货物、技术、服务等物项外,对外援助物资出口不纳入配额和许可证管理。

第四十条 对外援助资金应当专款专用、单独核算,任何单位和个人不得挪作他用。

第四十一条 对外援助人员是指政府或者对外援助项目实施主体派遣执行对外援助任务的人员。对外援助人员在外执行对外援助任务期间享有国家规定的待遇保障。对外援助人员在受援方当地执行对外援助任务期间应当遵守中国和受援方的法律法规,尊重受援方的风俗习惯。

对外援助项目实施主体应当加强对对外援助人员的管理和监督,按照有关规定保证其派遣的对外援助人员在外执行对外援助任务期间享有相应的工作和生活待遇及人身意外伤害保障。

对外援助人员在执行对外援助任务期间作出突出贡献的,国际发展合作署和援外执行部门可以依法给予表彰。在执行对外援助任务期间牺牲的,国际发展合作署和援外执行部门可以依法报请有关部门评定为烈士。

第四十二条 对于对外援助项目实施主体的违法违规行为,任何单位和个人可以依法向国际发展合作署和援外执行部门投诉或者举报。

第六章 对外援助监督和评估

第四十三条 国际发展合作署会同援外执行部门建立对外援助项目监督制度,对对外援助项目的实施情况进行监督。

第四十四条 国际发展合作署会同援外执行部门建立对外援助项目评估制度,制定对外援助项目实施情况评估标准,组织开展评估。

第四十五条 国际发展合作署会同援外执行部门建立对外援助项目实施

主体诚信评价体系，按照职责分工对实施主体参与对外援助项目过程中的行为进行信用评价和管理。

第四十六条 国际发展合作署会同援外执行部门建立对外援助项目信息报送制度。

援外执行部门向国际发展合作署报送对外援助项目组织实施情况，以及项目组织实施过程中出现的质量、安全、进度和投资控制等重大问题。

驻外使领馆（团）向国际发展合作署、外交部和援外执行部门报送对外援助项目境外监管中发现的质量、安全、进度和投资控制等重大问题。

第四十七条 国际发展合作署会同援外执行部门依法建立对外援助统计制度，收集、汇总和编制对外援助统计资料。

援外执行部门、省级人民政府有关部门、有关单位应当按照对外援助统计制度，定期向国际发展合作署报送统计数据及相关信息。

第七章　法律责任

第四十八条 对外援助项目实施主体有下列行为之一的，国际发展合作署、援外执行部门依职权给予警告或者通报批评，可以并处人民币 3 万元以下罚款，并依法公开处罚决定：

（一）将所承担的对外援助项目任务转包或者违法分包的；

（二）未按对外援助项目实施合同履行义务或者迟延履行义务，影响项目正常实施，造成严重不良影响的；

（三）挪用对外援助资金的；

（四）未按规定保证外派对外援助人员工作和生活待遇，未提供人身意外伤害保障的。

对外援助项目实施主体违反相关法律、行政法规规定的，依照规定给予行政处罚；构成犯罪的，依法追究刑事责任。

第四十九条 国际发展合作署、援外执行部门和驻外使领馆（团）的工作人员在对外援助管理中有下列行为之一的，视情节轻重给予相应处分；构成犯罪的，依法追究刑事责任：

（一）利用职务便利索取他人财物，或者非法收受他人财物为他人谋取利益的；

（二）滥用职权、玩忽职守或者徇私舞弊，致使国家利益遭受损失的；

（三）泄露国家秘密的。

第八章　附　　则

第五十条　对外军事援助，按照国家和军队有关规定执行。

第五十一条　本办法自2021年10月1日起施行。商务部《对外援助管理办法（试行）》（商务部令2014年第5号）同时废止。

交通运输部关于修改《民用航空行政处罚实施办法》的决定

（2021年9月6日交通运输部令2021年第30号公布　自公布之日起施行　国司备字[2021004684]）

交通运输部决定对《民用航空行政处罚实施办法》（民航总局令第116号）作如下修改：

一、将第四条修改为："民航行政机关实施的行政处罚的种类包括：

"（一）警告、通报批评；

"（二）罚款、没收违法所得、没收非法财物；

"（三）暂扣许可证件、降低资质等级、吊销许可证件；

"（四）限制开展生产经营活动、责令停产停业、责令关闭、限制从业；

"（五）法律、行政法规规定的其他行政处罚。"

二、将第五条第二款修改为："尚未制定法律、行政法规的，涉及民航管理的规章对违反民用航空行政管理秩序的行为，可以设定警告、通报批评或者国务院规定限额内罚款的行政处罚。"

三、删去第六条。

四、将第十三条改为第十二条，第一项修改为："（一）依法成立并具有管理民用航空公共事务职能"。

第三项修改为："（三）有熟悉《中华人民共和国民用航空法》和相应民用航空行政法规、涉及民航管理的规章以及其他必需的法律、法规，熟悉相关民用航空业务、技术并取得中国民用航空监察员证的工作人员"。

第四项修改为："（四）需要进行技术检查或者技术鉴定的，应当有条件进行相应的技术检查或者技术鉴定"。

五、将第十四条改为第十三条，删去第一款。

第二款修改为:“民航行政机关委托实施行政处罚的,应当出具书面委托书。委托机关和受委托组织应当将委托书向社会公布。”

六、将第二十六条改为第二十五条,修改为:“对同时符合下列条件的违法行为,可以适用《行政处罚法》第五章第二节规定的简易程序:

“(一)违法事实清楚、情节简单、后果比较轻微;

“(二)证据确凿或者当场发现行为人违法;

“(三)对公民处以 200 元以下、对法人或者其他组织处以 3000 元以下罚款或者警告的行政处罚。”

七、将第二十八条改为第二十七条,第四项修改为:“(四)处罚的种类和数额”。

第六项修改为:“(六)复议权利、复议机关、复议期限,诉讼权利、途径及期限”。

八、将第二十九条改为第二十八条,修改为:“当场处罚时依法给予 100 元以下罚款或者不当场收缴罚款事后难以执行的,或者当事人按规定方式缴纳罚款有困难并经当事人提出的,可以当场收缴罚款。不属上述情况的罚款,应当按有关规定缴纳。”

九、将第三十条改为第二十九条,第二款修改为:“不得因当事人提出异议、申辩而给予更重的处罚。”

十、将第三十三条改为第三十二条,第三款修改为:“监察员与案件有直接利害关系或者有其他关系可能影响公正执法的,应当回避;当事人认为监察员与案件有直接利害关系或者有其他关系可能影响公正执法的,有权申请回避。”

十一、将第三十四条改为第三十三条,修改为:“监察员查处案件应当收集与案情有关的、能够证实违法行为性质和情节的证据。

“证据包括下列几种:

“(一)书证;

“(二)物证;

“(三)视听资料;

“(四)电子数据;

“(五)证人证言;

“(六)当事人的陈述;

“(七)鉴定意见;

“(八)勘验笔录、现场笔录。

“证据必须经查证属实,方可作为认定案件事实的根据。

“以非法手段取得的证据，不得作为认定案件事实的根据。”

十二、将第四十条改为第三十九条，第一款第五项修改为：“（五）违法行为未超过追诉时效”。

十三、将第四十一条改为第四十条，第一款修改为：“民航行政机关法制职能部门收到案件承办部门提出的民用航空行政案件调查报告后，应当进行初步审查。对拟同意进行下列行政处罚的，应当在报民航行政机关作出行政处罚决定之前，制作《民用航空行政处罚听证告知书》，告知当事人有要求听证的权利；当事人要求组织听证的，民航行政机关应当组织听证并不得要求当事人承担组织听证的费用：

“（一）较大数额罚款；

“（二）没收较大数额违法所得、没收较大价值非法财物；

“（三）降低资质等级、吊销许可证件；

“（四）责令停产停业、责令关闭、限制从业；

“（五）其他较重的行政处罚；

“（六）法律、法规、规章规定的其他情形。”

增加一款，作为第二款：“前款第一项、第二项规定的较大数额、较大价值，按照 10 万元以上的标准执行。”

十四、将第四十二条改为第四十一条，第一款修改为：“案件当事人要求听证的，应当在收到行政处罚听证告知书后 5 日内提出并向民航行政机关法制职能部门提交听证申请书及有关材料。”

删去第二款。

第三款改为第二款，修改为：“民航行政机关法制职能部门接到听证申请后，应当制作《民用航空行政处罚听证通知书》。该通知书一式两份，一份在举行听证 7 日前送达当事人及有关人员，告知听证的日期、地点，同时通知案件承办部门，一份归入民航行政机关案卷。”

十五、将第四十三条改为第四十二条，第四款修改为：“案件当事人及其代理人无正当理由拒不出席听证或者未经许可中途退出听证的，视为放弃听证权利，民航行政机关终止听证。”

十六、将第四十四条改为第四十三条，第三款第七项修改为：“（七）制作《民用航空行政处罚听证笔录》并由听证双方核对无误后签字或者盖章。案件当事人或者其代理人拒绝签字或者盖章的，由听证主持人在笔录中注明”。

第四款修改为：“听证结束后，由听证主持人根据听证笔录，依照《行政处罚法》第五十七条规定提出行政处罚意见。听证笔录应当归入民航行政机关案卷。”

十七、将第四十六条改为第四十五条,第二款修改为:“民航行政机关实施的一般行政处罚,由民航行政机关主要负责人或者分管法制工作的负责人作出决定。对情节复杂或者重大违法行为给予行政处罚,或者拟作出本办法第四十条规定的行政处罚,由民航行政机关主要负责人召开局务会议决定。”

十八、增加一条,作为第四十六条:“民航行政机关应当自行政处罚案件立案之日起 90 日内作出行政处罚决定。案情复杂、期限届满不能终结的案件,经民航行政机关主要负责人或者分管法制工作的负责人批准,可以延长 30 日。检测、检验、技术鉴定、公告等时间不计入案件办理期限。”

十九、将第四十七条第一款修改为:“民航行政机关决定给予行政处罚的,由其法制职能部门按照《行政处罚法》第五十九条规定制作《民用航空行政处罚决定书》。该决定书一式两份,一份送达当事人,一份归入民航行政机关案卷。”

二十、将第五十六条修改为:“监察员玩忽职守、徇私舞弊、枉法裁判或者滥施处罚的,依法给予处分;情节严重的,依法追究法律责任。”

二十一、将第五十七条修改为:“本办法中‘5 日’‘7 日’‘10 日’的规定是指工作日,不含法定节假日。”

二十二、删去第五十八条、附件。相关条款的文字作相应调整。

二十三、将第三条中的“中国民用航空总局”修改为“中国民用航空局”;将条文中所有“民航总局”统一修改为“民航局”;所有“民航规章”“民用航空规章”统一修改为“涉及民航管理的规章”;所有“一般程序”统一修改为“普通程序”。

本决定自公布之日起施行。

《民用航空行政处罚实施办法》根据本决定作相应修改并对条文序号作相应调整,重新公布。

民用航空行政处罚实施办法

(2003 年 3 月 19 日中国民用航空总局令第 116 号公布　根据 2021 年 9 月 6 日交通运输部《关于修改〈民用航空行政处罚实施办法〉的决定》修正)

第一章　总　　则

第一条　为了规范民用航空行政处罚行为,保障和监督民航行政机关有效实施行政管理,保护公民、法人和其他组织的合法权益,根据《中华人民共和国行政处罚法》和《中华人民共和国民用航空法》,制定本办法。

第二条 民用航空行政处罚的设定和实施,应当遵守《中华人民共和国行政处罚法》(以下简称《行政处罚法》)、有关行政法规和本办法的规定。

第三条 中国民用航空局(以下简称民航局)依照法律、行政法规和规章的规定实施行政处罚;民航地区管理局依照法律、行政法规和规章的规定在所辖地区范围内实施行政处罚。

接受授权或者委托的组织,依照授权或者委托的给予行政处罚的行为、种类和幅度范围实施行政处罚。

第二章 行政处罚的种类、设定和规定

第四条 民航行政机关实施的行政处罚的种类包括:

(一)警告、通报批评;

(二)罚款、没收违法所得、没收非法财物;

(三)暂扣许可证件、降低资质等级、吊销许可证件;

(四)限制开展生产经营活动、责令停产停业、责令关闭、限制从业;

(五)法律、行政法规规定的其他行政处罚。

第五条 涉及民航管理的规章规定行政处罚,应当在法律、行政法规规定的给予行政处罚的行为、种类、幅度范围内作出具体规定。

尚未制定法律、行政法规的,涉及民航管理的规章对违反民用航空行政管理秩序的行为,可以设定警告、通报批评或者国务院规定限额内罚款的行政处罚。

法律、行政法规、规章以外的其他文件,不得设定或者规定行政处罚;设定和规定行政处罚的条款一律无效。

第六条 民航地区管理局可以根据本地区管理局的具体情况制定行政处罚的具体工作程序,但不得与本办法相抵触。

第三章 行政处罚的实施机关和执法人员

第七条 下列民航行政机关依照法律、行政法规、规章的规定,以自己的名义独立行使相应的行政处罚权:

(一)民航局;

(二)民航地区管理局;

民航地区管理局设立的派出机构，可以依照法律、行政法规、规章的规定和民航地区管理局的授权，以该民航地区管理局的名义行使相应的行政处罚权。

第八条 本办法第七条规定的民航行政机关的内设职能部门，可以具体承办处罚事项，但不得以该内设职能部门的名义实施行政处罚。

第九条 除经依法授权或者委托的外，任何其他组织不得实施行政处罚；其以行政处罚名义实施的处罚行为一律无效，有关当事人有权拒绝或者向有关部门申诉、举报。

任何个人都不得以自己的名义实施行政处罚。

第十条 法律、行政法规授权的其他组织实施民用航空行政处罚的，接受授权的组织应当对其所作出的行政处罚行为的法律后果承担法律责任。

第十一条 民航行政机关可以将行政处罚委托给其他组织实施，但应当符合下列条件：

（一）委托的民航行政机关（以下简称委托机关）依法具有该项行政处罚权；

（二）受委托组织符合本办法第十二条规定的条件；

（三）委托机关直接实施行政处罚在人员、装备、技术、空间方面确有困难；或者委托的行政处罚事项在时间、空间和管理对象方面具有广泛性、普遍性和经常性。

第十二条 受委托组织应当符合下列条件：

（一）依法成立并具有管理民用航空公共事务职能；

（二）与被委托的行政处罚事项无利害关系；

（三）有熟悉《中华人民共和国民用航空法》和相应民用航空行政法规、涉及民航管理的规章以及其他必需的法律、法规，熟悉相关民用航空业务、技术并取得中国民用航空监察员证的工作人员；

（四）需要进行技术检查或者技术鉴定的，应当有条件进行相应的技术检查或者技术鉴定。

第十三条 民航行政机关委托实施行政处罚的，应当出具书面委托书。委托机关和受委托组织应当将委托书向社会公布。

委托书应当载明下列事项：

（一）委托机关和受委托组织的名称、地址；

（二）委托实施行政处罚的范围和适用处罚的条件、方式、理由、程序和期限；

（三）违反委托事项的责任；

（四）其他需要载明的事项。

第十四条 委托机关发现受委托组织丧失委托条件、违法实施行政处罚或者有其他不适宜接受委托情况的，可以解除委托，收回委托书。

第十五条 受委托组织应当以委托机关的名义实施行政处罚。受委托组织应当依照法律、行政法规、涉及民航管理的规章所规定的行政处罚的条件、方式和程序实施行政处罚。

受委托组织实施行政处罚，不得超越委托权限。

受委托组织不得将委托事项再委托他人。

第十六条 委托机关对受委托组织实施的行政处罚行为实施监督，并对该行为的后果承担法律责任。

前款所称监督，应当包括受委托组织所实施的行政处罚行为是否合法、合理，是否超越委托范围，是否应当处罚而不处罚或者不应当处罚而擅自处罚，是否符合法定程序等。

第十七条 被处罚的当事人对受委托组织实施的行政处罚决定不服的，可以向委托机关的上一级民航行政机关申请复议。法律、行政法规、涉及民航管理的规章另有规定的除外。

公民、法人或者其他组织发现违法行为应当处罚，需要举报、申诉的，可以向委托机关提出，也可以向受委托组织提出。委托机关和受委托组织对依法应当办理的案件，应当受理。

第十八条 民航行政机关和受委托组织具体办理行政处罚的执法人员应当具备监察员资格。

不具有监察员资格的其他工作人员或者专业人员，可以在监察员的带领下，协助检查和调查取证。

第四章 行政处罚的管辖和适用

第十九条 民航地区管理局应当依据法律、行政法规、涉及民航管理的规章的规定对本辖区内发生的违法行为实施行政处罚。对空中发生的违法行为，由违法行为首次发现后降落地所在地的民航地区管理局管辖。

民航地区管理局对管辖有争议的，由民航局指定管辖。

第二十条 民航局在必要时可以处理民航地区管理局管辖的行政处罚案件；民航地区管理局认为行政处罚案件案情重大、情况复杂需要由民航局决定的，可以报请民航局实施行政处罚。

第二十一条 民航行政机关实施行政处罚，适用简易程序的，由有关监察员当场作出处罚决定。

民航局管辖或者决定管辖的行政处罚案件，适用普通程序的，由民航局有关职能部门负责调查、取证、提出行政处罚建议，报民航局负责人作出决定。

民航地区管理局实施行政处罚，适用普通程序的，由有关职能部门负责调查、取证、提出行政处罚建议，然后移送法制职能部门。法制职能部门接到案件后，应当对移送的案件进行初步审查，对符合听证条件的办理听证事宜，提出行政处罚意见，报民航地区管理局负责人作出行政处罚决定。民航地区管理局负责人作出行政处罚决定后，由法制职能部门会同其他有关职能部门执行行政处罚。

民航地区管理局派出机构实施行政处罚，按本办法第四十条规定不组织听证的，由派出机构有关职能部门负责调查、取证、提出行政处罚建议，经本派出机构法制职能部门初步审查后，由派出机构负责人以民航地区管理局的名义作出行政处罚决定；应当组织听证的，移送民航地区管理局作出行政处罚决定。

第二十二条 违法行为人所受行政处罚，应当与其违法情节、性质、损害后果相适应。

不同当事人的违法行为相同或者相似的，其所受到的行政处罚应当相当。

第二十三条 当事人违反法律、行政法规、涉及民航管理的规章某一规定的一次性行为，不得给予两次以上相同种类的行政处罚，但可依法并处其他种类的行政处罚。

第二十四条 两个以上当事人共同实施违法行为的，应当根据各自的违法情节，分别给予处罚。

第五章 简易程序

第二十五条 对同时符合下列条件的违法行为，可以适用《行政处罚法》第五章第二节规定的简易程序：

（一）违法事实清楚、情节简单、后果比较轻微；

（二）证据确凿或者当场发现行为人违法；

（三）对公民处以200元以下、对法人或者其他组织处以3000元以下罚款或者警告的行政处罚。

第二十六条 民航地区行政机关监察员当场作出处罚决定，按照下列程序办理：

（一）出示表明执法身份的证件；

（二）告知当事人违法行为事实并提出证据，说明其违反的法律规范的条款；

（三）询问当事人对违法事实或者法律依据是否有争议，听取当事人的陈述和辩解；

（四）制作《民用航空当场处罚决定书》（以下简称当场处罚决定书），由当事人或者当事人代表签字并告知其有依法申请行政复议或者提起行政诉讼的权利。当场处罚决定书一式三份，一份当场交给当事人；

（五）依法可以当场执行的，给予警告或者当场收缴罚款并出具合法的罚款收据；

（六）其余两份当场处罚决定书，一份及时交监察员所在的行政机关职能部门存档，一份送本行政机关法制职能部门备案，并按规定上交罚款。

第二十七条　当场处罚决定书应当载明下列事项：

（一）当事人单位名称或者当事人姓名；

（二）主要违法事实、情节；

（三）作出处罚决定所依据的法律规范条款；

（四）处罚的种类和数额；

（五）处罚执行方式；

（六）复议权利、复议机关、复议期限，诉讼权利、途径及期限；

（七）作出当场处罚决定的民航行政机关的名称及行政负责人；

（八）监察员的签名或者盖章；

（九）作出处罚的地点；

（十）填写当场处罚决定书的日期；

（十一）当事人或者当事人代表签字。

当场作出处罚决定应当责令当事人改正违法行为，责令改正违法行为可以一并列入当场处罚决定书。

第二十八条　当场处罚时依法给予100元以下罚款或者不当场收缴罚款事后难以执行的，或者当事人按规定方式缴纳罚款有困难并经当事人提出的，可以当场收缴罚款。不属上述情况的罚款，应当按有关规定缴纳。

第二十九条　当事人对当场处罚决定提出异议、申辩的，监察员应当听取并复查。

不得因当事人提出异议、申辩而给予更重的处罚。

当事人提出异议、申辩，不停止当场执行。法律、行政法规另有规定的除外。

第六章　普通程序

第一节　案件调查

第三十条　举报民用航空违法案件可用书面或者口头的方式。民航行政机关、受委托组织受理口头举报案件时，应当详细记录，经核对无误后，由举报人签名盖章，但电话举报的除外。举报人不愿意使用真实姓名的，民航行政机关、受委托组织应当为其保守秘密。

第三十一条　民航行政机关或者受委托组织发现公民、法人或者其他组织的举报不属自己管辖的案件，应当及时向举报人说明，并从接受之日起10日内移送有管辖权的机关。

第三十二条　监察员履行职务时，应当出示执法证件。

参加对违法案件进行检查、调查、取证的监察员不得少于两名。

监察员与案件有直接利害关系或者有其他关系可能影响公正执法的，应当回避；当事人认为监察员与案件有直接利害关系或者有其他关系可能影响公正执法的，有权申请回避。

第三十三条　监察员查处案件应当收集与案情有关的、能够证实违法行为性质和情节的证据。

证据包括下列几种：

（一）书证；

（二）物证；

（三）视听资料；

（四）电子数据；

（五）证人证言；

（六）当事人的陈述；

（七）鉴定意见；

（八）勘验笔录、现场笔录。

证据必须经查证属实，方可作为认定案件事实的根据。

以非法手段取得的证据，不得作为认定案件事实的根据。

第三十四条　监察员可以要求当事人提供与案件有关的材料，可以就与案件有关的问题询问当事人或者其他被调查人。

当事人或者其他被调查人应当如实回答监察员的询问，但对与本案无关的问题有权拒绝回答。

调查、询问应当制作《民用航空行政案件调查笔录》。调查笔录应当包括下列内容：

（一）调查时间、调查地点；

（二）当事人及其他被调查人的姓名、性别、年龄、工作单位等基本情况；

（三）涉及航空器的，航空器的型号、国籍登记号、所有人、承租人等基本情况；

（四）违法行为的情节和后果；

（五）证据情况；

（六）其他情况。

调查笔录应当表述清楚，如实记录，并应当经被调查人核对无误后逐页签名或者盖章。被调查人员拒绝签名或者盖章的，由监察员在笔录上注明。笔录应当有在场两名以上监察员签名，并载明时间。

调查笔录应当归入民航行政机关案卷。

第三十五条 监察员可以要求当事人和其他被调查人接受调查，提供有关的材料、证据，有关个人或者单位应当积极予以支持和协助。有关材料和书证应当是原始材料或者凭证，调取原始证据有困难的，可以复制。复制件应当注明“经核对与原件无误”。有关材料和书证应当由提供人签字或者盖章，拒绝签字或者盖章的，应当由监察员注明。

与案件有关的材料、证据有可能被隐匿、涂改、毁灭的或者以后难以取得的，应当先行登记并由监察员保存。监察员难以保存的，可以由当事人保存。当事人隐匿、涂改、毁灭证据或者作伪证的，依法承担法律责任。

第三十六条 先行登记保存有关证据，应当当场清点并制作《证据登记保存通知书》，由当事人或者当事人代表和办案人员签字或者盖章。该通知书一式二份，交当事人或者当事人代表一份，归入民航行政机关案卷一份。

采取先行登记措施并由当事人保存证据的，应当经民航行政机关负责人批准。证据应当加封民航行政机关先行登记保存封条。

第三十七条 对于先行登记保存的证据，应当在7日内作出下列处理决定之一：

（一）违法事实成立应当予以没收的，作出行政处罚决定，予以没收；

（二）违法事实不成立，或者依法不应予以没收的，决定解除登记保存措施。

决定解除登记保存措施的，监察员应当制作《登记保存证据退还清单》，由当事人或者当事人代表签字或者盖章。该清单一式二份，一份交当事人或者当事人代表，一份归入民航行政机关案卷。

第三十八条 监察员根据需要可以进行现场检查。涉及专门问题的，应当由国家认可的单位进行鉴定，出具鉴定结论。现场检查应当制作《民用航空行政案件现场笔录》并应当有当事人在场；当事人拒绝到场的，应当在现场笔录中注明。现场笔录应当表述清楚，如实记录并经当事人核对无误后签字或者盖章。被调查人员拒绝签字或者盖章的，由监察员在笔录上注明。现场笔录应当有在场两名以上监察员签字并载明时间。

第三十九条 民航行政机关负责案件调查取证的部门（以下称承办部门）在调查、取证结束后，应当对符合下列条件的案件提出行政处罚建议：

（一）有违法行为人；

（二）有违法事实；

（三）依照法律、行政法规、涉及民航管理的规章应当追究行政法律责任；

（四）属本机关、组织管辖和职责范围；

（五）违法行为未超过追诉时效。

民航行政机关案件承办部门在调查、取证结束后，应当制作《民用航空行政案件调查报告》并附以案卷材料移送法制职能部门。民用航空行政案件调查报告应当依次包括下列各项内容：

（一）调查时间；

（二）承办部门和具体办理调查取证的监察员（以下称承办监察员）；

（三）当事人情况；

（四）案由；

（五）调查、检查得到的事实、证据；

（六）行政处罚建议。

调查报告应当由承办监察员和承办部门负责人签字。

第二节 听证程序

第四十条 民航行政机关法制职能部门收到案件承办部门提出的民用航空行政案件调查报告后，应当进行初步审查。对拟同意进行下列行政处罚的，应当在报民航行政机关作出行政处罚决定之前，制作《民用航空行政处罚听证告知书》，告知当事人有要求听证的权利；当事人要求组织听证的，民航行政机关应当组织听证并不得要求当事人承担组织听证的费用：

（一）较大数额罚款；

（二）没收较大数额违法所得、没收较大价值非法财物；

（三）降低资质等级、吊销许可证件；

（四）责令停产停业、责令关闭、限制从业；

（五）其他较重的行政处罚；

（六）法律、法规、规章规定的其他情形。

前款第一项、第二项规定的较大数额、较大价值，按照 10 万元以上的标准执行。

民用航空行政处罚听证告知书应当由当事人或者当事人代表签字或者盖章。该告知书一式两份，一份送达当事人，一份归入民航行政机关案卷。

不属于本条第一款规定情形的，不组织听证，由法制职能部门提出行政处罚意见，报民航行政机关作出行政处罚决定。

第四十一条　案件当事人要求听证的，应当在收到行政处罚听证告知书后 5 日内提出并向民航行政机关法制职能部门提交听证申请书及有关材料。

民航行政机关法制职能部门接到听证申请后，应当制作《民用航空行政处罚听证通知书》。该通知书一式两份，一份在举行听证 7 日前送达当事人及有关人员，告知听证的日期、地点，同时通知案件承办部门，一份归入民航行政机关案卷。

第四十二条　案件当事人可以亲自参加听证会，也可以委托一至二人代理，代理人享有被委托的权利。代理人可以是律师，也可以是当事人的近亲属或者经听证主持人批准的其他人员。代理应当出具委托书。

代理人在委托权限范围内的行为，视同当事人的行为，但以其未立即提出异议为限。

案件当事人不止一人的，可以委托共同代理人，也可以分别委托一至二人代理。

案件当事人及其代理人无正当理由拒不出席听证或者未经许可中途退出听证的，视为放弃听证权利，民航行政机关终止听证。

案件当事人中途主动要求终止听证的，应当许可。

第四十三条　组织听证，应当以核查事实为主要目的。

听证由民航行政机关法制职能部门负责人或者其指定的人员主持，承办监察员应当参加听证。

听证按下列程序进行：

（一）由听证主持人宣布听证开始和听证目的；

（二）由承办监察员就当事人的违法事实向听证主持人提出有关证据、处罚依据和行政处罚建议；

（三）由案件当事人出示证据，进行申辩；

（四）询问证人、向证人质证；

（五）听证双方就与本案相关的事实和法律进行辩论；

（六）辩论结束后，听证双方作最后陈述；

（七）制作《民用航空行政处罚听证笔录》并由听证双方核对无误后签字或者盖章。案件当事人或者其代理人拒绝签字或者盖章的，由听证主持人在笔录中注明。

听证结束后，由听证主持人根据听证笔录，依照《行政处罚法》第五十七条规定提出行政处罚意见。听证笔录应当归入民航行政机关案卷。

第三节　决　　定

第四十四条　不适用听证程序的民用航空行政处罚案件在作出行政处罚决定之前，由民航行政机关法制职能部门制作《民用航空行政处罚事先告知书》，告知当事人有陈述和辩解的权利并由当事人或者当事人代表签字或者盖章。该告知书一式两份，一份送达当事人，一份归入民航行政机关案卷。

当事人应当在收到民用航空行政处罚事先告知书之日起 5 日内履行陈述和辩解。当事人放弃陈述和辩解的，由民航行政机关法制职能部门报民航行政机关负责人作出行政处罚决定；当事人要求陈述和辩解的，民航行政机关法制职能部门应当听取陈述和辩解并制作《当事人陈述和申辩笔录》。当事人陈述和申辩笔录应当由当事人或者当事人代表核对无误后签字或者盖章并归入民航行政机关案卷。

第四十五条　案件听证或者当事人陈述和申辩结束后，民航行政机关法制职能部门应当向民航行政机关提出行政处罚呈批报告。行政处罚呈批报告应当包括下列内容并附以所有案卷材料：

（一）案由；

（二）当事人；

（三）承办部门和承办人；

（四）违法事实；

（五）处罚依据；

（六）行政处罚程序执行情况；

（七）承办部门处罚建议；

（八）法制部门处罚意见。

民航行政机关实施的一般行政处罚，由民航行政机关主要负责人或者分管法制工作的负责人作出决定。对情节复杂或者重大违法行为给予行政处罚，或者拟作出本办法第四十条规定的行政处罚，由民航行政机关主要负责人召开局务会议决定。

第四十六条　民航行政机关应当自行政处罚案件立案之日起 90 日内作

出行政处罚决定。案情复杂、期限届满不能终结的案件，经民航行政机关主要负责人或者分管法制工作的负责人批准，可以延长30日。检测、检验、技术鉴定、公告等时间不计入案件办理期限。

第四十七条　民航行政机关决定给予行政处罚的，由其法制职能部门按照《行政处罚法》第五十九条规定制作《民用航空行政处罚决定书》。该决定书一式两份，一份送达当事人，一份归入民航行政机关案卷。

行政处罚决定书必须盖具作出处罚决定的民航行政机关的印章，不得盖具承办部门的印章。

行政处罚决定书应当在制作后5日内向当事人宣告或者送达。

第四十八条　实施行政处罚时应当责令当事人改正或者限期改正违法行为。责令改正或者限期改正违法行为的要求可以一并列入行政处罚决定书。

第七章　执行、结案与归档

第四十九条　行政处罚的决定作出后，按照《行政处罚法》第六章的规定执行。

第五十条　除依法可以当场收缴的罚款外，行政处罚罚款实行罚款决定与罚款收缴相分离的制度，具体办法按照国务院的有关规定办理。

第五十一条　属于下列情形之一的，应当予以结案：

（一）行政处罚决定由被处罚人自觉履行完毕的；

（二）行政处罚决定依法强制执行完毕的；

（三）据以执行的行政处罚决定被依法撤销；

（四）免予行政处罚的；

（五）不予行政处罚而撤销案件的；

（六）执行机关认为可以结案的其他情况。

第五十二条　案件办理完结后，民航行政机关法制职能部门应当制作《民用航空行政处罚案件结案报告》并将查处过程中的所有材料立卷归档。

第八章　处 罚 监 督

第五十三条　鼓励社会对民航行政机关和监察员的行政处罚活动实施监督。

第五十四条　民航局对民航地区管理局的行政处罚活动实施监督。

第五十五条　民航局对民航地区管理局不合法、不适当的行政处罚决定，可以依法撤销。

第五十六条 监察员玩忽职守、徇私舞弊、枉法裁判或者滥施处罚的，依法给予处分；情节严重的，依法追究法律责任。

第九章 附 则

第五十七条 本办法中“5日”“7日”“10日”的规定是指工作日，不含法定节假日。

第五十八条 本办法自2003年6月1日起施行。1997年1月14日发布施行的《民用航空行政处罚实施办法》同时废止。

中华人民共和国海关注册登记和备案企业信用管理办法

（2021年9月13日海关总署令第251号公布 自2021年11月1日起施行 国司备字[2021004792]）

第一章 总 则

第一条 为了建立海关注册登记和备案企业信用管理制度，推进社会信用体系建设，促进贸易安全与便利，根据《中华人民共和国海关法》《中华人民共和国海关稽查条例》《企业信息公示暂行条例》《优化营商环境条例》以及其他有关法律、行政法规的规定，制定本办法。

第二条 海关注册登记和备案企业（以下简称企业）以及企业相关人员信用信息的采集、公示，企业信用状况的认证、认定及管理等适用本办法。

第三条 海关按照诚信守法便利、失信违法惩戒、依法依规、公正公开原则，对企业实施信用管理。

第四条 海关根据企业申请，按照本办法规定的标准和程序将企业认证为高级认证企业的，对其实施便利的管理措施。

海关根据采集的信用信息，按照本办法规定的标准和程序将违法违规企业认定为失信企业的，对其实施严格的管理措施。

海关对高级认证企业和失信企业之外的其他企业实施常规的管理措施。

第五条 海关向企业提供信用培育服务，帮助企业强化诚信守法意识，提高诚信经营水平。

第六条 海关根据社会信用体系建设有关要求，与国家有关部门实施守信联合激励和失信联合惩戒，推进信息互换、监管互认、执法互助。

第七条 海关建立企业信用修复机制，依法对企业予以信用修复。

第八条 中国海关依据有关国际条约、协定以及本办法，开展与其他国家或者地区海关的“经认证的经营者”（AEO）互认合作，并且给予互认企业相关便利措施。

第九条 海关建立企业信用管理系统，运用信息化手段提升海关企业信用管理水平。

第二章　信用信息采集和公示

第十条 海关可以采集反映企业信用状况的下列信息：

（一）企业注册登记或者备案信息以及企业相关人员基本信息；

（二）企业进出口以及与进出口相关的经营信息；

（三）企业行政许可信息；

（四）企业及其相关人员行政处罚和刑事处罚信息；

（五）海关与国家有关部门实施联合激励和联合惩戒信息；

（六）AEO 互认信息；

（七）其他反映企业信用状况的相关信息。

第十一条 海关应当及时公示下列信用信息，并公布查询方式：

（一）企业在海关注册登记或者备案信息；

（二）海关对企业信用状况的认证或者认定结果；

（三）海关对企业的行政许可信息；

（四）海关对企业的行政处罚信息；

（五）海关与国家有关部门实施联合激励和联合惩戒信息；

（六）其他依法应当公示的信息。

公示的信用信息涉及国家秘密、国家安全、社会公共利益、商业秘密或者个人隐私的，应当依照法律、行政法规的规定办理。

第十二条 自然人、法人或者非法人组织认为海关公示的信用信息不准确的，可以向海关提出异议，并且提供相关资料或者证明材料。

海关应当自收到异议申请之日起 20 日内进行复核。自然人、法人或者非法人组织提出异议的理由成立的，海关应当采纳。

第三章　高级认证企业的认证标准和程序

第十三条　高级认证企业的认证标准分为通用标准和单项标准。

高级认证企业的通用标准包括内部控制、财务状况、守法规范以及贸易安全等内容。

高级认证企业的单项标准是海关针对不同企业类型和经营范围制定的认证标准。

第十四条　高级认证企业应当同时符合通用标准和相应的单项标准。

通用标准和单项标准由海关总署另行制定并公布。

第十五条　企业申请成为高级认证企业的，应当向海关提交书面申请，并按照海关要求提交相关资料。

第十六条　海关依据高级认证企业通用标准和相应的单项标准，对企业提交的申请和有关资料进行审查，并赴企业进行实地认证。

第十七条　海关应当自收到申请及相关资料之日起90日内进行认证并作出决定。特殊情形下，海关的认证时限可以延长30日。

第十八条　经认证，符合高级认证企业标准的企业，海关制发高级认证企业证书；不符合高级认证企业标准的企业，海关制发未通过认证决定书。

高级认证企业证书、未通过认证决定书应当送达申请人，并且自送达之日起生效。

第十九条　海关对高级认证企业每5年复核一次。企业信用状况发生异常情况的，海关可以不定期开展复核。

经复核，不再符合高级认证企业标准的，海关应当制发未通过复核决定书，并收回高级认证企业证书。

第二十条　海关可以委托社会中介机构就高级认证企业认证、复核相关问题出具专业结论。

企业委托社会中介机构就高级认证企业认证、复核相关问题出具的专业结论，可以作为海关认证、复核的参考依据。

第二十一条　企业有下列情形之一的，1年内不得提出高级认证企业认证申请：

（一）未通过高级认证企业认证或者复核的；

（二）放弃高级认证企业管理的；

（三）撤回高级认证企业认证申请的；

（四）高级认证企业被海关下调信用等级的；

（五）失信企业被海关上调信用等级的。

第四章　失信企业的认定标准、程序和信用修复

第二十二条　企业有下列情形之一的，海关认定为失信企业：

（一）被海关侦查走私犯罪公安机构立案侦查并由司法机关依法追究刑事责任的；

（二）构成走私行为被海关行政处罚的；

（三）非报关企业1年内违反海关的监管规定被海关行政处罚的次数超过上年度报关单、进出境备案清单、进出境运输工具舱单等单证（以下简称“相关单证”）总票数千分之一且被海关行政处罚金额累计超过100万元的；

报关企业1年内违反海关的监管规定被海关行政处罚的次数超过上年度相关单证总票数万分之五且被海关行政处罚金额累计超过30万元的；

上年度相关单证票数无法计算的，1年内因违反海关的监管规定被海关行政处罚，非报关企业处罚金额累计超过100万元、报关企业处罚金额累计超过30万元的；

（四）自缴纳期限届满之日起超过3个月仍未缴纳税款的；

（五）自缴纳期限届满之日起超过6个月仍未缴纳罚款、没收的违法所得和追缴的走私货物、物品等值价款，并且超过1万元的；

（六）抗拒、阻碍海关工作人员依法执行职务，被依法处罚的；

（七）向海关工作人员行贿，被处以罚款或者被依法追究刑事责任的；

（八）法律、行政法规、海关规章规定的其他情形。

第二十三条　失信企业存在下列情形的，海关依照法律、行政法规等有关规定实施联合惩戒，将其列入严重失信主体名单：

（一）违反进出口食品安全管理规定、进出口化妆品监督管理规定或者走私固体废物被依法追究刑事责任的；

（二）非法进口固体废物被海关行政处罚金额超过250万元的。

第二十四条　海关在作出认定失信企业决定前，应当书面告知企业拟作出决定的事由、依据和依法享有的陈述、申辩权利。

海关拟依照本办法第二十三条规定将企业列入严重失信主体名单的，还应当告知企业列入的惩戒措施提示、移出条件、移出程序及救济措施。

第二十五条　企业对海关拟认定失信企业决定或者列入严重失信主体名单决定提出陈述、申辩的，应当在收到书面告知之日起5个工作日内向海关书面提出。

海关应当在20日内进行核实,企业提出的理由成立的,海关应当采纳。

第二十六条 未被列入严重失信主体名单的失信企业纠正失信行为,消除不良影响,并且符合下列条件的,可以向海关书面申请信用修复并提交相关证明材料:

(一)因存在本办法第二十二条第二项、第六项情形被认定为失信企业满1年的;

(二)因存在本办法第二十二条第三项情形被认定为失信企业满6个月的;

(三)因存在本办法第二十二条第四项、第五项情形被认定为失信企业满3个月的。

第二十七条 经审核符合信用修复条件的,海关应当自收到企业信用修复申请之日起20日内作出准予信用修复决定。

第二十八条 失信企业连续2年未发生本办法第二十二条规定情形的,海关应当对失信企业作出信用修复决定。

前款所规定的失信企业已被列入严重失信主体名单的,应当将其移出严重失信主体名单并通报相关部门。

第二十九条 法律、行政法规和党中央、国务院政策文件明确规定不可修复的,海关不予信用修复。

第五章 管理措施

第三十条 高级认证企业是中国海关AEO,适用下列管理措施:

(一)进出口货物平均查验率低于实施常规管理措施企业平均查验率的20%,法律、行政法规或者海关总署有特殊规定的除外;

(二)出口货物原产地调查平均抽查比例在企业平均抽查比例的20%以下,法律、行政法规或者海关总署有特殊规定的除外;

(三)优先办理进出口货物通关手续及相关业务手续;

(四)优先向其他国家(地区)推荐农产品、食品等出口企业的注册;

(五)可以向海关申请免除担保;

(六)减少对企业稽查、核查频次;

(七)可以在出口货物运抵海关监管区之前向海关申报;

(八)海关为企业设立协调员;

(九)AEO互认国家或者地区海关通关便利措施;

(十)国家有关部门实施的守信联合激励措施;

（十一）因不可抗力中断国际贸易恢复后优先通关；

（十二）海关总署规定的其他管理措施。

第三十一条 失信企业适用下列管理措施：

（一）进出口货物查验率80%以上；

（二）经营加工贸易业务的，全额提供担保；

（三）提高对企业稽查、核查频次；

（四）海关总署规定的其他管理措施。

第三十二条 办理同一海关业务涉及的企业信用等级不一致，导致适用的管理措施相抵触的，海关按照较低信用等级企业适用的管理措施实施管理。

第三十三条 高级认证企业、失信企业有分立合并情形的，海关按照以下原则对企业信用状况进行确定并适用相应管理措施：

（一）企业发生分立，存续的企业承继原企业主要权利义务的，存续的企业适用原企业信用状况的认证或者认定结果，其余新设的企业不适用原企业信用状况的认证或者认定结果；

（二）企业发生分立，原企业解散的，新设企业不适用原企业信用状况的认证或者认定结果；

（三）企业发生吸收合并的，存续企业适用原企业信用状况的认证或者认定结果；

（四）企业发生新设合并的，新设企业不再适用原企业信用状况的认证或者认定结果。

第三十四条 高级认证企业涉嫌违反与海关管理职能相关的法律法规被刑事立案的，海关应当暂停适用高级认证企业管理措施。

高级认证企业涉嫌违反海关的监管规定被立案调查的，海关可以暂停适用高级认证企业管理措施。

第三十五条 高级认证企业存在财务风险，或者有明显的转移、藏匿其应税货物以及其他财产迹象的，或者存在其他无法足额保障税款缴纳风险的，海关可以暂停适用本办法第三十条第五项规定的管理措施。

第六章 附 则

第三十六条 海关注册的进口食品境外生产企业和进境动植物产品国外生产、加工、存放单位等境外企业的信用管理，由海关总署另行规定。

第三十七条 作为企业信用状况认定依据的刑事犯罪，以司法机关相关法律文书生效时间为准进行认定。

作为企业信用状况认定依据的海关行政处罚，以海关行政处罚决定书作出时间为准进行认定。

作为企业信用状况认定依据的处罚金额，包括被海关处以罚款、没收违法所得或者没收货物、物品价值的金额之和。

企业主动披露且被海关处以警告或者海关总署规定数额以下罚款的行为，不作为海关认定企业信用状况的记录。

第三十八条　本办法下列用语的含义：

企业相关人员，是指企业法定代表人、主要负责人、财务负责人、关务负责人等管理人员。

经认证的经营者（AEO），是指以任何一种方式参与货物国际流通，符合海关总署规定标准的企业。

第三十九条　本办法由海关总署负责解释。

第四十条　本办法自2021年11月1日起施行。2018年3月3日海关总署令第237号公布的《中华人民共和国海关企业信用管理办法》同时废止。

社会消防技术服务管理规定

（2021年9月13日应急管理部令第7号公布　自2021年11月9日起施行　国司备字[2021004698]）

第一章　总　　则

第一条　为规范社会消防技术服务活动，维护消防技术服务市场秩序，促进提高消防技术服务质量，根据《中华人民共和国消防法》，制定本规定。

第二条　在中华人民共和国境内从事社会消防技术服务活动、对消防技术服务机构实施监督管理，适用本规定。

本规定所称消防技术服务机构是指从事消防设施维护保养检测、消防安全评估等社会消防技术服务活动的企业。

第三条　消防技术服务机构及其从业人员开展社会消防技术服务活动应当遵循客观独立、合法公正、诚实信用的原则。

本规定所称消防技术服务从业人员，是指依法取得注册消防工程师资格并在消防技术服务机构中执业的专业技术人员，以及按照有关规定取得相应消防行业特有工种职业资格，在消防技术服务机构中从事社会消防技术服务活动的人员。

第四条 消防技术服务行业组织应当加强行业自律管理,规范从业行为,促进提升服务质量。

消防技术服务行业组织不得从事营利性社会消防技术服务活动,不得从事或者通过消防技术服务机构进行行业垄断。

第二章 从业条件

第五条 从事消防设施维护保养检测的消防技术服务机构,应当具备下列条件:

(一)取得企业法人资格;

(二)工作场所建筑面积不少于200平方米;

(三)消防技术服务基础设备和消防设施维护保养检测设备配备符合有关规定要求;

(四)注册消防工程师不少于2人,其中一级注册消防工程师不少于1人;

(五)取得消防设施操作员国家职业资格证书的人员不少于6人,其中中级技能等级以上的不少于2人;

(六)健全的质量管理体系。

第六条 从事消防安全评估的消防技术服务机构,应当具备下列条件:

(一)取得企业法人资格;

(二)工作场所建筑面积不少于100平方米;

(三)消防技术服务基础设备和消防安全评估设备配备符合有关规定要求;

(四)注册消防工程师不少于2人,其中一级注册消防工程师不少于1人;

(五)健全的消防安全评估过程控制体系。

第七条 同时从事消防设施维护保养检测、消防安全评估的消防技术服务机构,应当具备下列条件:

(一)取得企业法人资格;

(二)工作场所建筑面积不少于200平方米;

(三)消防技术服务基础设备和消防设施维护保养检测、消防安全评估设备配备符合规定的要求;

(四)注册消防工程师不少于2人,其中一级注册消防工程师不少于1人;

（五）取得消防设施操作员国家职业资格证书的人员不少于6人，其中中级技能等级以上的不少于2人；

（六）健全的质量管理和消防安全评估过程控制体系。

第八条 消防技术服务机构可以在全国范围内从业。

第三章 社会消防技术服务活动

第九条 消防技术服务机构及其从业人员应当依照法律法规、技术标准和从业准则，开展下列社会消防技术服务活动，并对服务质量负责：

（一）消防设施维护保养检测机构可以从事建筑消防设施维护保养、检测活动；

（二）消防安全评估机构可以从事区域消防安全评估、社会单位消防安全评估、大型活动消防安全评估等活动，以及消防法律法规、消防技术标准、火灾隐患整改、消防安全管理、消防宣传教育等方面的咨询活动。

消防技术服务机构出具的结论文件，可以作为消防救援机构实施消防监督管理和单位（场所）开展消防安全管理的依据。

第十条 消防设施维护保养检测机构应当按照国家标准、行业标准规定的工艺、流程开展维护保养检测，保证经维护保养的建筑消防设施符合国家标准、行业标准。

第十一条 消防技术服务机构应当依法与从业人员签订劳动合同，加强对所属从业人员的管理。注册消防工程师不得同时在两个以上社会组织执业。

第十二条 消防技术服务机构应当设立技术负责人，对本机构的消防技术服务实施质量监督管理，对出具的书面结论文件进行技术审核。技术负责人应当具备一级注册消防工程师资格。

第十三条 消防技术服务机构承接业务，应当与委托人签订消防技术服务合同，并明确项目负责人。项目负责人应当具备相应的注册消防工程师资格。

消防技术服务机构不得转包、分包消防技术服务项目。

第十四条 消防技术服务机构出具的书面结论文件应当由技术负责人、项目负责人签名并加盖执业印章，同时加盖消防技术服务机构印章。

消防设施维护保养检测机构对建筑消防设施进行维护保养后，应当制作包含消防技术服务机构名称及项目负责人、维护保养日期等信息的标识，在消防设施所在建筑的醒目位置上予以公示。

第十五条　消防技术服务机构应当对服务情况作出客观、真实、完整的记录，按消防技术服务项目建立消防技术服务档案。

消防技术服务档案保管期限为6年。

第十六条　消防技术服务机构应当在其经营场所的醒目位置公示营业执照、工作程序、收费标准、从业守则、注册消防工程师注册证书、投诉电话等事项。

第十七条　消防技术服务机构收费应当遵守价格管理法律法规的规定。

第十八条　消防技术服务机构在从事社会消防技术服务活动中，不得有下列行为：

（一）不具备从业条件，从事社会消防技术服务活动；

（二）出具虚假、失实文件；

（三）消防设施维护保养检测机构的项目负责人或者消防设施操作员未到现场实地开展工作；

（四）泄露委托人商业秘密；

（五）指派无相应资格从业人员从事社会消防技术服务活动；

（六）冒用其他消防技术服务机构名义从事社会消防技术服务活动；

（七）法律、法规、规章禁止的其他行为。

第四章　监督管理

第十九条　县级以上人民政府消防救援机构依照有关法律、法规和本规定，对本行政区域内的社会消防技术服务活动实施监督管理。

消防技术服务机构及其从业人员对消防救援机构依法进行的监督管理应当协助和配合，不得拒绝或者阻挠。

第二十条　应急管理部消防救援局应当建立和完善全国统一的社会消防技术服务信息系统，公布消防技术服务机构及其从业人员的有关信息，发布从业、诚信和监督管理信息，并为社会提供有关信息查询服务。

第二十一条　县级以上人民政府消防救援机构对社会消防技术服务活动开展监督检查的形式有：

（一）结合日常消防监督检查工作，对消防技术服务质量实施监督抽查；

（二）根据需要实施专项检查；

（三）发生火灾事故后实施倒查；

（四）对举报投诉和交办移送的消防技术服务机构及其从业人员的违法从业行为进行核查。

开展社会消防技术服务活动监督检查可以根据实际需要，通过网上核查、服务单位实地核查、机构办公场所现场检查等方式实施。

第二十二条 消防救援机构在对单位(场所)实施日常消防监督检查时，可以对为该单位(场所)提供服务的消防技术服务机构的服务质量实施监督抽查。抽查内容为：

(一)是否冒用其他消防技术服务机构名义从事社会消防技术服务活动；

(二)从事相关社会消防技术服务活动的人员是否具有相应资格；

(三)是否按照国家标准、行业标准维护保养、检测建筑消防设施，经维护保养的建筑消防设施是否符合国家标准、行业标准；

(四)消防设施维护保养检测机构的项目负责人或者消防设施操作员是否到现场实地开展工作；

(五)是否出具虚假、失实文件；

(六)出具的书面结论文件是否由技术负责人、项目负责人签名、盖章，并加盖消防技术服务机构印章；

(七)是否与委托人签订消防技术服务合同；

(八)是否在经其维护保养的消防设施所在建筑的醒目位置公示消防技术服务信息。

第二十三条 消防救援机构根据消防监督管理需要，可以对辖区内从业的消防技术服务机构进行专项检查。专项检查应当随机抽取检查对象，随机选派检查人员，检查情况及查处结果及时向社会公开。专项检查可以抽查下列内容：

(一)是否具备从业条件；

(二)所属注册消防工程师是否同时在两个以上社会组织执业；

(三)从事相关社会消防技术服务活动的人员是否具有相应资格；

(四)是否转包、分包消防技术服务项目；

(五)是否出具虚假、失实文件；

(六)是否设立技术负责人、明确项目负责人，出具的书面结论文件是否由技术负责人、项目负责人签名、盖章，并加盖消防技术服务机构印章；

(七)是否与委托人签订消防技术服务合同；

(八)是否在经营场所公示营业执照、工作程序、收费标准、从业守则、注册消防工程师注册证书、投诉电话等事项；

(九)是否建立和保管消防技术服务档案。

第二十四条 发生有人员死亡或者造成重大社会影响的火灾，消防救援机构开展火灾事故调查时，应当对为起火单位(场所)提供服务的消防技术服务机构实施倒查。

消防救援机构组织调查其他火灾,可以根据需要对为起火单位(场所)提供服务的消防技术服务机构实施倒查。

倒查按照本规定第二十二条、第二十三条的抽查内容实施。

第二十五条 消防救援机构及其工作人员不得设立消防技术服务机构,不得参与消防技术服务机构的经营活动,不得指定或者变相指定消防技术服务机构,不得利用职务接受有关单位或者个人财物,不得滥用行政权力排除、限制竞争。

第五章 法律责任

第二十六条 消防技术服务机构违反本规定,冒用其他消防技术服务机构名义从事社会消防技术服务活动的,责令改正,处2万元以上3万元以下罚款。

第二十七条 消防技术服务机构违反本规定,有下列情形之一的,责令改正,处1万元以上2万元以下罚款:

(一)所属注册消防工程师同时在两个以上社会组织执业的;

(二)指派无相应资格从业人员从事社会消防技术服务活动的;

(三)转包、分包消防技术服务项目的。

对有前款第一项行为的注册消防工程师,处5000元以上1万元以下罚款。

第二十八条 消防技术服务机构违反本规定,有下列情形之一的,责令改正,处1万元以下罚款:

(一)未设立技术负责人、未明确项目负责人的;

(二)出具的书面结论文件未经技术负责人、项目负责人签名、盖章,或者未加盖消防技术服务机构印章的;

(三)承接业务未依法与委托人签订消防技术服务合同的;

(四)消防设施维护保养检测机构的项目负责人或者消防设施操作员未到现场实地开展工作的;

(五)未建立或者保管消防技术服务档案的;

(六)未公示营业执照、工作程序、收费标准、从业守则、注册消防工程师注册证书、投诉电话等事项的。

第二十九条 消防技术服务机构不具备从业条件从事社会消防技术服务活动或者出具虚假文件、失实文件的,或者不按照国家标准、行业标准开展社会消防技术服务活动的,由消防救援机构依照《中华人民共和国消防法》第六十九条的有关规定处罚。

第三十条 消防设施维护保养检测机构未按照本规定要求在经其维护保养的消防设施所在建筑的醒目位置上公示消防技术服务信息的，责令改正，处5000元以下罚款。

第三十一条 消防救援机构对消防技术服务机构及其从业人员实施积分信用管理，具体办法由应急管理部消防救援局制定。

第三十二条 消防技术服务机构有违反本规定的行为，给他人造成损失的，依法承担赔偿责任；经维护保养的建筑消防设施不能正常运行，发生火灾时未发挥应有作用，导致伤亡、损失扩大的，从重处罚；构成犯罪的，依法追究刑事责任。

第三十三条 本规定中的行政处罚由违法行为地设区的市级、县级人民政府消防救援机构决定。

第三十四条 消防技术服务机构及其从业人员对消防救援机构在消防技术服务监督管理中作出的具体行政行为不服的，可以依法申请行政复议或者提起行政诉讼。

第三十五条 消防救援机构的工作人员设立消防技术服务机构，或者参与消防技术服务机构的经营活动，或者指定、变相指定消防技术服务机构，或者利用职务接受有关单位、个人财物，或者滥用行政权力排除、限制竞争，或者有其他滥用职权、玩忽职守、徇私舞弊的行为，依照有关规定给予处分；构成犯罪的，依法追究刑事责任。

第六章 附 则

第三十六条 保修期内的建筑消防设施由施工单位进行维护保养的，不适用本规定。

第三十七条 本规定所称虚假文件，是指消防技术服务机构未提供服务或者以篡改结果方式出具的消防技术文件，或者出具的与当时实际情况严重不符、结论定性严重偏离客观实际的消防技术文件。

本规定所称失实文件，是指消防技术服务机构出具的与当时实际情况部分不符、结论定性部分偏离客观实际的消防技术文件。

第三十八条 本规定中的“以上”、“以下”均含本数。

第三十九条 执行本规定所需要的文书式样，以及消防技术服务机构应当配备的仪器、设备、设施目录，由应急管理部制定。

第四十条 本规定自2021年11月9日起施行。

社会组织登记管理机关行政处罚程序规定

（2021年9月14日民政部令第68号公布　2021年10月15日起施行　国司备字［2021004721］）

第一章　总　　则

第一条　为规范社会组织登记管理机关（以下简称登记管理机关）行政处罚程序，保护公民、法人或者其他组织的合法权益，促进社会组织健康发展，根据《中华人民共和国行政处罚法》、《中华人民共和国行政强制法》以及社会组织登记管理等法律、行政法规，制定本规定。

第二条　登记管理机关实施行政处罚应当遵循公正、公开的原则，坚持处罚与教育相结合，做到事实清楚、证据确凿、适用依据正确、程序合法、处罚适当。

第三条　各级登记管理机关负责管辖在本机关登记的社会组织的行政处罚案件。

第四条　登记管理机关发现不属于本机关管辖的社会组织在本行政区域内有违法行为的，应当及时通报有管辖权的登记管理机关。

有管辖权的登记管理机关可以书面委托违法行为发生地的登记管理机关对社会组织违法案件进行调查。

有管辖权的登记管理机关跨行政区域调查社会组织违法案件的，有关登记管理机关应当积极配合并协助调查。

第五条　登记管理机关发现所调查的案件不属于本机关管辖的，应当将案件移送有管辖权的机关处理。

第六条　登记管理机关应当依法以文字、音像等形式，对行政处罚的启动、调查取证、审核、决定、送达、执行等进行全过程记录，归档保存。

第二章　立案、调查取证

第七条　登记管理机关对同时符合以下条件的违法行为，应当及时立案：

（一）有违反社会组织登记管理规定的违法事实；

（二）属于登记管理机关行政处罚的范围；

（三）属于本机关管辖。

立案应当填写立案审批表，由登记管理机关负责人审批。

第八条 行政处罚应当由具有行政执法资格的执法人员实施，执法人员不得少于两人。

执法人员应当文明执法，尊重和保护当事人合法权益。

第九条 执法人员在调查或者进行检查时，应当主动向当事人或者有关人员出示执法证件。当事人或者有关人员有权要求执法人员出示执法证件。执法人员不出示执法证件的，当事人或者有关人员有权拒绝接受调查或者检查。

当事人或者有关人员应当如实回答询问，并协助调查或者检查，不得拒绝或者阻挠。询问或者检查应当制作笔录。

第十条 执法人员与案件有直接利害关系或者有其他关系可能影响公正执法的，应当回避。

当事人认为执法人员与案件有直接利害关系或者有其他关系可能影响公正执法的，有权申请回避。

当事人提出回避申请的，登记管理机关应当依法审查，由登记管理机关负责人决定。决定作出之前，不停止调查。

第十一条 执法人员调查和收集证据应当遵循全面、客观、公正原则。

证据包括：

（一）书证；

（二）物证；

（三）视听资料；

（四）电子数据；

（五）证人证言；

（六）当事人的陈述；

（七）鉴定意见；

（八）勘验笔录、现场笔录。

证据必须经查证属实，方可作为认定案件事实的根据。以非法手段取得的证据，不得作为认定案件事实的根据。

第十二条 执法人员应当收集与案件有关的原件、原物作为书证、物证。收集原件、原物确有困难的，可以提取复制品、照片、录像、副本、节录本，由证据提供人核对无误后注明与原件、原物一致，并注明出证日期、证据出处，同时签名或者盖章。

第十三条 执法人员收集视听资料、电子数据，应当收集有关资料、数据的原始载体，收集原始载体有困难的，可以提取复制件，注明制作方法、制作时间、制作人和证明对象等。声音资料应当附有该声音内容的文字记录。

第十四条 执法人员向当事人、证人或者其他有关人员调查了解情况时，应当单独询问，并制作询问笔录。

询问笔录应当交被询问人核对；对阅读有困难的，应当向其宣读。询问笔录如有错误、遗漏，应当允许被询问人更正或者补充，涂改部分应当由被询问人签名、盖章或者以其他方式确认。经核对无误后，由被询问人在询问笔录上逐页签名、盖章或者以其他方式确认。

执法人员应当在询问笔录上签名。

第十五条 执法人员可以要求当事人、证人或者其他有关人员提供证明材料，并要求其在提供的材料上签名或者盖章。

第十六条 对有违法嫌疑的物品或者场所进行检查时，应当通知当事人到场。当事人不到场的，邀请见证人到场。执法人员应当制作现场笔录，载明时间、地点、事件等内容，由执法人员、当事人或者见证人签名或者盖章。当事人拒绝签名、盖章或者不能签名、盖章的，应当注明原因。

第十七条 登记管理机关在收集证据时，在证据可能灭失或者以后难以取得的情况下，经登记管理机关负责人批准，可以采取先行登记保存措施。

第十八条 先行登记保存有关证据，执法人员应当通知当事人到场，送达先行登记保存通知书，当场告知当事人采取先行登记保存措施的理由、依据以及当事人依法享有的权利、救济途径，听取当事人的陈述和申辩，并按照本规定第十六条制作现场笔录。

执法人员应当当场清点证据，加封登记管理机关先行登记保存封条，并开具证据清单，由当事人和执法人员签名或者盖章，交当事人留存一份，归档一份。

登记保存证据期间，当事人或者有关人员不得损坏、销毁或者转移证据。

第十九条 先行登记保存证据后，登记管理机关应当在七个工作日内作出以下处理决定：

（一）对依法应予没收的物品，依照法定程序处理；

（二）对依法应当由有关部门处理的，移交有关部门；

（三）不需要继续登记保存的，解除登记保存，并根据情况及时对解除登记保存的证据采取记录、复制、拍照、录像等措施。

第二十条 执法人员应当围绕证据的真实性、关联性和合法性，针对有无证明效力对证据材料进行核实。

第二十一条 对收集到的证据材料，执法人员应当制作证据目录，并对证据材料的来源、证明对象和内容作简要说明。

第三章　行政处罚的决定

第二十二条　案件调查终结，执法人员应当制作案件调查终结报告。

案件调查终结报告的内容包括：社会组织的基本情况、案件来源、调查过程、案件事实、证据材料、法律依据、处理建议等。

第二十三条　登记管理机关在作出行政处罚决定之前，应当制作行政处罚事先告知书，告知当事人拟作出的行政处罚内容及事实、理由、依据，并告知当事人依法享有的陈述、申辩等权利。

当事人可以自收到行政处罚事先告知书之日起五个工作日内提出陈述和申辩。陈述和申辩可以书面或者口头形式提出。当事人口头提出的，执法人员应当制作陈述笔录，交由当事人核对无误后签字或者盖章。

第二十四条　登记管理机关应当充分听取当事人的意见，对当事人提出的事实、理由和证据，应当进行复核；当事人提出的事实、理由或者证据成立的，登记管理机关应当采纳。

登记管理机关不得因当事人陈述、申辩而给予更重的处罚。

第二十五条　登记管理机关作出较大数额罚款、没收较大数额违法所得、没收较大价值非法财物、限期停止活动、撤销登记、吊销登记证书的处罚决定前，应当在行政处罚事先告知书或者听证告知书中告知当事人有要求听证的权利。

当事人要求听证的，应当在登记管理机关告知后五个工作日内提出。登记管理机关应当在举行听证的七个工作日前，通知当事人以及有关人员听证的时间、地点。

听证应当制作笔录。笔录应当交当事人或者其代理人核对无误后签字或者盖章。当事人或者其代理人拒绝签字或者盖章的，由听证主持人在笔录中注明。听证结束后，登记管理机关应当根据听证笔录，依照本规定第二十七条作出决定。

第二十六条　当事人逾期未提出陈述、申辩或者要求听证的，视为放弃上述权利。

第二十七条　登记管理机关负责人应当对案件调查结果进行审查，根据不同情况分别作出如下决定：

（一）确有应受行政处罚的违法行为的，根据情节轻重及具体情况，作出行政处罚决定；

（二）违法行为轻微，依法可以不予行政处罚的，不予行政处罚；

（三）违法事实不能成立的，不予行政处罚；

（四）违法行为涉嫌犯罪的，移送司法机关。

第二十八条 对下列案件，登记管理机关负责人应当集体讨论决定：

（一）拟给予较大数额罚款、没收较大数额违法所得、没收较大价值非法财物的；

（二）拟限期停止活动的；

（三）拟撤销登记或吊销登记证书的；

（四）其他情节复杂或者有重大违法行为的。

第二十九条 有下列情形之一，在登记管理机关负责人作出行政处罚的决定之前，应当由从事行政处罚决定法制审核的人员进行法制审核；未经法制审核或者审核未通过的，不得作出决定：

（一）涉及重大公共利益的；

（二）直接关系当事人或者第三人重大权益，经过听证程序的；

（三）案件情况疑难复杂、涉及多个法律关系的；

（四）法律、法规规定应当进行法制审核的其他情形。

登记管理机关中初次从事行政处罚决定法制审核的人员，应当通过国家统一法律职业资格考试取得法律职业资格。

第三十条 登记管理机关决定对社会组织给予行政处罚的，应当制作行政处罚决定书。行政处罚决定书应当载明下列事项：

（一）当事人的姓名或者名称、地址；

（二）违反法律、法规、规章的事实和证据；

（三）行政处罚的种类和依据；

（四）行政处罚的履行方式和期限；

（五）申请行政复议、提起行政诉讼的途径和期限；

（六）作出行政处罚决定的登记管理机关名称和作出决定的日期。

行政处罚决定书应当加盖作出行政处罚决定的登记管理机关的印章。

第三十一条 登记管理机关应当自行政处罚案件立案之日起九十日内作出行政处罚决定。因案情复杂或者其他原因，不能在规定期限内作出处理决定的，经登记管理机关负责人批准，可以延长三十日。案情特别复杂或者有其他特殊情况，经延期仍不能作出处理决定的，应当由登记管理机关负责人集体讨论决定是否继续延期，决定继续延期的，应当同时确定延长的合理期限。

案件处理过程中，听证、公告、审计和检测、鉴定等时间不计入前款所指的案件办理期限。

第三十二条 具有一定社会影响的行政处罚决定应当依法公开。公开的行政处罚决定被依法变更、撤销、确认违法或者确认无效的,登记管理机关应当在三日内撤回行政处罚决定信息并公开说明理由。

第三十三条 登记管理机关及其工作人员对实施行政处罚过程中知悉的国家秘密、商业秘密或者个人隐私,应当依法予以保密。

第四章 行政处罚的执行

第三十四条 当事人对登记管理机关的行政处罚决定不服,申请行政复议或者提起行政诉讼的,行政处罚不停止执行,法律另有规定的除外。

第三十五条 登记管理机关对当事人作出罚没款处罚的,应当严格执行罚没款收缴分离制度。登记管理机关及其执法人员不得自行收缴罚没款。当事人应当自收到行政处罚决定书之日起十五日内到指定银行或者通过电子支付系统缴纳罚没款。

当事人确有经济困难,需要延期或者分期缴纳罚没款的,应当提出书面申请。经登记管理机关负责人批准,同意当事人延期或者分期缴纳的,登记管理机关应当书面告知当事人延期或者分期的期限、数额。

第三十六条 依法没收的非法财物,按照国家有关规定处理。

第三十七条 社会组织被限期停止活动的,由登记管理机关封存登记证书(含正本、副本)、印章和财务凭证。停止活动的期间届满,社会组织应当根据登记管理机关要求提交整改报告。

第三十八条 登记管理机关依法责令社会组织撤换直接负责的主管人员的,社会组织应当在登记管理机关规定的期限内执行。

第三十九条 登记管理机关对社会组织作出撤销登记或者吊销登记证书的处罚决定的,应当收缴登记证书(含正本、副本)和印章。

第四十条 当事人逾期不履行行政处罚决定的,登记管理机关可以采取下列措施:

(一)到期不缴纳罚款的,每日按罚款数额的百分之三加处罚款,加处罚款的标准应当告知当事人,加处罚款的数额不得超出原罚款数额;

(二)依照《中华人民共和国行政强制法》的规定申请人民法院强制执行;

(三)法律规定的其他措施。

登记管理机关批准延期、分期缴纳罚款的,申请人民法院强制执行的期限,自暂缓或者分期缴纳罚款期限结束之日起计算。

第五章 送　　达

第四十一条 行政处罚决定书应当在宣告后当场交付当事人。当事人不在场的，应当在七个工作日内依照本规定将行政处罚决定书送达当事人。

第四十二条 执法人员送达法律文书应当有送达回证，由受送达人在送达回证上记明收到日期，签名或者盖章。

受送达人在送达回证上的签收日期为送达日期。

第四十三条 送达法律文书，应当直接送交受送达人。受送达人是自然人的，本人不在时交其同住成年家属签收；受送达人是法人或者其他组织的，应当由法人的法定代表人、其他组织的主要负责人或者该法人、其他组织负责收件的人签收；受送达人有委托代理人的，可以送交其代理人签收；受送达人已向登记管理机关指定代收人的，送交代收人签收。

第四十四条 受送达人拒绝签收法律文书的，送达人可以邀请有关基层组织或者所在单位的代表到场，说明情况，在送达回证上记明拒收事由和日期，由送达人、见证人签名或者盖章，把法律文书留在受送达人的住所；也可以把法律文书留在受送达人的住所，并采用拍照、录像等方式记录送达过程，即视为送达。

第四十五条 直接送达法律文书有困难的，有管辖权的登记管理机关可以委托其他登记管理机关代为送达，或者邮寄送达。邮寄送达的，以回执上注明的收件日期为送达日期。

第四十六条 当事人同意并签订确认书的，可以采用手机短信、传真、电子邮件、即时通讯账号等能够确认其收悉的电子方式向其送达法律文书，登记管理机关应当通过拍照、截屏、录音、录像等方式予以记录，手机短信、传真、电子邮件、即时通讯信息等到达受送达人特定系统的日期为送达日期。

第四十七条 本章规定的其他方式无法送达的，公告送达。可以在报纸或者登记管理机关门户网站等媒体刊登公告，自公告发布之日起，经过六十日，即视为送达，发出公告日期以刊登日期为准。公告送达，应当在案件材料中载明原因和经过。

第六章 结案、归档

第四十八条 有下列情形之一的，应予结案：

（一）行政处罚案件执行完毕的；

（二）作出不予行政处罚决定的；

（三）作出移送司法机关决定的。

第四十九条 结案后，登记管理机关应当按照下列要求及时将案件材料整理归档：

（一）案卷应当一案一卷，案卷可以分正卷、副卷；

（二）各类文书和证据材料齐全完整，不得损毁伪造；

（三）案卷材料书写时应当使用钢笔、毛笔或者签字笔。

第五十条 卷内材料应当按照处罚决定书和送达回证在前、其余材料按照办案时间顺序排列的原则排列。

内部审批件可以放入副卷。

卷内材料应当编制目录，并逐页标注页码。

第五十一条 案卷归档后，任何人不得私自增加或者抽取案卷材料。有关单位或者个人申请查阅案卷的，按照社会组织登记档案管理有关规定执行。

第七章 附 则

第五十二条 本规定有关期间的规定，除注明工作日外，按自然日计算。

期间开始之日不计算在内。期间不包括在途时间，期间届满的最后一日为法定节假日的，以节假日后的第一日为期间届满的日期。

第五十三条 本规定自2021年10月15日起施行。2012年8月3日民政部发布的《社会组织登记管理机关行政处罚程序规定》同时废止。

中华人民共和国海关进出口货物商品归类管理规定

（2021年9月18日海关总署令第252号公布 自2021年11月1日起施行 国司备字[2021004793]）

第一条 为了规范进出口货物的商品归类，保证商品归类的准确性和统一性，根据《中华人民共和国海关法》（以下简称《海关法》）、《中华人民共和国进出口关税条例》（以下简称《关税条例》）以及其他有关法律、行政法规的规定，制定本规定。

第二条 本规定所称的商品归类，是指在《商品名称及编码协调制度公约》商品分类目录体系下，以《中华人民共和国进出口税则》为基础，按照《进出口税则商品及品目注释》《中华人民共和国进出口税则本国子目注释》以及海关总署发布的关于商品归类的行政裁定、商品归类决定的规定，确定进出口货物商品编码的行为。

进出口货物相关的国家标准、行业标准等可以作为商品归类的参考。

第三条 进出口货物收发货人或者其代理人（以下简称收发货人或者其代理人）对进出口货物进行商品归类，以及海关依法审核确定商品归类，适用本规定。

第四条 进出口货物的商品归类应当遵循客观、准确、统一的原则。

第五条 进出口货物的商品归类应当按照收发货人或者其代理人向海关申报时货物的实际状态确定。以提前申报方式进出口的货物，商品归类应当按照货物运抵海关监管区时的实际状态确定。法律、行政法规和海关总署规章另有规定的，依照有关规定办理。

第六条 由同一运输工具同时运抵同一口岸并且属于同一收货人、使用同一提单的多种进口货物，按照商品归类规则应当归入同一商品编码的，该收货人或者其代理人应当将有关商品一并归入该商品编码向海关申报。法律、行政法规和海关总署规章另有规定的，依照有关规定办理。

第七条 收发货人或者其代理人应当依照法律、行政法规以及其他相关规定，如实、准确申报其进出口货物的商品名称、规格型号等事项，并且对其申报的进出口货物进行商品归类，确定相应的商品编码。

第八条 海关在审核确定收发货人或者其代理人申报的商品归类事项时，可以依照《海关法》和《关税条例》的规定行使下列权力，收发货人或者其代理人应当予以配合：

（一）查阅、复制有关单证、资料；

（二）要求收发货人或者其代理人提供必要的样品及相关商品资料，包括外文资料的中文译文并且对译文内容负责；

（三）组织对进出口货物实施化验、检验。

收发货人或者其代理人隐瞒有关情况，或者拖延、拒绝提供有关单证、资料的，海关可以依法审核确定进出口货物的商品归类。

第九条 必要时，海关可以要求收发货人或者其代理人补充申报。

第十条 收发货人或者其代理人向海关提供的资料涉及商业秘密、未披露信息或者保密商务信息，要求海关予以保密的，应当以书面方式向海关提出保密要求，并且具体列明需要保密的内容。收发货人或者其代理人不得以商业秘密为理由拒绝向海关提供有关资料。

海关按照国家有关规定承担保密义务。

第十一条 必要时,海关可以依据《中华人民共和国进出口税则》《进出口税则商品及品目注释》《中华人民共和国进出口税则本国子目注释》和国家标准、行业标准,以及海关化验方法等,对进出口货物的属性、成分、含量、结构、品质、规格等进行化验、检验,并将化验、检验结果作为商品归类的依据。

第十二条 海关对进出口货物实施取样化验、检验的,收发货人或者其代理人应当到场协助,负责搬移货物,开拆和重封货物的包装,并按照海关要求签字确认。

收发货人或者其代理人拒不到场,或者海关认为必要时,海关可以径行取样,并通知货物存放场所的经营人或者运输工具负责人签字确认。

第十三条 收发货人或者其代理人应当及时提供化验、检验样品的相关单证和技术资料,并对其真实性和有效性负责。

第十四条 除特殊情况外,海关技术机构应当自收到送检样品之日起 15 日内作出化验、检验结果。

第十五条 除特殊情况外,海关应当在化验、检验结果作出后的 1 个工作日内,将相关信息通知收发货人或者其代理人。收发货人或者其代理人要求提供化验、检验结果纸本的,海关应当提供。

第十六条 其他化验、检验机构作出的化验、检验结果与海关技术机构或者海关委托的化验、检验机构作出的化验、检验结果不一致的,以海关认定的化验、检验结果为准。

第十七条 收发货人或者其代理人对化验、检验结果有异议的,可以在收到化验、检验结果之日起 15 日内向海关提出书面复验申请,海关应当组织复验。

已经复验的,收发货人或者其代理人不得对同一样品再次申请复验。

第十八条 海关发现收发货人或者其代理人申报的商品归类不准确的,按照商品归类的有关规定予以重新确定,并且按照报关单修改和撤销有关规定予以办理。

收发货人或者其代理人发现其申报的商品归类需要修改的,应当按照报关单修改和撤销有关规定向海关提出申请。

第十九条 海关对货物的商品归类审核确定前,收发货人或者其代理人要求放行货物的,应当按照海关事务担保的有关规定提供担保。

国家对进出境货物有限制性规定,应当提供许可证件而不能提供的,以及法律、行政法规规定不得担保的其他情形,海关不得办理担保放行。

第二十条 收发货人或者其代理人就其进出口货物的商品归类提出行政

裁定、预裁定申请的,应当按照行政裁定、预裁定管理的有关规定办理。

第二十一条 海关总署可以依据有关法律、行政法规规定,对进出口货物作出具有普遍约束力的商品归类决定,并对外公布。

进出口相同货物,应当适用相同的商品归类决定。

第二十二条 作出商品归类决定所依据的法律、行政法规以及其他相关规定发生变化的,商品归类决定同时失效。

商品归类决定失效的,应当由海关总署对外公布。

第二十三条 海关总署发现商品归类决定需要修改的,应当及时予以修改并对外公布。

第二十四条 海关总署发现商品归类决定存在错误的,应当及时予以撤销并对外公布。

第二十五条 因商品归类引起退税或者补征、追征税款以及征收滞纳金的,依照有关法律、行政法规以及海关总署规章的规定办理。

第二十六条 违反本规定,构成走私行为、违反海关监管规定行为或者其他违反《海关法》行为的,由海关依照《海关法》《中华人民共和国海关行政处罚实施条例》等有关规定予以处理;构成犯罪的,依法追究刑事责任。

第二十七条 本规定所称商品编码是指《中华人民共和国进出口税则》商品分类目录中的编码。

同一商品编码项下其他商品编号的确定,按照相关规定办理。

第二十八条 本规定由海关总署负责解释。

第二十九条 本规定自 2021 年 11 月 1 日起施行。2007 年 3 月 2 日海关总署令第 158 号公布、2014 年 3 月 13 日海关总署令第 218 号修改的《中华人民共和国海关进出口货物商品归类管理规定》,2008 年 10 月 13 日海关总署令第 176 号公布的《中华人民共和国海关化验管理办法》同时废止。

征信业务管理办法

(2021 年 9 月 27 日中国人民银行令〔2021〕第 4 号发布　自 2022 年 1 月 1 日起施行　国司备字[2021004790])

第一章　总　　则

第一条 为了规范征信业务及其相关活动,保护信息主体合法权益,促进征信业健康发展，推进社会信用体系建设，根据《中华人民共和国中国人民银行法》《中华人民共和国个人信息保护法》《征信业管理条例》等法律法规，制定本办法。

第二条 在中华人民共和国境内，对法人和非法人组织（以下统称企业）、个人开展征信业务及其相关活动的，适用本办法。

第三条 本办法所称征信业务，是指对企业和个人的信用信息进行采集、整理、保存、加工，并向信息使用者提供的活动。

本办法所称信用信息，是指依法采集，为金融等活动提供服务，用于识别判断企业和个人信用状况的基本信息、借贷信息、其他相关信息，以及基于前述信息形成的分析评价信息。

第四条 从事个人征信业务的，应当依法取得中国人民银行个人征信机构许可；从事企业征信业务的，应当依法办理企业征信机构备案；从事信用评级业务的，应当依法办理信用评级机构备案。

第五条 金融机构不得与未取得合法征信业务资质的市场机构开展商业合作获取征信服务。

本办法所称金融机构，是指国务院金融管理部门监督管理的从事金融业务的机构。

地方金融监管部门负责监督管理的地方金融组织适用本办法关于金融机构的规定。

第六条 从事征信业务及其相关活动，应当保护信息主体合法权益，保障信息安全，防范信用信息泄露、丢失、毁损或者被滥用，不得危害国家秘密，不得侵犯个人隐私和商业秘密。

从事征信业务及其相关活动，应当遵循独立、客观、公正的原则，不得违反法律法规的规定，不得违反社会公序良俗。

第二章 信用信息采集

第七条 采集个人信用信息，应当采取合法、正当的方式，遵循最小、必要的原则，不得过度采集。

第八条 征信机构不得以下列方式采集信用信息：

（一）欺骗、胁迫、诱导；

（二）向信息主体收费；

（三）从非法渠道采集；

（四）以其他侵害信息主体合法权益的方式。

第九条 信息提供者向征信机构提供信用信息的，征信机构应当制定相关制度，对信息提供者的信息来源、信息质量、信息安全、信息主体授权等进行必要的审查。

第十条 征信机构与信息提供者在开办业务及合作中应当遵守《中华人民共和国个人信息保护法》等法律法规，通过协议等形式明确信息采集的原则以及各自在获得客户同意、信息采集、加工处理、信息更正、异议处理、信息安全等方面的权利义务和责任。

第十一条 征信机构经营个人征信业务，应当制定采集个人信用信息的方案，并就采集的数据项、信息来源、采集方式、信息主体合法权益保护制度等事项及其变化向中国人民银行报告。

第十二条 征信机构采集个人信用信息应当经信息主体本人同意，并且明确告知信息主体采集信用信息的目的。依照法律法规公开的信息除外。

第十三条 征信机构通过信息提供者取得个人同意的，信息提供者应当向信息主体履行告知义务。

第十四条 个人征信机构应当将与其合作，进行个人信用信息采集、整理、加工和分析的信息提供者，向中国人民银行报告。

个人征信机构应当规范与信息提供者的合作协议内容。信息提供者应当就个人信用信息处理事项接受个人征信机构的风险评估和中国人民银行的情况核实。

第十五条 采集企业信用信息，应当基于合法的目的，不得侵犯商业秘密。

第三章 信用信息整理、保存、加工

第十六条 征信机构整理、保存、加工信用信息，应当遵循客观性原则，不得篡改原始信息。

第十七条 征信机构应当采取措施，提高征信系统信息的准确性，保障信息质量。

第十八条 征信机构在整理、保存、加工信用信息过程中发现信息错误的，如属于信息提供者报送错误的，应当及时通知信息提供者更正；如属于内部处理错误的，应当及时更正，并优化信用信息内部处理流程。

第十九条 征信机构应当对来自不同信息提供者的信息进行比对，发现信息不一致的，及时进行核查和处理。

第二十条 征信机构采集的个人不良信息的保存期限，自不良行为或者事件终止之日起为 5 年。

个人不良信息保存期限届满，征信机构应当将个人不良信息在对外服务和应用中删除；作为样本数据的，应当进行匿名化处理。

第四章　信用信息提供、使用

第二十一条　征信机构对外提供征信产品和服务，应当遵循公平性原则，不得设置不合理的商业条件限制不同的信息使用者使用，不得利用优势地位提供歧视性或者排他性的产品和服务。

第二十二条　征信机构应当采取适当的措施，对信息使用者的身份、业务资质、使用目的等进行必要的审查。

征信机构应当对信息使用者接入征信系统的网络和系统安全、合规性管理措施进行评估，对查询行为进行监测。发现安全隐患或者异常行为的，及时核查；发现违法违规行为的，停止提供服务。

第二十三条　信息使用者应当采取必要的措施，保障查询个人信用信息时取得信息主体的同意，并且按照约定用途使用个人信用信息。

第二十四条　信息使用者使用征信机构提供的信用信息，应当基于合法、正当的目的，不得滥用信用信息。

第二十五条　个人信息主体有权每年两次免费获取本人的信用报告，征信机构可以通过互联网查询、营业场所查询等多种方式为个人信息主体提供信用报告查询服务。

第二十六条　信息主体认为信息存在错误、遗漏的，有权向征信机构或者信息提供者提出异议；认为侵害自身合法权益的，可以向所在地中国人民银行分支机构投诉。对异议和投诉按照《征信业管理条例》及相关规定办理。

第二十七条　征信机构不得以删除不良信息或者不采集不良信息为由，向信息主体收取费用。

第二十八条　征信机构提供信用报告等信用信息查询产品和服务的，应当客观展示查询的信用信息内容，并对查询的信用信息内容及专业名词进行解释说明。

信息主体有权要求征信机构在信用报告中添加异议标注和声明。

第二十九条　征信机构提供画像、评分、评级等信用评价类产品和服务的，应当建立评价标准，不得将与信息主体信用无关的要素作为评价标准。

征信机构正式对外提供信用评价类产品和服务前，应当履行必要的内部测试和评估验证程序，使评价规则可解释、信息来源可追溯。

征信机构提供经济主体或者债务融资工具信用评级产品和服务的，应当按照《信用评级业管理暂行办法》（中国人民银行 发展改革委 财政部 证监会令〔2019〕第5号发布）等相关规定开展业务。

第三十条 征信机构提供信用反欺诈产品和服务的，应当建立欺诈信用信息的认定标准。

第三十一条 征信机构提供信用信息查询、信用评价类、信用反欺诈产品和服务，应当向中国人民银行或其省会（首府）城市中心支行以上分支机构报告下列事项：

（一）信用报告的模板及内容；

（二）信用评价类产品和服务的评价方法、模型、主要维度要素；

（三）信用反欺诈产品和服务的数据来源、欺诈信用信息认定标准。

第三十二条 征信机构不得从事下列活动：

（一）对信用评价结果进行承诺；

（二）使用对信用评价结果有暗示性的内容宣传产品和服务；

（三）未经政府部门或者行业协会同意，假借其名义进行市场推广；

（四）以胁迫、欺骗、诱导的方式向信息主体或者信息使用者提供征信产品和服务；

（五）对征信产品和服务进行虚假宣传；

（六）提供其他影响征信业务客观公正性的征信产品和服务。

第五章 信用信息安全

第三十三条 征信机构应当落实网络安全等级保护制度，制定涉及业务活动和设备设施的安全管理制度，采取有效保护措施，保障征信系统的安全。

第三十四条 个人征信机构、保存或者处理100万户以上企业信用信息的企业征信机构，应当符合下列要求：

（一）核心业务信息系统网络安全保护等级具备三级或者三级以上安全保护能力；

（二）设立信息安全负责人和个人信息保护负责人，由公司章程规定的高级管理人员担任；

（三）设立专职部门，负责信息安全和个人信息保护工作，定期检查征信业务、系统安全、个人信息保护制度措施执行情况。

第三十五条 征信机构应当保障征信系统运行设施设备、安全控制设施设备以及互联网应用程序的安全，做好征信系统日常运维管理，保障系统物理安全、通信网络安全、区域边界安全、计算环境安全、管理中心安全等，防范征信系统受到非法入侵和破坏。

第三十六条 征信机构应当在人员录用、离岗、考核、安全教育、培训和外部人员访问管理等方面做好人员安全管理工作。

第三十七条 征信机构应当严格限定公司内部查询和获取信用信息的工作人员的权限和范围。

征信机构应当留存工作人员查询、获取信用信息的操作记录，明确记载工作人员查询和获取信用信息的时间、方式、内容及用途。

第三十八条 征信机构应当建立应急处置制度，在发生或者有可能发生信用信息泄露等事件时，立即采取必要措施降低危害，并及时向中国人民银行及其省会（首府）城市中心支行以上分支机构报告。

第三十九条 征信机构在中华人民共和国境内开展征信业务及其相关活动，采集的企业信用信息和个人信用信息应当存储在中华人民共和国境内。

第四十条 征信机构向境外提供个人信用信息，应当符合法律法规的规定。

征信机构向境外信息使用者提供企业信用信息查询产品和服务，应当对信息使用者的身份、信用信息用途进行必要的审查，确保信用信息用于跨境贸易、投融资等合理用途，不得危害国家安全。

第四十一条 征信机构与境外征信机构合作的，应当在合作协议签署后、业务开展前将合作协议报告中国人民银行。

第六章 监督管理

第四十二条 征信机构应当将下列事项向社会公开，接受社会监督：

（一）采集的信用信息类别；

（二）信用报告的基本格式内容；

（三）异议处理流程；

（四）中国人民银行认为需要公开的其他事项。

第四十三条 个人征信机构应当每年对自身个人征信业务遵守《中华人民共和国个人信息保护法》《征信业管理条例》的情况进行合规审计，并将合规审计报告及时报告中国人民银行。

第四十四条 中国人民银行及其省会（首府）城市中心支行以上分支机构对征信机构的下列事项进行监督检查：

（一）征信内控制度建设，包括各项制度和相关规程的齐备性、合规性和可操作性等；

（二）征信业务合规经营情况，包括采集信用信息、对外提供和使用信用信息、异议与投诉处理、用户管理、其他事项合规性等；

（三）征信系统安全情况，包括信息技术制度、安全管理、系统开发等；

（四）与征信业务活动相关的其他事项。

第四十五条 信息提供者和信息使用者违反《征信业管理条例》规定，侵犯信息主体合法权益的，由中国人民银行及其省会（首府）城市中心支行以上分支机构依法对其检查和处理。

第七章 法律责任

第四十六条 违反本办法第四条规定，擅自从事个人征信业务的，由中国人民银行按照《征信业管理条例》第三十六条进行处罚；擅自从事企业征信业务的，由中国人民银行省会（首府）城市中心支行以上分支机构按照《征信业管理条例》第三十七条进行处罚。

金融机构违反本办法第五条规定，与未取得合法征信业务资质的市场机构开展商业合作获取征信服务的，由中国人民银行及其分支机构责令改正，对单位处3万元以下罚款，对直接负责的主管人员处1000元以下罚款。

第四十七条 征信机构违反本办法第八条、第十六条、第二十条、第二十七条、第三十二条规定的，由中国人民银行及其省会（首府）城市中心支行以上分支机构按照《征信业管理条例》第三十八条进行处罚。

第四十八条 征信机构违反本办法第十四条、第二十一条、第三十一条、第三十四条、第三十九条、第四十二条规定的，由中国人民银行及其省会（首府）城市中心支行以上分支机构责令改正，没收违法所得，对单位处3万元以下罚款，对直接负责的主管人员处1000元以下罚款。法律、行政法规另有规定的，依照其规定。

第八章 附 则

第四十九条 金融信用信息基础数据库从事征信业务、从事信贷业务的机构向金融信用信息基础数据库报送或者查询信用信息参照本办法执行。

第五十条 以"信用信息服务""信用服务""信用评分""信用评级""信用修复"等名义对外实质提供征信服务的，适用本办法。

第五十一条 本办法施行前未取得个人征信业务经营许可或者未进行企

业征信机构备案但实质从事征信业务的机构，应当自本办法施行之日起 18 个月内完成合规整改。

第五十二条 本办法由中国人民银行负责解释。

第五十三条 本办法自 2022 年 1 月 1 日起施行。

系统重要性银行附加监管规定（试行）

（2021 年 9 月 30 日中国人民银行、中国银行保险监督管理委员会令〔2021〕第 5 号发布 自 2021 年 12 月 1 日起施行 国司备字［2021004782］）

第一章 总 则

第一条 为完善我国系统重要性金融机构监管框架，明确系统重要性银行附加监管要求，加强宏观审慎管理，根据《中华人民共和国中国人民银行法》《中华人民共和国银行业监督管理法》《中华人民共和国商业银行法》等法律法规和完善系统重要性金融机构监管的相关要求，制定本规定。

第二条 本规定适用于依据《系统重要性银行评估办法》认定的系统重要性银行。

第三条 人民银行负责系统重要性银行附加监管规则制定、监测分析，视情要求银保监会采取相应监管措施，并在必要时经国务院批准对系统重要性银行进行检查监督。人民银行会同银保监会提出附加监管要求，牵头银保监会等单位组建危机管理小组，组织审查系统重要性银行恢复计划和处置计划建议，开展可处置性评估。

银保监会依法对系统重要性银行实施微观审慎监管，本规定提出的附加监管要求不取代银保监会的日常监管职责。

第二章 附加监管要求

第四条 系统重要性银行在满足最低资本要求、储备资本和逆周期资本要求基础上，还应满足一定的附加资本要求，由核心一级资本满足。

系统重要性银行分为五组，第一组到第五组的银行分别适用 0.25%、0.5%、0.75%、1%和 1.5%的附加资本要求。若银行同时被认定为我国系统重要性银行和全球系统重要性银行，附加资本要求不叠加，采用二者孰高原则确定。

银行应在进入系统重要性银行名单或者系统重要性得分变化导致组别上升后，在经过一个完整自然年度后的 1 月 1 日满足附加资本要求。若银行退出系统重要性银行名单或者系统重要性得分变化导致组别下降，立即适用新的资本要求。

人民银行、银保监会可以根据宏观经济形势、金融风险变化和银行业发展实际对系统重要性银行附加资本要求进行调整，报国务院金融稳定发展委员会审议通过后实施。

系统重要性银行应拥有充足的资本和债务工具，增强总损失吸收能力，在经营困难时能够通过减记或转股的方式吸收损失，实现有序处置。

第五条 系统重要性银行应建立资本内在约束机制，提高资本内生积累能力，切实发挥资本对业务发展的指导和约束作用。人民银行、银保监会在整体资本管理框架下，根据系统重要性银行的业务经营状况和风险情况，结合压力测试结果，定期对系统重要性银行的资本状况进行全面评估，前瞻性、针对性地评估银行在压力情景下可能出现的资本缺口，并将评估结果作为提出资本监管要求的重要参考。

第六条 系统重要性银行在满足杠杆率要求的基础上，应额外满足附加杠杆率要求。附加杠杆率要求为系统重要性银行附加资本要求的 50%，由一级资本满足。

银行应在进入系统重要性银行名单或者系统重要性得分变化导致组别上升后，在经过一个完整自然年度后的 1 月 1 日满足附加杠杆率要求。若银行退出系统重要性银行名单或系统重要性得分变化导致组别下降，立即适用新的杠杆率要求。

人民银行、银保监会可以根据宏观经济形势、金融风险变化和银行业发展实际对系统重要性银行附加杠杆率要求进行调整，报国务院金融稳定发展委员会审议通过后实施。

第七条 人民银行会同银保监会基于对实质性风险的判断，对高得分组别系统重要性银行的流动性和大额风险暴露进行评估，根据评估结果提出附加监管要求，报国务院金融稳定发展委员会审议通过后实施。

第三章　恢复与处置计划

第八条 恢复计划应详细说明银行在持续经营能力出现问题等压力情景

下，如何通过实施该恢复计划恢复持续经营能力。处置计划应详细说明银行在无法持续经营时，如何通过实施该处置计划实现安全、快速、有效处置，保障关键业务和服务不中断，避免引发系统性金融风险。

首次进入系统重要性银行名单的银行，应当根据自身经营特点、风险和管理状况，按照人民银行、银保监会的要求，制定集团层面的恢复计划和处置计划建议，并于下一年度8月31日前提交危机管理小组审查。系统重要性银行每年更新恢复计划、每两年更新处置计划建议并于更新年度8月31日前报送危机管理小组，并且在内外部经营环境、风险状况发生重大变化时，按照人民银行、银保监会要求进行更新。危机管理小组应自收到恢复计划和处置计划建议之日起2个月内提出书面意见。恢复计划和处置计划建议未获认可的，系统重要性银行应按照要求在危机管理小组规定的时限内完成整改并重新报送。危机管理小组应根据处置计划建议，按照处置的法定权限和分工，综合考虑处置资源配置等因素，形成系统重要性银行的处置计划。

第九条 在系统重要性银行持续经营能力可能或者已经出现问题等压力情景下，满足预先设定的触发条件，系统重要性银行启动并执行恢复计划，快速补充资本和流动性，以度过危机并恢复持续经营能力。恢复计划包括但不限于：

（一）机构概览，恢复计划治理架构与职责划分。

（二）关键功能与核心业务、关键共享服务和重要实体识别，风险领域和薄弱环节。

（三）恢复措施的触发机制，包括触发指标定义及设置等。

（四）压力情景设计、分析及各压力情景下的措施有效性检验。

（五）银行在面临资本不足或流动性困难时可以采取的措施及具体执行方案，包括补充流动性、资产出售、补充资本、暂停或限制分红、压缩经营成本等。

（六）银行向人民银行、银保监会等部门报告和沟通策略等安排。

（七）银行实施恢复计划的障碍及解决障碍的措施。

第十条 处置计划建议应立足于机构自救，落实自救资金来源和制度安排，采取内部纾困模式，落实股东和债权人的风险化解与损失承担责任，具体内容包括但不限于：

（一）机构概览，处置计划治理架构与职责划分。

（二）关键功能与核心业务、关键共享服务和重要实体识别。

（三）处置策略分析，处置权力分析（例如更换负有责任的管理层等相关人员），处置工具分析（例如收购与承接、过桥银行、经营中救助）等。

（四）处置措施的触发机制。

（五）处置措施和方案，包括对实现快速稳定、提升长期生存能力的分析，以及采取的主要措施，例如内部财务纾困、业务转让、部分或全部资产及负债转让等。

（六）保障有效处置的支持性分析，包括处置资金计划和来源、估值能力、关键服务持续运营安排、金融市场基础设施及持续接入安排、消费者权益保护方案等。

（七）与境内外相关部门的协调和信息共享、沟通策略等。

（八）处置实施障碍分析及解决障碍的计划措施。

（九）处置时的损失吸收安排。

第十一条 危机管理小组定期开展可处置性评估，确保处置计划具有可行性和可靠性，并根据评估情况完善处置框架。当系统重要性银行发生兼并、收购、重组等重大变化时，危机管理小组应当及时评估其可处置性的变化情况。若银行退出系统重要性银行名单，危机管理小组不再对其开展可处置性评估。可处置性评估应至少包含以下内容：

（一）处置计划中涉及的处置权力和处置工具是否合法可行。

（二）处置资金来源及资金安排是否充足、明确。

（三）关键功能的识别方法是否合理。

（四）关键功能和关键共享服务是否有合理的安排，以保证处置中的持续运行。

（五）金融市场基础设施能否持续接入，以保证关键功能不中断。

（六）组织架构及管理信息系统能否支持处置。

（七）处置中的跨部门合作和信息共享安排是否可行。

（八）处置影响分析，包括对金融市场的影响、对金融基础设施的影响、对其他金融机构融资行为的影响、对其他金融机构资本充足率的影响、对实体经济的影响、对消费者合法权益的影响。

第十二条 危机管理小组的职责包括但不限于：

（一）定期审查恢复计划和处置计划建议，确保恢复计划和处置计划与银行的系统重要性相匹配，并且有效、可操作。

（二）定期开展可处置性评估，确保系统重要性银行的组织架构、管理水平、基础设施建设和能力能够有效支持处置。

第四章 审慎监管

第十三条 系统重要性银行应执行人民银行牵头制定的系统重要性金融

机构统计制度，按要求向人民银行、银保监会报送统计报表。按要求报送财务会计报告、年度业务发展计划、信贷计划和利润计划、压力测试报告和其他资料。每年应当向人民银行、银保监会报送全面风险管理报告，包括对银行风险状况的全面分析、风险防控体系有效性的评估、资产质量报告、改进风险管理水平的具体措施以及人民银行、银保监会要求报送的其他信息。及时向危机管理小组报送审查恢复计划和处置计划建议、开展可处置性评估所需要的相关信息，确保自身管理信息系统能够迅速、全面满足相关信息报送要求。发生兼并、收购、重组等重大变化时，及时向危机管理小组报送相关重大变化对恢复计划和处置计划等的影响分析报告。

系统重要性银行应每年通过官方网站或年度报告披露资本充足率、杠杆率、流动性、大额风险暴露等监管指标情况，并说明附加监管要求满足情况。披露时间不得晚于每年4月30日。因特殊原因不能按时披露的，应当至少提前十五个工作日向人民银行、银保监会申请延迟披露。

第十四条 系统重要性银行应当全面梳理经营管理中的风险领域和薄弱环节，建立覆盖所有实质性风险领域的风险数据加总和风险报告体系。风险数据加总应确保风险数据的定义、收集和处理能够真实反映银行的风险容忍度和风险偏好，客观衡量风险调整后的经营表现，满足风险报告的需要。系统重要性银行基于规范的汇报路径和程序，按要求将风险信息及时、准确、清晰、完整地报告给人民银行、银保监会等部门。风险数据加总和风险报告体系包括但不限于：

（一）在集团层面建立风险数据加总和风险报告体系的治理架构，明确董事会、高级管理层和各相关部门职责，确保与集团整体治理架构相适应，并保证相应的资源安排。

（二）在集团层面加强信息技术基础设施建设，统一数据结构，建立精细化的数据分类体系和数据字典，健全各业务条线、法人机构、各类资产、各个行业和地区风险敞口及潜在风险的数据库。

（三）提高数据加总和分类的自动化程度，确保在整个集团范围内全部风险数据加总的及时性和准确性，并能够满足正常、压力和危机情况下的定期、临时或突发性数据需求。

（四）风险报告的内容应当与集团的经营特点、复杂性、关联度等相适应，能够准确反映各类实质性风险的真实状况和发展趋势，风险报告的频率应当随风险变化及时调整，随着压力或危机程度加深相应提高风险报告频率。

第十五条 银行进入系统重要性银行名单后，由董事会承担相关工作的最终责任。董事会的职责包括但不限于：

（一）负责推动系统重要性银行达到附加监管要求，并承担最终责任。

（二）制定有效的资本规划，建立资本内在约束机制，定期审查评估资本规划的实施情况，确保资本水平持续满足监管要求。

（三）负责审批恢复计划和处置计划建议，对恢复计划和处置计划建议的制定与更新承担最终责任。

（四）审批集团风险数据加总和风险报告框架，确保充足的资源支持，定期听取专题汇报，充分了解和掌握风险数据加总和风险报告工作的进展情况。

（五）负责推动落实人民银行、银保监会作出的风险提示和整改要求，并承担最终责任。

高级管理层成立以行长为组长的专门领导工作组，承担相关工作的统筹协调与组织实施职责。

第十六条 人民银行在并表基础上加强对系统重要性银行监测分析和风险评估，包括但不限于：

（一）在并表基础上收集和分析系统重要性银行的财务数据、资本充足情况、流动性、大额风险暴露、关联交易和内部交易等定量信息。

（二）收集系统重要性银行集团层面的公司治理、内部控制、防火墙建设和风险管理等定性信息。

（三）定期评估系统重要性银行集团层面的风险及风险管理状况、跨境经营情况、跨业经营情况以及内部风险交叉传染途径。

银保监会依法对系统重要性银行实行并表监督管理，实施强化性监管要求。

第十七条 人民银行、银保监会及时共享系统重要性银行的统计报表、监管报告以及其他重大风险报告。在对系统重要性银行发生的兼并、收购、重组等重大变化进行审批时，银保监会应及时将相关信息告知人民银行。

第十八条 人民银行、银保监会从防范系统性金融风险的角度，设定不同的压力测试情景，指定压力测试模型和方法，定期对系统重要性银行开展压力测试，评估银行的资本规划及资本充足状况、流动性、大额风险暴露等风险状况，检验恢复计划和处置计划的可行性，并根据压力测试结果对系统重要性银行提出相应的监管要求。

第十九条 人民银行、银保监会可基于监测分析和压力测试结果，评估系统重要性银行的信贷集中度、复杂性、业务扩张速度等关键指标情况，强化事前风险预警，引导银行降低系统性金融风险。

系统重要性银行存在违反审慎经营规则或威胁金融稳定情形的，人民银行可向该银行直接作出风险提示，并抄送银保监会。必要时，人民银行商银保监会按照法定程序对系统重要性银行的业务结构、经营策略和组织架构提出调整建议，并推进有效实施。系统重要性银行应按要求限期整改，并在规定期限内向人民银行和银保监会提交整改报告。

第二十条 系统重要性银行违反附加监管规定的，人民银行、银保监会应当要求其限期整改。对于逾期未完成整改的，人民银行、银保监会可以与银行的董事、高级管理人员进行监督管理谈话，人民银行可以建议银保监会采取审慎监管措施，银保监会积极采纳建议并及时作出回复。

第五章 附 则

第二十一条 本规定由人民银行和银保监会负责解释。

第二十二条 本规定自 2021 年 12 月 1 日起施行。自本规定施行之日起，系统重要性银行附加资本要求不再适用《商业银行资本管理办法（试行）》（中国银行业监督管理委员会令 2012 年第 1 号发布）第二十五条的规定。

司法解释

最高人民法院关于加强新时代知识产权审判工作为知识产权强国建设提供有力司法服务和保障的意见

（2021年9月24日　法发〔2021〕29号）

为深入贯彻落实《知识产权强国建设纲要（2021－2035年）》和党中央关于加强知识产权保护的决策部署，适应新时代要求，全面加强知识产权司法保护，为知识产权强国建设提供有力司法服务和保障，制定本意见。

一、心怀“国之大者”，准确把握加强新时代知识产权审判工作的总体要求

1. 确保新时代知识产权审判工作始终沿着正确方向前进。坚持以习近平新时代中国特色社会主义思想为指导，持续深入学习贯彻习近平法治思想，全面贯彻党的十九大和十九届二中、三中、四中、五中全会精神，增强“四个意识”、坚定“四个自信”、做到“两个维护”，不断提高政治判断力、政治领悟力、政治执行力，不折不扣贯彻落实习近平总书记关于加强知识产权保护的系列重要讲话精神和党中央决策部署。牢牢坚持党的领导，坚持以人民为中心，坚定不移走中国特色社会主义法治道路。牢牢把握加强知识产权保护是完善产权保护制度最重要的内容和提高国家经济竞争力最大的激励，紧紧围绕“十四五”规划和二〇三五年远景目标，强化系统观念、法治思维、强基导向，增强机遇意识、风险意识，全面提升知识产权司法保护水平。适应新时代要求，立足新发展阶段，完整、准确、全面贯彻新发展理念，自觉融入构建新发展格局、推动高质量发展，为建设知识产权强国提供有力司法服务和保障。

2. 增强做好新时代知识产权审判工作的责任感使命感。坚持把创新作为引领发展的第一动力，树立保护知识产权就是保护创新的理念，深刻认识全面加强知识产权审判工作事关国家治理体系和治理能力现代化，事关推动高质量发展和创造高品质生活，事关国内国际两个大局。自觉践行初心使命，找准司法服务“国之大者”的结合点、切入点，担当作为、改革创新，健全公正高效、管辖科学、权界清晰、系统完备的知识产权司法保护体制，开创新时代知识产权审判工作新局面。

3. 正确把握新时代人民法院服务知识产权强国建设的工作原则。紧紧围绕“努力让人民群众在每一个司法案件中感受到公平正义”目标，坚持以人民为中心，充分发挥知识产权审判职能作用，落实惩罚性赔偿制度，加大对侵权行为惩治力度，切实维护社会公平正义和权利人合法权益。坚持严格保护，依法平等保护中外当事人及各类市场主体合法权益，维护公平竞争市场秩序，服务以国内大循环为主体、国内国际双循环相互促进的新发展格局。坚持公正合理保护，防范权利过度扩张，确保公共利益和激励创新兼得。坚持深化改革，强化信息化技术运用，加快推进知识产权审判体系和审判能力现代化。坚持协同配合，强化国际合作，为全球知识产权治理贡献中国司法智慧。

二、依法公正高效审理各类案件，充分发挥知识产权审判职能作用

4. 加强科技创新成果保护，服务创新驱动发展。充分发挥知识产权审判对科技创新的激励和保障作用，实现知识产权保护范围、强度与其技术贡献程度相适应。充分发挥司法裁判在科技创新成果保护中的规则引领和价值导向职能，总结提炼科技创新司法保护新规则，促进技术和产业不断创新升级。以强化保护为导向，加强对专利授权确权行政行为合法性的严格审查，推动行政标准与司法标准统一，促进专利授权确权质量提升。以实质性解决专利纠纷为目标，建立专利民事行政案件审理工作在甄别统筹、程序衔接、审理机制、裁判标准等方面的协同推进机制，防止循环诉讼和程序空转，有效提高审判效率。

5. 加强著作权和相关权利保护，服务社会主义文化强国建设。充分发挥著作权审判对于优秀文化的引领和导向功能，促进文化和科学事业发展与繁荣。依法加强“红色经典”和英雄烈士合法权益保护，以法治手段传承红色文化基因，大力弘扬社会主义核心价值观。加大对文化创作者权益保护，准确把握作品认定标准。依法维护作品传播者合法权益，适应全媒体传播格局变化，依法妥善处理互联网领域文化创作及传播的著作权保护新问题。依法审理涉著作权集体管理组织案件，妥善处理维护著作权集体管理制度和尊重权利人意思自治关系，促进作品传播利用。加强遗传资源、传统文化、传统知识、民间文艺等知识产权保护，促进非物质文化遗产的整理和利用。

6. 加强商业标志保护，服务品牌强国建设。提高商标授权确权行政案件审理质量，坚决打击不以使用为目的的商标恶意注册行为，科学合理界定商标权权利边界与保护范围，促进商标申请注册秩序正常化和规范化。强化商标使用对确定商标权保护范围的作用，积极引导权利人持续实际使用商标，发挥商标的识别功能，保护消费者合法权益。制定商标民事纠纷案件司法解释，加强驰名商标、传统品牌和老字号司法保护，依法支持商标品牌建设。完善地理标志司法保护规则，遏制侵犯地理标志权利行为，推动地理标志与特色产业发展、生态文明建设、历史文化传承以及乡村振兴有机融合。

7. 加强新兴领域知识产权保护，服务新领域新业态规范健康发展。准确适用个人信息保护法、数据安全法，加强互联网领域和大数据、人工智能、基因技术等新领域新业态知识产权司法保护，完善算法、商业方法和人工智能产出物知识产权司法保护规则，合理确定新经济新业态主体法律责任，积极回应新技术、新产业、新业态、新模式知识产权保护司法需求。加强涉数据云存储、数据开源、数据确权、数据交易、数据服务、数据市场不正当竞争等案件审理和研究，切实维护数据安全，为数字中国建设提供法治保障。

8. 加强农业科技成果保护，服务全面推进乡村振兴。加大重大农业科技成果保护力度，促进农业生物技术、先进制造技术、精准农业技术等方面重大创新成果的创造。依法严格保护国家种质资源，严厉打击制售假冒伪劣品种、侵犯植物新品种权、种子套牌等行为，强化植物新品种刑事司法保护，提升种业知识产权司法保护水平，有效保障国家种业和粮食安全。创新和加强地方特色农业知识产权司法保护机制，完善保护种业知识产权合作机制，形成保护合力。

9. 加强中医药知识产权保护，服务中医药传承创新发展。依法妥善审理涉中医药领域知识产权纠纷案件，推动完善中医药领域发明专利审查规则，促进提升中医药领域专利质量。加强中医药古方、中药商业秘密、道地药材标志、传统医药类非物质文化遗产司法保护，推动完善涉及中医药知识产权司法保护的国际国内规则和标准，促进中医药传统知识保护与现代知识产权制度有效衔接。

10. 加强反垄断和反不正当竞争司法，维护公平竞争的市场法治环境。严格落实《关于强化反垄断深入推进公平竞争政策实施的意见》，坚持规范和发展并重，依法妥善审理反垄断和反不正当竞争案件。出台反垄断民事纠纷司法解释和反不正当竞争司法解释，发布典型案例，发挥“红绿灯”作用，明确司法规则，规范市场主体行为。加强对平台企业垄断的司法规制，依法严惩平台强制“二选一”“大数据杀熟”等破坏公平竞争、扰乱市场秩序行为，切实保护消费者合法权益和社会公共利益，维护和促进市场公平竞争。强化平台经济、科技创新、信息安全、民生保障等重点领域案件审理和宣传，通过司法裁判强化公平竞争意识，引导全社会形成崇尚、保护和促进公平竞争的市场环境。

11. 加强商业秘密保护，护航企业创新发展。依法加大涉及国家安全和利益的技术秘密司法保护力度，严惩窃取、泄露国家科技秘密行为。正确把握侵害商业秘密民事纠纷和刑事犯罪的界限，完善侵犯商业秘密犯罪行为认定标准。加强诉讼中的商业秘密保护，切实防止诉讼中“二次泄密”，保障权利人依法维权。妥善处理保护商业秘密与自由择业、竞业限制和人才合理流动的关系，在依法保护商业秘密的同时，维护劳动者正当就业创业合法权益，保障企业创新发展，促进人才合理流动。

12. 加强科技创新主体合法权益保护，激发创新创造活力。认真落实科学技术进步法、促进科技成果转化法，加强科技成果有关各项权益的司法保护。依法妥善处理因科技成果权属认定、权利转让、价值确定和利益分配产生的纠纷，准确界定职务发明与非职务发明的法律界限，依法支持以科技成果转化所获收益对职务科技成果完成人和为科技成果转化作出重要贡献的人员给予奖励和报酬，充分保障职务发明人获得奖励和报酬的合法权益。依法积极支持深化科技成果使用权、处置权、收益权改革。规范和促进知识产权融资模式创新，保障知识产权金融积极稳妥发展。依法保护国家实验室、国家科研机构、高水平研究性大学、科技领军企业等国家战略科技力量的名称权、名誉权、荣誉权等权利，依法保护科研人员经费使用自主权和技术路线决定权，从严把握定罪标准，严格区分罪与非罪，避免把一般违法或违纪作为犯罪处理，支持科技创新和研发活动。

三、提升知识产权司法保护整体效能，着力营造有利于创新创造的法治环境

13. 加大对侵犯知识产权行为惩治力度，有效阻遏侵权行为。依法妥善运用行为保全、证据保全、制裁妨害诉讼行为等措施，加强知识产权侵权源头治理、溯源打击，及时有效阻遏侵权行为，切实降低维权成本，提高侵权违法成本，促进形成不敢侵权、不愿侵权的法治氛围。正确把握惩罚性赔偿构成要件，加大知识产权侵权损害赔偿力度，合理运用证据规则、经济分析方法等手段，完善体现知识产权价值的侵权损害赔偿制度。出台知识产权刑事司法解释，加大刑事打击力度，依法惩治侵犯知识产权犯罪。加大对于知识产权虚假诉讼、恶意诉讼等行为的规制力度，完善防止滥用知识产权制度，规制“专利陷阱”“专利海盗”等阻碍创新的不法行为，依法支持知识产权侵权诉讼中被告以原告滥用权利为由请求赔偿合理开支，推进知识产权诉讼诚信体系建设。

14. 健全知识产权多元化纠纷解决机制，创新知识产权解纷方式。切实将非诉讼纠纷解决机制挺在前面，坚持和发展新时代“枫桥经验”，拓展知识产权纠纷多元化解渠道，有效推动知识产权纠纷综合治理、源头治理。依托人民法院调解平台,大力推进知识产权纠纷在线诉调对接机制。建立健全知识产权纠纷调解协议司法确认机制,探索依当事人申请的知识产权纠纷行政调解协议司法确认制度,因地制宜创新知识产权解纷方式,满足人民群众多元高效便捷的纠纷解决需求。

15. 健全行政保护与司法保护衔接机制,推动构建大保护工作格局。积极参与知识产权保护体系建设工程,健全知识产权行政保护与司法保护衔接机制,加强与行政职能部门协同配合。充分发挥司法审查监督职能,促进知识产权行政执法标准与司法裁判标准统一。推动与国家市场监督管理总局、国家版权局、国家知识产权局等部门建立信息资源共享机制,推进最高人民法院与中央有关部门数据专线连接工作,进一步推动知识产权保护线上线下融合发展,促进形成知识产权保护合力。为继续推动西部大开发、东北全面振兴、中部地区崛起、东部率先发展,深入推进京津冀协同发展、长江经济带发展、粤港澳大湾区建设、长三角一体化发展、黄河流域生态保护和高质量发展、成渝地区双城经济圈建设等国家区域发展战略提供司法服务和保障,提升服务国家重大发展战略水平。

16. 加强涉外知识产权审判,提升知识产权司法保护国际影响力。依法公正审理涉外知识产权案件,平等保护中外权利人合法权益,打造国际知识产权诉讼优选地,积极营造开放、公平、公正、非歧视的科技发展环境和市场化法治化国际化营商环境。妥善处理与国际贸易有关的重大知识产权纠纷,依法妥善处理国际平行诉讼,积极服务国内国际双循环新发展格局,确保案件裁判符合相关国际公约和国际惯例,促进国际贸易合作。深化国际司法交流合作,通过司法裁判推动完善相关国际规则和标准,积极参与知识产权司法领域全球治理,推动全球知识产权治理体制向着更加公正合理方向发展。

17. 加强法治宣传教育,营造促进知识产权高质量发展的人文环境。建立健全最高人民法院指导性案例、公报案例、典型案例等多位一体的知识产权案例指导体系,充分发挥司法裁判的指引示范作用。积极开展知识产权宣传周活动,持续打造中国法院知识产权司法保护状况、知识产权案件年度报告、中国法院 10 大知识产权案件和 50 件典型案例等知识产权保护法治宣传品牌,增进社会各界对知识产权司法保护的了解、认同、尊重和信任,厚植尊重创新、保护创新的良好氛围。

四、深化知识产权审判领域改革创新,推进知识产权审判体系和审判能力现代化

18. 加强高水平知识产权审判机构建设,完善知识产权专门化审判体系。推动健全完善国家层面知识产权案件上诉审理机制,加强知识产权法院、知识产权法庭建设，深化司法责任制综合配套改革，推动优化知识产权管辖布局。深入推进知识产权民事、刑事、行政案件“三合一”审判机制改革，构建案件审理专门化、管辖集中化和程序集约化的审判体系。研究制定符合知识产权审判规律的诉讼规范，完善符合知识产权案件特点的诉讼证据制度。推进四级法院审级职能定位改革，深化知识产权案件繁简分流改革，优化知识产权民事、行政案件协同推进机制。推进知识产权案例、裁判文书和裁判规则数据库深度应用，统一知识产权司法裁判标准和法律适用，完善裁判规则。

19. 加强知识产权审判队伍建设，提升司法服务保障能力。坚持以党建带队建促审判，加强政治建设，筑牢政治忠诚，增强知识产权审判队伍服务大局意识和能力，努力锻造一支政治坚定、顾全大局、精通法律、熟悉技术、具有国际视野的知识产权审判队伍。加强知识产权审判队伍的专业化培养和职业化选拔，健全知识产权审判人才培养、遴选和交流机制，加强高素质专业化审判人才培养，健全知识产权专业化审判人才梯队。完善知识产权领域审判权运行和监督制约机制，确保队伍忠诚干净担当。加强技术调查人才库建设，完善多元化技术事实查明机制，充分发挥知识产权司法保护专家智库作用。加强与科学技术协会和其他科技社团协同合作，提高为科技创新主体提供法律服务的能力水平。

20. 加强智慧法院建设，提升知识产权审判信息化水平。扎实推进信息技术与法治建设融合促进，积极推进互联网、人工智能、大数据、云计算、区块链、5G 等现代科技在司法领域的深度应用，全面加强智慧审判、智慧执行、智慧服务、智慧管理，实现信息化建设与知识产权审判深度融合。适应信息化时代发展，探索更加成熟定型的在线诉讼新模式和在线调解规则，积极推进跨区域知识产权远程诉讼平台建设，加强司法大数据充分汇集、智能分析和有效利用。

最高人民法院印发《关于加强和完善法官考核工作的指导意见》的通知

（2021 年 10 月 12 日　法〔2021〕255 号）

各省、自治区、直辖市高级人民法院，新疆维吾尔自治区高级人民法院生产建设兵团分院：

建立完善法官考核机制，是全面落实司法责任制的内在要求，也是人民法院切实加强队伍管理和审判管理、提升审判质效的重要举措。为进一步加强和完善法官考核工作，经最高人民法院党组会议研究通过，现将《关于加强和完善法官考核工作的指导意见》（以下简称《指导意见》）印发给你们。请尽快转发辖区中级、基层人民法院，结合实际抓好贯彻落实。

各级人民法院要提高政治站位，切实统一思想，充分认识开展法官考核的重要意义。要精心组织学习培训，引导广大法官增强接受考核的自觉性，全面正确理解考核的价值导向和指标内容。要加强组织领导，提前谋划、认真部署，确保《指导意见》平稳实施，不断提高法官考核工作质量和水平。

工作中遇到的有关情况和问题，请及时报告最高人民法院。

关于加强和完善法官考核工作的指导意见

为进一步加强和完善法官考核工作，构建科学合理的法官考核体系，引导、规范、激励法官依法公正高效履行审判职责，推进法官队伍革命化、正规化、专业化、职业化建设，根据《中华人民共和国公务员法》《中华人民共和国法官法》等有关法律法规，按照中央推进司法体制改革精神，结合人民法院工作实际，制定本意见。

一、总则

1. 坚持以习近平新时代中国特色社会主义思想为指导，深入贯彻习近平法治思想，贯彻新时代党的组织路线和干部工作方针政策，着眼构建更加科学合理、更加符合司法规律的考核机制，把政治标准放在首位，突出考核法官做好审判执行工作的实际成效，充分发挥考核"指挥棒""风向标"的作用，努力建设一支政治过硬、业务过硬、责任过硬、纪律过硬、作风过硬的高素质专业化法官队伍。

2. 法官考核应当根据公务员考核相关规定，立足四级法院审级职能定位，体现法官职业特点和要求，按照干部管理权限、规定的标准和程序，对法官的政治素质、审判工作实绩、职业道德、专业水平、工作能力、审判作风等进行全面考查和综合评价。

干部管理权限不在本院党组的法官考核，按照有关规定办理。

3. 法官考核工作坚持以下原则：

（1）党管干部；

（2）全面、客观、公正、公开；

（3）遵循司法规律，体现职业特点；

（4）聚焦主责主业，突出工作实绩；

(5)定量与定性相结合,平时考核与年度考核相结合;

(6)分级分类,科学高效,考用结合。

4. 人民法院设立法官考评委员会,在本院党组领导下,负责对本院法官的考核工作。法官考评委员会的组成人员为五至九人的单数,一般由本院院长、相关院领导、相关部门负责人和若干法官代表组成,主任由本院院长担任。

法官考评委员会召开会议,应当有全体组成人员的过半数出席,决定事项须经全体组成人员过半数同意。

5. 法官考评委员会的办事机构设在本院组织人事部门。

6. 法官考评委员会主要履行以下职责:

(1)研究制定法官考核工作制度规范;

(2)组织实施法官考核工作;

(3)研究提出法官考核结果建议并提交本院党组审议;

(4)受理对考核结果的复核申请;

(5)其他应当由法官考评委员会负责的事项。

二、考核内容

7. 对法官的考核,以其岗位职责和所承担的工作任务为基本依据,以指标化评价的方式,全面考核德、能、勤、绩、廉各方面,重点考核政治素质和审判工作实绩。

8. 对"德"的考核,主要围绕政治素质和道德品行等设置指标,重点考核深入学习贯彻习近平新时代中国特色社会主义思想,学习贯彻习近平法治思想,坚持党对司法工作的绝对领导、坚持中国特色社会主义法治道路,增强"四个意识"、坚定"四个自信"、做到"两个维护",提高政治判断力、政治领悟力、政治执行力,遵守政治纪律和政治规矩,自觉抵制西方"宪政民主""司法独立""三权鼎立"等错误思潮情况,以及践行社会主义核心价值观,恪守法官职业道德,遵守社会公德、家庭美德和个人品德等情况。法官政治素质考核情况应当记入政治素质档案。

9. 对"能"的考核,主要围绕法律专业水平和工作能力等设置指标,重点考核法律政策运用能力、审判业务水平、法学理论水平、司法实务研究水平,以及防控风险能力、群众工作能力、科技应用能力、舆论引导能力等。

10. 对"勤"的考核,主要围绕精神状态和工作作风等设置指标,重点考核忠于职守,遵守工作纪律,爱岗敬业、勤勉尽责,敢于担当、甘于奉献等情况。

11. 对"绩"的考核,一般以办案业绩和其他工作业绩为主要评价内容,其中对办案业绩的考核,主要围绕办案数量、办案质量、办案效率和办案效果等四个方面设置指标。

(1)对办案数量的考核,应当以结案数量为基础,综合考虑案件类型、审判程序、审级等能够反映案件繁简难易程度和工作量多少的因素,结合审判团队配置情况,合理设置案件权重系数,科学评价不同业务条线、不同岗位法官的实际办案工作量。

(2)对办案质量的考核,以案件发回、改判等情况为基础,充分运用案件质量评查等机制,重点考核法官办案中证据审查、事实认定、法律适用、文书制作、释法说理、裁判结果等情况。

(3)对办案效率的考核,以审限内结案率(包括按规定延长审限)等情况为基础,重点考核案件审理周期以及超过审理期限案件、长期未结案件等情况。

(4)对办案效果的考核,以案件取得的政治效果、法律效果和社会效果等情况为基础,重点考核维护国家安全和社会稳定、维护法律的严肃性和权威性、维护人民群众合法权益、弘扬社会主义核心价值观等情况。

法官参加党和国家中心工作、地方重点工作,参加审判委员会、赔偿委员会、司法救助委员会、专业法官会议讨论案件,办理涉诉信访,开展执行监督,参与诉源治理,开展案件评查、业务指导,开展未成年人案件社会调查、回访帮教等延伸工作,以及参加规范性文件制定、课题研究、案例研编等其他工作的,可以设置相应指标,纳入法官业绩考核范畴。

12. 对“廉”的考核,主要围绕廉洁司法、廉洁自律等设置指标,重点考核遵守廉洁纪律,落实中央八项规定及其实施细则精神,落实防止干预司法“三个规定”等情况。

13. 对于担任领导职务的法官,应综合考虑本单位(部门)人员规模、案件数量、管理任务等因素,区分不同地区、层级、岗位,科学合理确定办案数量标准和办案类型。除前述关于德、能、勤、绩、廉的考核内容外,还应当围绕其履行审核批准程序性事项、综合指导审判工作、督促统一裁判标准、全程监管审判质效、排除案外因素干扰等审判监督管理职责和本单位(部门)办案质效总体情况,以及落实党风廉政建设“一岗双责”、抓党建工作成效等情况,设置相应指标,纳入考核范畴。

14. 考核指标应当按照四级法院审级职能定位,根据不同法院层级、不同业务条线(岗位)特点,分层分类设置。其中,基层人民法院考核指标应重在体现准确查明事实、实质化解纠纷等方面;中级人民法院考核指标应重在体现二审有效终审、精准定分止争等方面;高级人民法院考核指标应重在体现再审依法纠错、统一裁判尺度等方面;最高人民法院考核指标应重在体现监督指导全国审判工作、确保法律正确统一适用等方面。

各级人民法院可以在本意见规定的基础上，结合本院工作实际，对指标设置、考核内容、考核标准、计分规则、分值比重等内容进一步细化，并根据考核情况有针对性地进行调整。

因案件重大疑难复杂、社会影响重大或者有其他特殊情况，需要调整个案指标分值的，经本院法官考评委员会讨论决定后，可以单独调整。

三、考核等次和标准

15. 法官考核实行平时考核和年度考核相结合，采用量化赋分为主、定性赋分为辅的方式进行。

16. 平时考核结果分为好、较好、一般和较差四个等次。年度考核结果分为优秀、称职、基本称职和不称职四个等次。

17. 法官平时考核各等次的评定标准，由各级人民法院根据公务员考核有关规定，结合四级法院审级职能定位和本院实际情况研究确定。

18. 法官年度考核确定为优秀等次的，应当具备下列条件：

（1）思想政治素质高，恪守法官职业道德；

（2）精通审判业务，工作能力强；

（3）工作责任心强，敢于担当作为，审判作风好；

（4）圆满完成年度工作任务，审判工作实绩突出；

（5）清正廉洁。

19. 法官年度考核确定为称职等次的，应当具备下列条件：

（1）思想政治素质较高，遵守法官职业道德；

（2）熟悉审判业务，工作能力较强；

（3）工作责任心强，工作积极，审判作风较好；

（4）能够完成本职工作，审判工作实绩较好；

（5）廉洁自律。

20. 法官有下列情形之一的，年度考核应当确定为基本称职等次：

（1）思想政治素质一般；

（2）能基本遵守法官职业道德，但某些方面存在不足；

（3）审判业务水平一般，工作能力较弱；

（4）责任心一般，工作消极，审判作风方面存在明显不足；

（5）能基本完成本职工作，但办案数量、质量、效率、效果指标得分较低，或者在工作中有较大失误；

（6）能基本做到廉洁自律，但某些方面存在不足。

21. 法官有下列情形之一的，年度考核应当确定为不称职等次：

（1）违反政治纪律和政治规矩，思想政治素质较差；

（2）严重违反法官职业道德，造成不良社会影响；

（3）不担任领导职务的法官无正当理由办案数量指标得分未达到本部门全体法官本年度人均办案数量指标得分的50%；

（4）由本院党组管理的担任领导职务的法官无正当理由办案数量未达到相关规定的最低标准；

（5）因故意或重大过失导致所办案件出现证据审查、事实认定、法律适用错误而影响公正司法等严重质量问题，造成恶劣影响；

（6）办案效率达不到规定要求，办案能力明显不胜任；

（7）工作责任心或审判作风差，多次出现办案效果问题，群众意见较大；

（8）由本院党组管理的担任领导职务的法官违反规定不认真履行审判监督管理职责，造成严重后果；

（9）违反中央八项规定及其实施细则精神，存在不廉洁问题，且情形较为严重；

（10）其他不称职情形。

因工作需要，各高级人民法院可以对前款第（3）、（4）项所列情形进行适当调整。

法官无正当理由不参加年度考核，经教育后仍然拒绝参加的，按不称职确定考核等次。

22. 部门内案件类型差异较大，或者案件体量、法官岗位较为特殊的部门，可由本院考评委员会研究决定其人均办案数量统计标准。

除入额院领导外，法官应当明确在一个审判业务部门参加考核。

23. 法官因短期交流、轮岗、借调、公派学习培训，或者经组织安排参加其他工作等原因，需要核减年度办案任务的，由本院法官考评委员会研究决定。入额院领导需要核减年度办案任务的，应当按规定报上一级人民法院审批。

四、考核的组织实施

24. 平时考核应当合理确定考核周期，一般按照采集考核数据、组织审核评鉴、反馈考核结果等程序进行。

25. 年度考核开展时间为每年年末或者翌年年初，一般按照下列程序进行：

（1）总结述职。法官按照岗位职责、年度目标任务和有关要求对本人工作进行总结，并在一定范围内述职。

（2）组织考评。法官考评委员会组织采集考核数据，进行考核评价，并将指标初评得分反馈法官本人及所在部门核对。

（3）民主测评。对担任本院内设机构领导职务的法官，在一定范围内进行民主测评。根据需要，可以对其他法官进行民主测评。

（4）了解核实。采取个别谈话、实地调研等方式了解核实法官有关情况。根据需要，听取纪检监察部门意见。

（5）确定等次。法官考评委员会在各项指标得分基础上，综合考虑平时考核、个人总结以及所在部门意见等情况，提出考核等次建议，报本院党组审定。

（6）结果公示。对拟定为优秀等次的法官在本院范围内进行公示，公示时间不少于5个工作日。

（7）结果反馈。将考核结果反馈法官本人及所在部门。

26. 法官年度考核以平时考核为基础，年度考核确定为优秀等次的，应当从当年平时考核结果好等次较多且无一般、较差等次的法官中产生。

27. 法官对本人考核结果有异议的，可以按规定向法官考评委员会申请复核。法官考评委员会应当及时处理，并将复核结果告知申请人。

28. 法官有调任、转任、援派、挂职等情形，病、事假累计超过半年，或者受党纪政务处分等特殊情形的，其考核按照公务员考核有关规定办理。

29. 各级人民法院应当定期通报庭长、副庭长的办案任务完成情况，上级人民法院应当定期通报辖区下一级人民法院入额院领导的办案任务完成情况。

30. 各级人民法院党组应当加强对法官考核工作与其他业务考核工作的统一领导，合理归并考核项目和种类，防止多头考核、重复考核。

31. 各级人民法院纪检监察机构应当加强对法官考核工作的监督，对在考核过程中有徇私舞弊、打击报复、弄虚作假等行为的，依照有关规定予以严肃处理。

32. 各级人民法院应当加强考核工作信息化建设，充分运用信息化手段和技术开展法官考核，探索通过办案（办公）平台自动抓取考核数据，提高考核工作质量和效率。

五、考核结果的运用

33. 由本院党组管理的法官的考核结果，作为其公务员考核结果记入本人公务员年度考核登记表。不属于本院党组管理的法官的审判工作实绩等情况，可以按有关规定向党委组织部门反馈。

34. 法官考核结果作为法官等级升降、法官员额退出、绩效奖金分配等的重要依据。

35. 法官年度考核确定为优秀等次的，其参加法官等级晋升时，在同等条件下优先考虑。法官年度考核确定为称职等次的，可以按相关规定参加法官等级晋升。法官年度考核确定为不称职、基本称职等次或者参加年度考核不确定等次的,本考核年度不计算为法官等级晋升的任职年限。

36. 法官年度考核确定为不称职等次,或者连续两年确定为基本称职等次的,应当退出员额。

不属于本院党组管理的法官,具有本意见第 21 条第一款情形之一的,应当退出员额。

37. 法官年度考核确定为优秀、称职等次的,享受当年度奖励性绩效考核奖金。法官年度考核确定为基本称职、不称职等次或者参加年度考核不确定等次的,不享受当年度奖励性绩效考核奖金。

六、附则

38. 各高级人民法院可以根据本意见,结合本地实际制定法官考核具体实施办法,并指导辖区内法院开展法官考核工作。

39. 本意见由最高人民法院政治部负责解释。

40. 本意见自 2022 年 1 月 1 日起施行,此前有关法官考核的规定与本意见不一致的,按照本意见执行。本意见未作规定的,适用公务员考核的相关规定。

附件:案件权重系数设置指引

案件权重系数设置指引

为科学合理测算法官实际办案工作量,实现不同业务条线、不同岗位法官办案工作的可量化、可评价,按照"科学、简便、可行"的原则,制定本指引。

一、人民法院在设置案件权重系数时,可以区分案件特点分别设置固定系数和浮动系数。固定系数与浮动系数之和为案件最终权重系数。

二、固定系数是根据案件普遍性特点设置的办案工作量基础系数,一般包括案件类型、审判程序、审级,以及审判团队配置等。各系数相乘得出固定系数分值。

三、确定案件类型权重系数时,一般按照刑事、民事、行政、国家赔偿、执行、其他类型案件等分类进行设置。其他类型案件可以进一步分为速裁案件、破产案件、减刑假释案件、司法救助案件、国际区际司法协助案件、特别程序案件等。有条件的人民法院还可以根据案由等进一步细化案件类型权重系数。

四、确定审判程序权重系数时,一般按照一审简易程序、一审普通程序、二审程序、再审程序、其他程序等分类进行设置。有条件的人民法院可以根据审判实际情况进一步细化审判程序权重系数。

五、确定审级权重系数时,一般按照基层人民法院、中级人民法院、高级人民法院等分类进行设置,原则上审级越高,审级权重系数越大。

六、确定审判团队配置权重系数时,一般考虑法官助理和书记员的人数、个人贡献度等因素。

七、浮动系数是根据案件性质、流程等特殊性设置的动态系数,可以根据案件审理情况累加适用。

八、确定浮动系数时,一般考虑系列案件、疑难复杂案件、重大敏感案件、当事人人数众多案件、涉外案件、审判委员会讨论案件、专业法官会议讨论案件,以及鉴定、评估、审计、保全、公告、发送司法建议等因素进行设置。

九、刑事案件浮动系数还可以考虑刑事附带民事诉讼、涉众型犯罪案件、判处死刑的案件等因素。

十、民事案件浮动系数还可以考虑先予执行、反诉等因素。

十一、行政案件浮动系数还可以考虑附带提起行政赔偿、规范性文件附带审查、复议双被告等因素。

十二、国家赔偿案件浮动系数还可以考虑调卷审查、组织质证、征求意见、赔偿委员会讨论、舆情处置、案件协调、刑事善后、困难帮扶、回归社会等因素。

十三、执行案件浮动系数还可以考虑异地执行、搜查、拍卖变卖被执行财产、强制腾退房屋或土地、拘留、罚款、限制出境、限制消费、纳入失信名单、移送涉嫌犯罪的有关人员等因素。

十四、涉未成年人案件浮动系数还可以考虑社会调查、社会观护、心理疏导、法庭教育、回访帮教等因素。

十五、司法救助案件浮动系数还可以考虑组织听证、入户调查、邻里访问、司法救助委员会讨论、联动救助等因素。

十六、合议庭成员审理案件的权重系数比重根据其在合议庭审理中的贡献度决定。其中,承办法官审理案件的权重系数按照本指引确定的标准计算,担任审判长的非承办法官以及合议庭其他成员审理案件的权重系数可以按照承办法官的权重系数的一定比例进行设置。

十七、本指引之外其他能够反映法官办案工作量的因素,也可以计入案件权重系数标准。

十八、各高级人民法院可以参照本指引,结合本地实际设置本辖区案件权重系数,并根据考核情况,适时进行调整。

附：

2021年10月份报国务院备案并予以登记的地方性法规、自治条例、单行条例和地方政府规章目录

地方性法规

法规名称	公布日期	备案登记编号
天津市推进北方国际航运枢纽建设条例	2021年7月30日	国司备字［2021004731］
天津市院前医疗急救服务条例	2021年7月30日	国司备字［2021004732］
天津市动物防疫条例	2021年7月30日	国司备字［2021004733］
天津市反食品浪费若干规定	2021年7月30日	国司备字［2021004734］
天津市人民代表大会常务委员会关于修改《天津市节约用水条例》等三部地方性法规的决定	2021年7月30日	国司备字［2021004735］
石家庄市人民代表大会常务委员会关于修改《石家庄市城市居民委员会组织条例》《石家庄市肉品管理条例》的决定	2021年8月2日	国司备字［2021004764］
石家庄市人民代表大会常务委员会关于废止《石家庄市房屋登记条例》等八部地方性法规的决定	2021年8月5日	国司备字［2021004765］
邢台市城市供热条例	2021年8月6日	国司备字［2021004795］
秦皇岛市旅游市场条例	2021年8月3日	国司备字［2021004794］
山西省人民代表大会代表议案的提出和处理办法	2021年1月23日	国司备字［2021004822］

续表

法规名称	公布日期	备案登记编号
山西省人民代表大会代表建议、批评和意见的提出和处理办法	2021 年 1 月 23 日	国司备字［2021004823］
内蒙古自治区教育条例	2021 年 9 月 29 日	国司备字［2021004831］
内蒙古自治区实施《中华人民共和国国家通用语言文字法》办法	2021 年 9 月 29 日	国司备字［2021004832］
内蒙古自治区公安机关警务辅助人员条例	2021 年 9 月 29 日	国司备字［2021004833］
内蒙古自治区人民代表大会常务委员会关于修改《内蒙古自治区人民代表大会常务委员会工作条例》等 2 件地方性法规的决定	2021 年 9 月 29 日	国司备字［2021004834］
辽宁省科技创新条例	2021 年 7 月 28 日	国司备字［2021004745］
辽宁省医疗废物管理条例	2021 年 7 月 28 日	国司备字［2021004746］
辽宁省知识产权保护条例	2021 年 7 月 28 日	国司备字［2021004747］
桓仁满族自治县浑江流域水环境保护条例	2021 年 6 月 28 日	国司备字［2021004738］
桓仁满族自治县水上安全管理条例	2021 年 6 月 28 日	国司备字［2021004739］
黑龙江省人民代表大会常务委员会关于实施契税法授权事项的决定	2021 年 6 月 24 日	国司备字［2021004821］
哈尔滨市中小学校用地保护条例	2021 年 6 月 25 日	国司备字［2021004741］
哈尔滨市房屋使用安全管理条例	2021 年 6 月 28 日	国司备字［2021004742］
双鸭山市住宅物业管理条例	2021 年 6 月 25 日	国司备字［2021004743］
上海市人民代表大会常务委员会关于修改《上海市村民委员会选举办法》的决定	2020 年 9 月 25 日	国司备字［2021004796］

续表

法规名称	公布日期	备案登记编号
江苏省社会信用条例	2021 年 7 月 29 日	国司备字［2021004757］
江苏省信访条例	2021 年 7 月 29 日	国司备字［2021004758］
江苏省人民代表大会常务委员会关于修改《江苏省动物防疫条例》的决定	2021 年 7 月 29 日	国司备字［2021004759］
江苏省人民代表大会常务委员会关于促进和保障长江流域禁捕工作若干问题的决定	2021 年 3 月 31 日	国司备字［2021004824］
江苏省地方金融条例	2021 年 3 月 31 日	国司备字［2021004825］
江苏省殡葬管理条例	2021 年 3 月 31 日	国司备字［2021004826］
江苏省农民专业合作社条例	2021 年 3 月 31 日	国司备字［2021004827］
江苏省人民代表大会常务委员会关于修改《江苏省各级人民代表大会选举实施细则》的决定	2021 年 3 月 31 日	国司备字［2021004828］
南京市人民代表大会常务委员会关于修改《南京市装饰装修管理条例》等三件地方性法规的决定	2021 年 8 月 11 日	国司备字［2021004760］
南京市人民代表大会常务委员会关于废止《南京市蔬菜基地管理条例》的决定	2021 年 8 月 11 日	国司备字［2021004761］
苏州市人民代表大会常务委员会关于废止《苏州市食用农产品安全监督管理条例》的决定	2021 年 4 月 13 日	国司备字［2021004829］
徐州市河湖管理条例	2021 年 8 月 10 日	国司备字［2021004762］
常州市养犬管理条例	2021 年 8 月 13 日	国司备字［2021004763］

续表

法规名称	公布日期	备案登记编号
常州市人民代表大会常务委员会关于修改《常州市住宅物业管理条例》等三件地方性法规的决定	2021 年 4 月 16 日	国司备字［2021004830］
福建省水污染防治条例	2021 年 7 月 29 日	国司备字［2021004752］
福建省绿色建筑发展条例	2021 年 7 月 29 日	国司备字［2021004753］
福州市软木画技艺保护规定	2021 年 8 月 9 日	国司备字［2021004754］
福州市闽剧保护规定	2021 年 8 月 5 日	国司备字［2021004755］
厦门经济特区老年人权益保障规定	2021 年 6 月 24 日	国司备字［2021004712］
厦门市人民代表大会常务委员会关于废止《厦门经济特区公共资源市场配置监管条例》的决定	2021 年 6 月 24 日	国司备字［2021004714］
厦门市人民代表大会常务委员会关于深入开展爱国卫生运动的决定	2021 年 4 月 26 日	国司备字［2021004715］
厦门市人民代表大会常务委员会关于废止《厦门经济特区城镇房屋管理条例》的决定	2021 年 9 月 1 日	国司备字［2021004722］
厦门市人民代表大会常务委员会关于修改《厦门市荣誉市民称号授予办法》的决定	2021 年 9 月 1 日	国司备字［2021004725］
厦门经济特区公共法律服务条例	2021 年 8 月 26 日	国司备字［2021004726］
厦门市人民代表大会常务委员会关于加强九龙江流域水生态环境保护的决定	2021 年 1 月 28 日	国司备字［2021004809］
漳州市人民代表大会常务委员会关于加强九龙江流域水生态环境保护的决定	2021 年 1 月 28 日	国司备字［2021004810］
泉州市人民代表大会常务委员会关于加强九龙江流域水生态环境保护的决定	2021 年 1 月 29 日	国司备字［2021004811］

续表

法规名称	公布日期	备案登记编号
泉州市机动车停车管理条例	2021 年 4 月 16 日	国司备字［2021004812］
莆田市山体保护条例	2021 年 4 月 8 日	国司备字［2021004814］
南平市户外广告设施和招牌设置管理办法	2021 年 4 月 7 日	国司备字［2021004816］
龙岩市人民代表大会常务委员会关于加强九龙江流域水生态环境保护的决定	2021 年 1 月 22 日	国司备字［2021004817］
宁德市饮用水水源地保护条例	2021 年 4 月 7 日	国司备字［2021004818］
山东省工会劳动法律监督条例	2021 年 7 月 29 日	国司备字［2021004777］
山东省民营经济发展促进条例	2021 年 7 月 29 日	国司备字［2021004797］
山东省实施《中华人民共和国农村土地承包法》办法	2021 年 7 月 29 日	国司备字［2021004798］
济南市文明养犬管理条例	2021 年 7 月 29 日	国司备字［2021004776］
济南市人民代表大会常务委员会关于废止《济南市发展社区服务的若干规定》等五件地方性法规的决定	2021 年 7 月 29 日	国司备字［2021004799］
青岛市人民代表大会代表建议、批评和意见工作条例	2021 年 7 月 29 日	国司备字［2021004778］
泰安市献血条例	2021 年 7 月 31 日	国司备字［2021004800］
威海市城市国际化促进条例	2021 年 8 月 3 日	国司备字［2021004804］
枣庄市环城绿道管理条例	2021 年 8 月 2 日	国司备字［2021004779］
聊城市文物保护管理条例	2021 年 7 月 30 日	国司备字［2021004801］

续表

法规名称	公布日期	备案登记编号
滨州市社会治理网格化服务管理条例	2021年8月5日	国司备字［2021004802］
滨州市停车场管理条例	2021年8月5日	国司备字［2021004803］
五峰土家族自治县非物质文化遗产条例	2021年8月13日	国司备字［2021004837］
长阳土家族自治县非物质文化遗产条例	2021年6月23日	国司备字［2021004711］
湖南省水利工程管理条例	2021年7月30日	国司备字［2021004748］
湖南省治理货物运输车辆超限超载条例	2021年7月30日	国司备字［2021004756］
深圳经济特区生态环境保护条例	2021年7月6日	国司备字［2021004700］
深圳经济特区数据条例	2021年7月6日	国司备字［2021004701］
深圳经济特区无障碍城市建设条例	2021年7月6日	国司备字［2021004702］
深圳经济特区出租汽车管理条例	2021年7月6日	国司备字［2021004703］
深圳经济特区互联网租赁自行车管理若干规定	2021年7月6日	国司备字［2021004704］
深圳市人民代表大会常务委员会关于修改《深圳经济特区职业技能鉴定条例》的决定	2021年7月6日	国司备字［2021004705］
深圳经济特区社会养老保险条例	2021年7月6日	国司备字［2021004706］
惠州市市容和环境卫生管理条例	2021年8月16日	国司备字［2021004806］
云浮市村庄规划建设管理条例	2021年8月26日	国司备字［2021004807］

续表

法规名称	公布日期	备案登记编号
广西壮族自治区法治宣传教育条例	2021 年 9 月 28 日	国司备字［2021004835］
南宁市水土保持若干规定	2021 年 6 月 8 日	国司备字［2021004709］
南宁市停车场管理条例	2021 年 6 月 8 日	国司备字［2021004710］
钦州市传统村落保护与利用条例	2021 年 6 月 8 日	国司备字［2021004707］
防城港市小广告发布管理条例	2021 年 6 月 10 日	国司备字［2021004708］
融水苗族自治县非物质文化遗产保护条例	2021 年 3 月 29 日	国司备字［2021004716］
都安瑶族自治县澄江国家湿地公园保护条例	2021 年 3 月 30 日	国司备字［2021004713］
重庆市人民代表大会常务委员会关于促进和保障长江流域禁捕工作的决定	2021 年 7 月 29 日	国司备字［2021004750］
重庆市公安机关警务辅助人员条例	2021 年 7 月 29 日	国司备字［2021004751］
眉山市农村人居环境治理条例	2021 年 8 月 11 日	国司备字［2021004736］
云南省中小企业促进条例	2021 年 7 月 29 日	国司备字［2021004766］
云南省人民代表大会常务委员会关于加强赤水河流域共同保护的决定	2021 年 5 月 30 日	国司备字［2021004805］
昆明市人民代表大会常务委员会关于修改《昆明市轿子山国家级自然保护区条例》等三件地方性法规的决定	2021 年 8 月 10 日	国司备字［2021004749］
玉龙纳西族自治县人民代表大会常务委员会关于停止适用《云南省玉龙纳西族自治县拉市海高原湿地保护管理条例》有关条款的决定	2021 年 8 月 16 日	国司备字［2021004737］

续表

法规名称	公布日期	备案登记编号
甘肃省建设工程质量和建设工程安全生产管理条例	2021年7月28日	国司备字［2021004767］
甘肃省旅游条例	2021年7月28日	国司备字［2021004768］
甘肃省实施《中华人民共和国防沙治沙法》办法	2021年7月28日	国司备字［2021004769］
甘肃省河道管理条例	2021年7月28日	国司备字［2021004770］
甘肃省就业促进条例	2021年7月28日	国司备字［2021004771］
甘肃省消防条例	2021年7月28日	国司备字［2021004772］
甘肃省城乡规划条例	2021年7月28日	国司备字［2021004773］
武威市大气污染防治条例	2021年8月5日	国司备字［2021004774］
白银市永泰城址保护条例	2021年8月6日	国司备字［2021004775］
肃北蒙古族自治县人民代表大会关于废止《甘肃省肃北蒙古族自治县实施〈甘肃省计划生育条例〉的变通规定》的决定	2021年9月10日	国司备字［2021004836］
乌鲁木齐市人民代表大会常务委员会关于废止《乌鲁木齐市预防职务犯罪条例》的决定	2021年6月9日	国司备字［2021004718］
乌鲁木齐市人民代表大会常务委员会关于废止《乌鲁木齐市畜禽屠宰和肉品流通管理条例》《乌鲁木齐市社会治安综合治理若干规定》的决定	2021年6月9日	国司备字［2021004719］
乌鲁木齐市大气污染防治条例	2021年6月9日	国司备字［2021004720］
昌吉回族自治州优质农产品生产条例	2021年6月29日	国司备字［2021004717］

地方政府规章

规章名称	公布日期	备案登记编号
北京市人民政府关于修改《北京市建筑工程施工许可办法》的决定	2021年10月1日	国司备字[2021004783]
石家庄市停车场管理办法	2021年9月22日	国司备字[2021004695]
廊坊市人民政府关于修改《廊坊市城镇二次供水管理办法》的决定	2021年10月14日	国司备字[2021004785]
山西省人民防空工程维护和使用管理办法	2021年9月27日	国司备字[2021004780]
山西省人民防空工程建设管理办法	2021年9月27日	国司备字[2021004781]
内蒙古自治区行政执法责任制规定	2021年9月2日	国司备字[2021004696]
内蒙古自治区组织机构统一社会信用代码管理办法	2021年9月17日	国司备字[2021004697]
沈阳市人民政府关于废止《沈阳市城市排水设施管理办法》等部分政府规章的决定	2021年9月16日	国司备字[2021004723]
锦州市城市户外广告和招牌设置管理办法	2021年9月13日	国司备字[2021004729]
锦州市人民政府关于修改《锦州市城区“门前三包”责任制管理办法》的决定	2021年9月27日	国司备字[2021004744]
哈尔滨市人民政府关于废止《哈尔滨市事业保险办法》的决定	2021年9月16日	国司备字[2021004727]
上海市人民政府关于修改《上海市再生资源回收管理办法》的决定	2021年9月24日	国司备字[2021004784]
上海市绿色建筑管理办法	2021年9月30日	国司备字[2021004819]
上海市人民政府关于修改《上海市城市管理行政执法条例实施办法》的决定	2021年9月30日	国司备字[2021004820]

续表

规章名称	公布日期	备案登记编号
淮北市人民政府关于修改《淮北市生活垃圾管理办法(试行)》的决定和淮北市人民政府关于废止《淮北市燃放烟花爆竹管理办法》的决定	2021 年 9 月 13 日	国司备字[2021004690]
福建省行政规范性文件备案审查办法	2021 年 9 月 3 日	国司备字[2021004679]
江西省消防安全责任制实施办法	2021 年 9 月 15 日	国司备字[2021004693]
萍乡市城市二次供水管理办法	2021 年 9 月 10 日	国司备字[2021004692]
日照市公众参与政府立法办法	2021 年 9 月 30 日	国司备字[2021004808]
日照市人民政府关于修改《日照市政府规章制定程序规定》的决定	2021 年 9 月 30 日	国司备字[2021004813]
武汉市公共数据资源管理办法	2021 年 9 月 27 日	国司备字[2021004815]
湖南省节能监察办法	2021 年 9 月 9 日	国司备字[2021004688]
广东省重大行政决策程序规定	2021 年 9 月 10 日	国司备字[2021004740]
珠海市城乡建设档案管理办法	2021 年 9 月 10 日	国司备字[2021004689]
三亚市饮用水水源保护办法	2021 年 9 月 23 日	国司备字[2021004730]
重庆市城市道路照明管理办法	2021 年 9 月 25 日	国司备字[2021004728]
成都未来医学城管理暂行办法	2021 年 9 月 18 日	国司备字[2021004691]
贵州省地方储备粮管理办法	2021 年 8 月 29 日	国司备字[2021004685]

续表

规章名称	公布日期	备案登记编号
贵州省政府投资项目管理办法	2021年9月2日	国司备字［2021004686］
贵阳市人民政府关于废止《贵阳市入河排污口监督管理办法》等4件规章的决定	2021年9月16日	国司备字［2021004681］
贵阳市见义勇为人员奖励和保护办法	2021年9月16日	国司备字［2021004682］
云南省人民政府关于废止和修改部分规章的决定	2021年7月19日	国司备字［2021004699］
西藏自治区地震预警管理办法	2021年9月7日	国司备字［2021004680］
拉萨市人民政府关于废止部分政府规章的决定	2021年9月30日	国司备字［2021004694］
昌都市文明行为促进办法	2021年8月22日	国司备字［2021004683］
金昌市车辆停放管理规定	2021年9月23日	国司备字［2021004787］
定西市人民政府关于修改《定西市农村饮用水供水管理办法》的决定	2021年9月10日	国司备字［2021004687］
新疆维吾尔自治区农村供水管理办法	2021年9月24日	国司备字［2021004786］
克拉玛依市病媒生物预防控制管理办法	2021年10月9日	国司备字［2021004724］

图书在版编目(CIP)数据

中华人民共和国新法规汇编.2021年.第11辑:总第297辑/司法部编.—北京:中国法制出版社,2022.4

ISBN 978-7-5216-2533-2

Ⅰ.①中… Ⅱ.①司… Ⅲ.①法规-汇编-中国-2021 Ⅳ.①D920.9

中国版本图书馆CIP数据核字(2022)第029074号

中华人民共和国新法规汇编

ZHONGHUA RENMIN GONGHEGUO XIN FAGUI HUIBIAN

(2021年第11辑)

编者/司法部

经销/新华书店

印刷/三河市紫恒印装有限公司

开本/850毫米×1168毫米 32开　　印张/7 字数/201千

版次/2022年4月第1版　　2022年4月第1次印刷

中国法制出版社出版

书号 ISBN 978-7-5216-2533-2　　定价:18.00元

北京市西城区西便门西里甲16号西便门办公区

邮政编码:100053　　传真:010-63141600

网址:http://www.zgfzs.com　　编辑部电话:010-63141663

市场营销部电话:010-63141612　　印务部电话:010-63141606

(如有印装质量问题,请与本社印务部联系。)